Hotel Food & Beverage

호텔 식음료 이론과 실무

박재성 · 임병설 · 원융희 공저

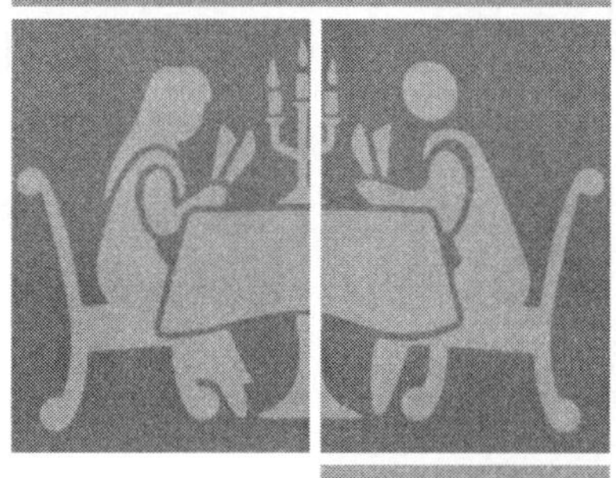

기문사
www.kimoonsa.co.kr

머리말

"호텔 식음료 이론과 실무"는 호텔식음료 과목을 입문하는 호텔관광학·외식학과 학생들에게 이론과 실무를 체계적으로 이해하는데 도움을 주고자 노력하였으며 그러한 점에서 서비스에 대한 해석과 종사원에 대하여 기본적인 마음가짐을 다루면서 식음료의 전통성을 중시하고 현재의 변화된 시스템에도 중점을 주었다.

Part Ⅰ 이론편은 제1장 접객 서비스, 제2장 조직과 직무해설, 제3장 레스토랑의 종류와 서비스 형태, 제4장 테이블 세팅, 제5장 서비스 비품 및 집기, 제6장 메뉴로 구별해 나누었다. 종사원으로서의 자질은 물론 기본적인 지식과 관련한 내용들을 구체적으로 정리하여 소개하고자 하였다.

Part Ⅱ 실무편은 제7장 서비스 기본 사이클, 제8장 업장별 운영실제로 나누어 서비스의 기본을 효율적인 과업수행에 맞추어 행동요령을 하나의 '사이클'과 같이 순서대로 상세하게 기술하였으며, 업장별로 실제 운영상황을 구분하여 소개하였다.

부록편에서는 레스토랑의 이해를 돕고자 용어의 해설을 첨가하였다.

이와 같은 목적에서 이론편, 실무편으로 구성하여 소개하고 있는 내용을 접하게 될 호텔리어를 희망하는 학생과 실무자에게 많은 도움이 될 것으로 생각하며 이를 토대로 호텔 식음료부서가 발전하는 계기가 되었으면 좋겠다.

끝으로 이 책이 출간되기까지 정성스럽게 준비해 주신 기문사 임직원과 편집부 관계자에게도 심심한 감사를 드리며 The-K Hotel 임직원에게도 진심으로 감사드린다.

저자 일동

차례

Part I 이론편

제1장_접객 서비스 • 11

Part Ⅱ

실무편

Part I 이론편

제1장

접객 서비스

1. 서비스란?

서비스란 우리 언어로는 봉사, 접대, 미소, 공경, 인내심, 스마일 등으로 해석하고 있다. 다시 말하면 타인에게 친절하고 정중히 대하는 것과, 국가 및 사회와 타인을 위한 봉사를 뜻한다. 상업적으로는 상품 판매와 같은 사업을 위한 수단이나 용역활동을 의미한다.

Service는 라틴어로 Servus, 즉 Servant로 종, 하인이라고 말하는데 과거에는 절대적 복종, 희생을 의미했으며, 현재는 만족적인 개념으로 봉사하는 것을 의미한다. 접객 서비스를 통해 고객에게 풍성함과 공경심을 나타내는 것이다.

레스토랑의 서비스는 단순한 봉사활동으로 제공수단에 그치는 것이 아니라 그 자체가 무형의 상품으로 간주되며, 서비스란 상품을 팔고 있는 것이다. 즉, 일반 기업에서의 제품생산과 같이 표면적인 용역이나 노동으로는 고객을 만족시킬 수 없으므로 내면적이고 성실한 서비스 정신의 발휘를 필요로 한다. 이 서비스가 수요자인 고객에게 공급되는 것을 서비스의 제공 혹은 서비스 활동이라 한다.

호텔종사원의 고객에 대한 인간관계는 다음과 같다.

❶ 고객의 성격 및 개성을 빨리 파악하는 것이 매우 중요하다.

❷ 서비스는 정도가 없으며 서비스를 행하는 사람과 받는 사람의 환경과 기분, 상태 등에 따라 천차만별의 차이를 보인다. 그러므로 언제나 차별화된 서비스는 장소와 때에 알맞은 것이라야 하며, 한 번 찾아온 고객을 재방문하도록 노력하는 방법은 최고의 서비스를 제공한다는 의미와 일맥상통하는 것이다

호텔종사원의 인성은 인내력, 자제력, 봉사성, 사교성, 성실성, 근면성, 정직성, 긍정의 태도를 갖춰야 한다. 최상의 서비스를 할 수 있는 인격을 만들어 내는 것이 중요하므로 이에 수반하여 종사원의 자질향상이 더욱 요구된다. 이때 자질향상으로 인한 진정한 서비스는 고객으로 하여금 가정에서처럼 편안하고 안락함을 느낄 수 있게 하는 자연스러우면서도 정중한 태도를 지닐 때 이루어질 수 있다.

다음 사항들은 호텔종사원이 서비스를 행하면서 하지 말아야 될 행동을 열거해 놓았다. 고객의 서비스 만족을 염두에 두고 이와 같은 과오가 발생하지 않도록 유의하고 항상 명심해서 업무에 임해야 하겠다.

❶ 종사원의 오만하고 불친절한 태도

❷ 종사원의 상품에 대한 무지

❸ 종사원의 느린 서비스 태도

❹ 종사원의 불결한 복장

❺ 품질이 떨어지는 음식물

❻ 종사원의 접객용어 사용이 불량하거나 경어에 대한 지식이 부족한 경우

❼ 지저분한 집기, 비품의 사용

❽ 고객에 대해 험담하는 행위

❾ 주문받은 식음료 상품에 대해 착오가 발생한 경우

고객이란 어떤 존재인가?

고객은 식당내외에서 물적, 인적 서비스에 대한 과정과 결과를 사용하고 평가하는 사람이다.

❶ 고객은 우리 레스토랑 나아가 모든 레스토랑의 생명의 본체이다.

② 고객이 우리에게 의존하는 것이 아니라 우리가 그들에게 의존하는 것이다.

③ 고객은 우리 레스토랑의 목적 그 자체이며, 따라서 고객이 없으면 우리는 아무것도 할 일이 없는 것이다.

④ 고객은 호텔 레스토랑의 존재여부를 정당화하므로 그에 따라 접대해야 한다.

⑤ 고객은 금전 등록기 안의 돈이 아니다. 감정과 정서를 갖고 있는 인간이므로, 마음에서 우러나오는 존경심을 가지고 접대해야 한다.

⑥ 고객은 잠재적인 욕구를 가지고 있으므로 적극적인 세일즈맨십과 설득력 있는 대화기술로 그 욕구를 개발해내야 한다.

⑦ 고객은 우리의 상품을 구매함으로써 우리에게 호의를 베푸는 것이다. 그러므로 고객이 필요로 하는 것과 원하는 것을 채워주는 것이 우리의 할 일이자 의무인 것이다.

⑧ 고객은 호텔종사원의 임금을 지급하는 사람이다.

⑨ 고객은 우리에게서 만족을 느끼지 못할 때 언제든지 떠날 준비가 되어 있다.

⑩ 고객의 요구를 성실하고 자신 있는 태도로 만족시켜 주는 것이 우리의 임무이다.

⑪ 고객은 우리가 제공할 수 있는 가장 정중하고 친절한 대접을 받을 자격이 있다.

⑫ 고객은 우리가 만족시킬 때 우리를 위한 친선 사절단이 된다.

⑬ 고객은 우리가 최선을 다해서 노력할 때만 만족한다. 따라서 우리 사업의 성패는 끝까지 그들을 만족하게 하는데 달려있다.

⑭ 고객이 없이는 우리 사업은 존재할 수 없다는 것을 기억해야 한다.

고객만족 4단계

1단계 make a positive first impression(호감 가는 첫인상을 만들어라)

2단계 treat guests as individuals(고객 개개인의 입장에서 최선을 다하라)

3단계 exceed guest expectations(고객의 기대와 욕구를 초월하라)

4단계 check guest satisfactions(고객의 만족도를 확인하고 감사하라)

2. 접객원의 자격과 기본정신

1) 접객원의 자격

접객은 손님을 접대하고 영접하는 것을 말하며, 접객의 요체는 서비스이다. 레스토랑 종업원의 서비스는 인간성에 관계된 인간의 심리 현상에서부터 시작한 행동이다.

인간의 심리가 어떻게 작용하는가에 대한 경험과 지식을 갖는 것은 좋은 서비스맨이 될 수 있는 길이라 할 수 있다. 레스토랑의 인적서비스는 사람이 주체가 되어 서비스 활동을 하는 기능을 말하며, 고객영접, 접객업무, 판매서비스, 고객의 편의를 위한 서비스 기능을 총칭한다. 종업원의 서비스는 항상 친절한 마음을 지니고 봉사해야 한다.

친절은 고객을 접대함에 기본적인 사항이며, 종업원은 평소에 친절한 마음과 봉사정신을 습관화함으로써 유능한 접객원이 될 수 있다. 고객에 관한 인간관계는 고객을 식당 내에 오랫동안 머물도록 하여야 하며, 그러기 위해서는 고객의 취미, 경향, 성격을 파악하고 안전과 만족감을 줄 수 있는 서비스맨의 기능을 충분히 발휘 하여야 한다. 그러면 종업원은 어떤 자격을 갖추어야 할 것인가? 하는 문제에 관하여 레스토랑에 취업하고자 하는 사람들에게 취업 동기를 물으면 대부분이 사람을 좋아한다고 대답을 할 것이다. 이러한 사람들은 고객들과 사귀는 것과 대인관계를 좋아하면 접객원으로서 자질이 충분하다고 생각하는 듯하다. 물론 사람을 좋아하는 것이 필요한 것도 사실이지만 그것으로 충분하다고는 할 수 없다. 레스토랑은 서비스 산업이므로 고객과의 대인관계가 많으며, 어느 때에는 자기의 행동과는 전혀 관계없는 일 때문에 고객으로부터 모욕을 당하는 경우도 있을 수 있다. 이때에 레스토랑 종업원들은 자신의 감정을 잘 조절하여 예기치 못했던 상황에 적응할 수 있는 능력이 필요하다.

또한 종업원이 관리층으로 승진할 경우에 업무의 기술적인 방법론에 대하여서도 능통하여야 하겠지만, 경영관리자에게 필요한 것은 종사원들이 그들이 원하는 일들을 알맞은 때에 협력을 통하여 합리적인 방법으로 업무를 완수하도록 하는 능력이 절대적으로 필요하다.

접객원의 자격요건은 사업에 대한 흥미와 레스토랑 업무에 헌신하는 사람이어야 한다. 사업에 대한 애착심은 경험을 통하여 얻어지는 것이지만 업무에 애착심을 갖는 사람만이 바람직한 종사원이 될 수 있다. 따라서 접객원의 자격은 그의 업무에 애착심을 갖고 업무를 숙지해야 하며, 서비스를 실천해야 한다.

고객 접객 포인트 - BEST 10

❶ 항상 고객들에게 서비스할 준비가 완벽히 되어 있어야 한다. 서비스를 제공할 때에는 고객 간의 차별된 서비스를 결코 제공해서는 안 된다. 남녀 간 또는 내 · 외국인 간의 서비스에 차별을 두어서는 안 된다.
❷ 미소 띤 얼굴을 해야 한다. 고객과 마주칠 때마다 인사를 한다.
❸ 고객들의 이름을 기억하고 불러주어야 한다.
❹ 종사원이 고객을 먼저 알아보아야 한다. 고객들보다 한 걸음 앞서 생각하고 행동하며, 고객들이 원하는 서비스를 먼저 제공해야 한다.
❺ 서비스는 신속하고 정확해야 한다. 이것을 위해서는 동료 간 또는 부서 간의 팀워크를 강화하고 최고의 서비스를 위해 서로 협력해야 한다.
❻ 항상 정직하게 대답하고 행동해야 한다.
❼ 풍부한 상품 지식을 갖도록 노력한다. 그럼으로써 고객의 어떠한 질문이나 도움 요청에도 자신감 있게 대처할 수 있다.
❽ 고객들이 더욱 만족할 수 있도록 추가 서비스(extra service)를 제안한다. 고객의 요구사항은 적극적이고 신속하게 해결한다.
❾ 긍정적이고 적극적인 사고와 열정적으로 또한 일을 사랑하는 마음으로 업무에 임한다. 그러한 종업원의 서비스를 고객들은 더 즐거워한다. 일을 즐겨야 한다.
❿ 모든 고객을 나의 고객으로 대우한다. 그러면 분명 특별한 사람으로 대접받고 있음을 감사하고 우리의 영원한 고객이 될 것이다.

2) 종업원의 기본정신

(1) 봉사성(Service)

레스토랑은 서비스를 생명으로 여김으로써 환대산업의 주전략 상품으로 세우지 않으면 안 된다. 서비스는 부담감을 주지 말고 진심에서 우러나오는 순수한 봉사성이어야 한다.

(2) 청결성(Cleanliness)

공공위생의 청결은 고객이 이용하는 공공장소의 청결 및 집기 비품들 모든 시설물이 청결이 철두철미하게 이루어져야 한다.

개인위생이란 자신의 청결을 의미한다. 우선 건강해야 하고 철저한 위생관념에 입각하여 신체상 또는 복장 상으로도 청결한 상태를 항상 유지해야 한다.

(3) 능률성(Efficiency)

모든 업무를 항상 서서 수행하기 때문에 가장 효율적으로 업무를 처리하기 위해서는 업무를 피동적이 아닌 능동적으로 처리해야 매사에 능률을 올릴 수 있다.

고객에 대한 인사에서부터 서비스에 이르기까지 모든 업무가 능동적으로 이루어져야함은 물론, 정확한 업무를 파악하여 매사에 적극적으로 임함으로써 같은 기간 내에 이루어질 수 있는 일의 능률을 향상시켜야 한다.

(4) 경제성(Economy)

절약과 검소는 레스토랑 종업원의 가장 큰 사명이다. 레스토랑의 기물은 고가품이므로 모두의 절약정신이 매우 필요하다. 즉 전기, 수도, 종이, 리넨류 등의 낭비를 막고 준소모품인 접시, 글라스를 조심히 다루어서 파손을 최소한으로 줄여야 한다.

(5) 예절성(Courtesy)

레스토랑에 종사하는 종업원은 다른 분야에서 종사하는 사람들보다 예절성이 더욱 투철하여야 한다. 고객이 들어서면 정중히 인사를 하면서 미소를 잃지 말고, 식탁까지 안내하면서 제반 서비스를 제공하고 나갈 때에도 다시 찾아올 수 있도록 따뜻이 인사하면서 환송하여야 한다.

(6) 정직성(Honesty)

레스토랑에 종사하는 종업원은 인위적으로 서비스를 제공해야 하므로 정직성이 어느 곳보다도 더 요구된다. 회사와 종업원 종업원과 고객 간에 서로 믿고 협조하는 원만한 협조체제를 형성하여 서로 신뢰하는 관계로서 업무에 임하여야 진정한 서비스의 대가가 생산될 수 있으며, 영업신장과 아울러 지속적인 발전이 이루어질 수 있다.

(7) 환대성(Hospitality)

종업원의 실수가 있다 하여도 좀 더 친절히 고객을 설득하고 이해시켜 식사를 즐겁게 하도록 유도한다.

식음료부 지도사항 및 그 실천(예)

호텔신라의 식음료부 서비스맨은 항상 아래의 항목을 영업기반으로 삼고 또한 실천함으로써 식음료부서에 있어서 동업 타사와의 월등한 기업차별화를 가져야 한다.

- A.C.S Hotel Shilla Standard의 준수 및 보다 이상가는 실천
- 부문 간의 완전한 커뮤니케이션과 협조
- 철저한 부문이익의식
- 통합적 시야를 찾는 전사적인 서비스맨의 육성

높은수준의 고객을 대상으로 하는 호텔신라의 식음료부를 책임 맡고 있는 서비스맨은 항상 최고만이 당연지사란 신념의 전제하에 모든 사물을 처리해야 한다.

❶ A.C.S 호텔신라 표준의 준수 및 실천

- **Accommodation** 부여된 설비 집기 비품에 관해서의 지식, 사용을 충분히 이해하고 그것들의 완전한 통제 및 보다 유효적 사용의 고안에 항상 유의해야 한다.
- **Cuisine** 항상 상품내용물을 프레쉬하게 보유하고 매너리즘화를 방지함과 동시에 각 레스토랑 및 바 모두 특색 있는 요리를 제공하고 호텔신라의 각 레스토랑 및 바는 충실한 내용과 고객의 욕구에 맞는 상품의 개발에 유의하고 그것을 실행하지 않으면 안 된다.
- **Service** 서비스 면에 있어서는 식음료 부서의 전원에게 완전한 교육을 시키고 항상 고객의 입장에서서 최고의 서비스를 하도록 관리시스템을 조직하여 서비스에 관하여 국내제일명성과 세계 제일급의 명성을 얻도록 항상 염두에 두고 실천한다.

❷ 부문 간의 완전한 커뮤니케이션과 협조

각 부문 간의 협조를 기반으로 하여 보람 있고 바람직한 직장 만들기에 끊임없는 노력과 협조를 아끼지 말아야 하며, 부서 간의 교류를 유효적으로 하여 Line Staff의 흐름을 원활하게 하고, 전원이 식음료에 관해서의 Almighty한 인간으로 육성되도록 교육하며 또한 애사정신으로 한데 뭉쳐 신라의 식음료부서가 번영하도록 노력한다.

❸ 철저한 부문이익 의식

모든 종업원이 계수적인 관념을 갖고 유니폼시스템에 의한 원재료비, 인건비, 직접 영업경비, 기타 제경비의 허실을 없애고 최대 유효적인 부가가치를 올릴 것을 염두에 두어야 한다. 또한 그것을 한 사람 한 사람이 실천하는 것에 과학적인 방법으로 자료 분석을 하고 숫자로 나타낼 수 있는 것은 모두 숫자로 나타내고 그것을 명시해서 종업원의 모두가 부문이익 의식을 바탕으로 한 행동을 하도록 철저하지 않으면 안 된다.

❹ 통합적 시야를 갖는 전사적인 식음료부문요원의 육성

종업원 전원이 맡은 바일밖에 모르는 기계적인 인간이 아니라 생각하고 행동하는 인간이 되어 최종적으로는 호텔신라 식음료부문의 전원이 관리능력을 갖도록 노력해야 된다.

3. 용모와 복장

고객에게 좋은 서비스를 제공하기 위해서는 깨끗하고 단정한 용모 및 복장이 필요하다. 용모에는 우선 깨끗하고 단정한 신체, 청결한 손과 손톱을 유지하며 단정한 두발 상태 등이 갖추어 져야 한다.

1) 명찰

- 명찰은 복장규정의 일부이다.
- 항상 지정된 위치에 부착해야 하며, 명찰을 부착하지 않으면 근무할 수 없다.
- 명찰의 고의적인 훼손이나 분실을 해서는 안 된다.
- 닳거나 깨어진 명찰을 반환하면 무료로 새 명찰을 준다.
- 명찰의 취급은 인력관리팀에서 한다.

2) 남사원의 두발

- 뒷머리는 짧게 깎아서 와이셔츠 칼라 부분이 덮이지 않도록 한다.

- 옆머리는 귀를 덮지 않도록 하며 항상 단정 하게 정돈하여야 한다.
- 머리 기름 등을 바를 경우에는 냄새가 강한 것은 삼가도록 한다.

3) 남사원의 얼굴

- 수염은 매일 아침 깨끗이 면도해야 하며 코 속 수염도 밖으로 나오지 않도록 잘라야 한다.
- 얼굴에는 상처가 없어야 하며 반창고를 붙이고 영업장에 나가서는 안 된다.
- 지나치게 얼굴을 햇볕에 그을리거나 강한 화장품은 사용하지 않는다.

4) 여사원의 두발

- 단정하고 매력적인 스타일을 해야 한다. 지나치게 유행을 따르거나 복잡하고 어색한 염색은 허용되지 않는다.
- 머리모양은 얼굴을 가려서는 안 된다.
- 어깨를 넘는 긴 머리나 얼굴에 흘러내리는 머리는 핀이나 밴드를 사용하여 고정시킨다.

5) 여사원의 얼굴

- 화장은 밝고 자연스럽게 하며, 야하거나 진한 화장을 하지 않도록 한다.
- 눈화장은 자연스런 색상이어야 하며 속눈썹을 달아서는 안 된다.
- 윤이 나는 립스틱과 짙은 색의 루주를 사용해서는 안 되며, 엷고 자연스런 색상을 사용한다.
- 향이 강한 향수나 화장품을 사용해서는 안 되며, 근무 중에 귀걸이, 목걸이를 착용해서는 안 된다.

6) 액세서리

- 눈에 띄게 요란하게 치장하는 것은 허용되지 않는다.
- 목걸이 귀걸이 팔찌 반지 등 유니폼 밖으로 보이는 장신구는 너무 자극적이거나

주목을 끌어서는 안 된다. 반지는 한손에 한 개, 귀걸이는 한쪽의 한 개씩을 허용하나 늘어져서는 안 된다.

– 지나치게 고가의 시계나 장신구의 착용은 금한다.

7) 손톱

손톱은 단정하고 적당한 길이로 손질한다. 여성은 손톱 보호제를 사용해서 손톱의 손상을 방지한다. 식음료부 종업원들은 투명한 손톱 보호제를 이용한다.

– 손

- 손은 항상 깨끗이 씻어 청결을 유지하고, 상처난 손으로 서비스를 해서는 안 된다.
- 손톱은 반드시 짧게 깎아야 하고, 불순물이 끼지 않도록 가꾸어야 한다.
- 근무 중에 손으로 코를 후비거나, 머리, 얼굴, 입 등을 만져서는 안 되며, 반지, 팔찌를 끼어서는 안 된다.

8) 유니폼

– 유니폼을 착용 한 상태로 영업장이나 손님이 사용하는 시설물을 이용할 수 없다.

– 모든 종업원들은 복장규정을 지킨다. 레스토랑의 규정에 따른 의복을 착용한다.

– 항상 청결하고 다림질이 잘 된 것을 착용한다.

– 단추가 떨어져 있거나 바느질이 터진 곳이 없어야 하며, 더럽거나 얼룩진 제복을 입어서는 안 된다.

– 착용 전 반드시 손질을 하여 먼지머리카락 비듬 등이 묻어있어서는 안 된다.

9) 구두

– 구두는 매일 손질하여 깨끗하고 광택이 나게 하여야 한다.

– 구두는 회사에서 지급한 검정색을 신어야 하며 장식이 달린 구두는 허용해서는 안 된다.

– 근무 시간 내에 신발을 벗어서는 안 된다.

- 여사원의 경우 굽이 너무 높거나 아주 낮은 구두를 신어서는 안 되며 앞이 터지거나 뒤축 끈이 없는 샌들을 신어서는 안 된다.

10) 양말 및 스타킹

- 양말은 검정색 혹은 감색을 신어야 하며 흰색 양말착용은 안 된다.
- 스타킹은 무늬가 없는 커피색 계통으로 착용하여야 한다.
- 유니폼 착용 시는 어떤 경우라도 신어야 하며 줄이 나간 스타킹은 착용하지 않는다.

11) 기타

- 식사 후에는 반드시 양치질을 해야 하며 입냄새가 있는 사람은 적절한 조치를 취한다.
- 고객 앞에서 재채기, 기침, 딸꾹질 등을 해서는 안 된다.

4. 인사

인사는 예절의 기본이며 인간관계의 시작이다. 인사는 인간사회 윤리 형성의 기본이며 직장인에게 있어서는 애사심의 발로이다.

상사에 대하여서는 존경심의 표현이며 동료 간에는 우애의 상징이고 고객에 대하여는 서비스를 바탕으로 한 프로저인의 표현이며, 아울러 자신의 인격과 교양이 밖으로 나타나는 것이다. 그러므로 인사는 정성과 감사하는 마음으로 예절바르고 정중하며 밝고 상냥하게 해야 한다.

인사의 요령과 실시방법은 다음과 같다.

- 고객과 마주칠 때마다 인사를 한다.
- 인사 시 허리를 굽혀 인사를 한다.
- 반듯이 적절한 인사말을 한다.
- 고객과 Eyecontact하면서 인사를 한다.

- 앉아서 근무하는 직원이라도 고객을 환연하고 환송할 시에는 반드시 서서 인사를 한 다음 앉아서 업무처리를 한다.
- 인사 시 반드시 미소를 짓고 고객이 올 때까지 기다리지 않으며 고객에게 한두 발 다가서며 인사한다.

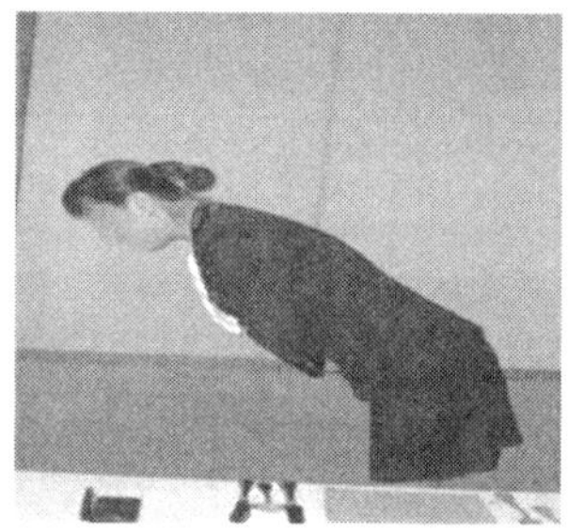

구분/동작	정중례	보통례	목례
인사의 속도	하나 : 인사말 둘 : 인사 셋 : 원 위치	하나 : 인사말 둘 : 인사 셋 : 원 위치	하나 : 인사말 둘 : 인사 셋 : 원 위치
인사의 각도	45도	30도	15도
시선	발 1m 전방	발 2m 전방	발 5~6m 전방
양손의 위치	남자 : 손을 편 채로 엄지손가락을 감싸서 바지 재봉선에 댄다. 여자 : 왼손으로 오른손을 감싸서 아랫배에 가볍게 댄다.		
발	뒤꿈치를 붙이고 발의 내각을 30도로 하여 벌린다.		
표정	가벼운 미소를 띈다.		
허리, 머리	허리에서 머리까지 일직선을 유지한다. (머리만 숙이거나 허리만 굽히지 않도록 주의한다)		

인사말	안녕하십니까? 등의 인사말은 1초 동안 구부린 상태에서 한다.
다리	곧게 펴고 무릎을 붙인다.
히프	뒤로 빼지 않도록 한다.
주의	눈을 치켜 뜨지 말아야 한다.

5. 자세와 태도

서비스를 담당하는 종업원으로서의 태도는 가장 중요하고 기본이 되는 것이다. 무엇보다도 제일 요구되는 것은 몸에 익은 세련된 태도이다. 올바른 태도를 어떻게 취해야 하는가를 살펴보면 다음과 같다.

1) 보행자세

❶ 바른 걸음걸이는 바른 자세에서 시작된다. 바로 선 자세로 등을 펴고 턱을 당기고 앞을 보고 똑바로 걷는다.

❷ 항상 경쾌하나 조용하게 걷는다. 긴급시 이외에는 결코 뛰어서는 안 된다.

❸ 복도의 중앙은 손님의 전용도로로 생각하고 좌측면에서 걸어야 한다. 코너에서는 주의 깊게 돌아야 한다.

❹ 복도에서는 상사나 손님을 앞지르지 않는 것이 원칙이다. 급한 용무나 부득이한 때는 반드시 "실례합니다" 하고 사과를 한다.

❺ 손님이나 상사와 엇갈릴 때는 공손히 고개를 숙여 반절을 한다.

❻ 여럿이 걸을 때는 종으로 걸으며, 횡으로써 통로를 가리는 일이 없도록 한다. 큰 소리로 이야기 하거나 콧노래 또는 휘파람을 불면서 걷는 것은 금물이다.

❼ 손님을 안내할 때에는 손님에게 유의하면서 조심성 있게 한 걸음 앞에서 선도한다. 손님을 수행할 때에는 손님의 좌측1보 뒤나 또는 후방을 걷는다.

❽ 엘리베이터를 탈 때에는 고객이나 손님보다 먼저 타고, 내릴 때에는 나중에 내리도록 한다.

❾ 보행 중에는 담배를 피우거나 껌을 씹으며 다녀서는 안 된다.

❿ 보행 중에는 눈망울은 초롱초롱하며, 얼굴 표정에 생기가 있어 보여야 한다.

⓫ 보행 중에는 주머니에 소리 나는 것을 넣지 말아야 한다.

⓬ 보행 중에는 주머니에 손을 넣거나 팔짱을 끼거나 뒷짐을 져도 안 된다.

⓭ 휴식 시 유니폼을 입은 채로 건물 밖에 나가서는 안 되며, 손님의 눈에 뜨이지 않는 지정 휴식 장소에서 휴식해야 한다.

⓮ 사복을 입은 종업원들은 와이셔츠만 입은 채로 현관 앞 등 호텔 내를 이동해서는 안 된다.

2) 서있는 자세

가슴, 어깨, 등을 곧게 펴고,발 뒤꿈치를 바짝 붙이며 양 무릎은 편 상태로 양손을 자연스럽게 아래로 내린다. 턱은 약간 안으로 당긴 듯한 모습이 좋다.

6. 접객 서비스 화법

우리가 사용하는 언어는 바로 우리의 인격을 나타내는 것이다. 친근하고 미소가 담긴 어조, 적절한 언어선택 예의와 경의가 담긴 표현의 사용은 필수적인 것이다. 또한 상대방 입장에서 상대방이 알아듣기 쉬운 언어로 말하며, 항상 긍정적인 문구를 사용하도록 한다. 목소리는 낮고 부드러운 목소리가 더욱 설득력이 있다.

❶ 먼저 고객의 말은 경청해야 한다. 관심과 흥미를 보이고, 질문하기도 하며 동의하기도하고 감탄하기도 하면 고객은 흥이 나서 본심을 털어 놓게 된다. 대화중 시선을 다른 곳으로 돌리거나 시계를 자주 들여다보는 행동은 금물이다.

❷ 확실한 경어를 사용한다(존경어, 공손어).

❸ 다음과 같은 언어의 사용을 습관화한다.

- 대단히 감사합니다.
- 실례합니다.
- 죄송합니다. / 죄송하지만
- 덕분입니다.

- 잠시만 기다려 주시겠습니까?
- 제가 하겠습니다.
- 기다리게 해서 정말 죄송합니다.
- 즉시 해드리겠습니다.
- 좋은 하루 되세요.
- 맛있게 드세요.
- 안녕하세요. 손님?
- 어서 오세요.
- 잘 알겠습니다.
- 천만에요.
- 알려주셔서 감사합니다.
- 도와 드릴까요 손님?
- 더 도와 드릴 것이 없습니까?
- 제가 추천해 드릴까요?
- 꼭 다시 뵙기 바랍니다.

❹ 고객의 직함을 알면 꼭 직함(또는 이름)을 함께 불러준다.

❺ 고객이 말한 것은 반드시 다시 한 번 복창한다. 분명하게 못 들었으면 다시 물어본다.

❻ 항상 고객에게 감사의 표현을 한다.

❼ 부정적인 말, 푸념, 짜증적인 말은 일체 사용하지 않는다.

❽ 칭찬을 많이 한다.

❾ 늘 화젯거리를 준비해 둔다. 단 다음과 같은 화제는 피하는 것이 좋다.

- 정치문제, 종교문제, 지역문제, 사적인 문제 등

❿ 먼저 외적인 자기표현에 유의한다. 열의 있는 눈빛, 신뢰감이 가는 표정, 그리고 훌륭한 매너는 고객에게 안정감을 준다.

⓫ 훌륭한 화술을 위해서는 훈련이 필요하다. 자신의 발음, 악센트, 발성, 표현력 등을 항상 연구한다.

⓬ 고객 앞에서는 호텔 전문용어의 사용을 자제해야 한다.

⓭ 정확한 외국어 구사를 위해 항상 자기 개발에 힘쓴다.

⓮ 고객이 사용한 용어를 고쳐서 사용치 않는다.

레스토랑 접객용어(예)

1. The customer is coming to outler 고객이 업장에 들어올 때

- Welcome to our restaurant 어서오십시오.
- Good morning sir
  afternoon
  evening
- Did you have a reservation? 예약은 하셨습니까?
- How many member(person) in your party sir? 일행은 몇 분이십니까?
- Wait a minute, please 잠시만 기다려 주십시오.
  just moment please
- This way, please 이쪽으로 오십시오.
- Enjoy your meal, sir 즐거운 식사하시기 바랍니다.
  steak
  food
  breakfast
  lunch
  dinner
- Have a nice time 즐거운 시간 보내십시오.

2. Order taking 주문 시

- Good mornig sir 안녕하십니까.
  afternoon
  evening
- Menu here you are 메뉴 여기 있습니다.
- What kind of drink would you like? 음료는 무엇으로 드릴까요?
- Would you like to(care for) something to drink before your meal sir
- May I take your order sir? 주문받아 드릴까요?
- Are you ready to order sir?(have you made up your mind, sir) 준비되셨습니까?
- Is there any thing else sir? 더 필요한 것은 없으십니까?
- Thank you for your order. sir 주문해 주셔서 감사합니다.

3. Water refill, Ashtray change 물보충, 재떨이 교체 시

- Would you care for some more water? 물좀 더 드시겠습니까?

• Excuse me 실례합니다.

4. Food coming 음식 제공 시

• I'm sorry for delayed service(sorry to have kept you waiting) 늦어서 죄송합니다.

• your order food is coming 주문하신 음식입니다.

• enjoy your meal. sir 맛있게 드십시오.

5. Silver ware&china ware take out 기물을 치울 때

• Excuse me, sir 실례하겠습니다.

• Did you enjoy your meal, sir? 맛있게 드셨습니까?

• May I take your empty plate, sir? 치워드리겠습니다.

6. At the cashier 계산할 때

• Good morning, sir 안녕하십니까?
afternoon
evening

• Would you pay now, sir? 계산하시겠습니까?

• Charge money ( )won here you are 거스름돈 ( )원 여기 있습니다.

• This is ( )won ( )원입니다.

• I take your money ( )won ( )원 받았습니다.

• Would you please sign on your bill? 수표에 사인 부탁드립니다.

• Thank you very much. 감사합니다.

7. The customer is go out 나갈 때

• Did you have a nice time? 즐거운 시간 보내셨습니까?

• Thank you very much 감사합니다.

8. Sold out item(run out item) 떨어진 품목

• This item is not available right now 이 품목은 지금 떨어졌습니다.

• It takes about 15minutes 이 음식은 15분 걸립니다.

9. Others 기타

• What kind of egg would you like? 어떤 종류의 계란요리를 원하십니까?
over easy
sunny side up
over medium

over welldone(hard)
boiled(soft, hard)

10. Steak 스테이크

- how would like your steak, sir? 스테이크는 어느 정도 구워드릴까요?
  well-done
  medium well
  medium
  medium rare
  rare
- What kind of salad dressing would you like? 샐러드 드레싱은 어떤 걸로 원하십니까?
- Would you like to some more coffee? 커피 더 드시겠습니까?
  tea
  ginsenh tea
- One more bottle of beer 맥주 한 병 더
  another bottle of beer.
  one bottle of beer.
- One glass of wine. 와인 한 잔 더
  one more glass of wine

7. 전화

전화는 고객과의 빼놓을 수 없는 의사소통의 수단이며 고객접점의 중요한 매개체로서 전화응대 하나가 호텔의 이미지 및 매출액에 지대한 영향을 미친다. 전화는 고객의 얼굴을 보지 못하므로 실수하기 쉽고 오해를 발생시킬 소지가 많으므로 고객의 전화 한 통화가 전체의 이미지를 결정한다는 점에서 항상 친절하고 정중하게 받아야 한다.

구체적인 전화 대응 요령은 다음과 같다.

1) 벨이 울릴 때

- 세 번 이상 울리지 않도록 즉시 받는다.
- 즉시 받지 못했을 때에는 정중히 사과한다.
- 간단하게 인사를 하고 이쪽의 회사명, 소속, 이름을 말한다.

  '안녕하십니까, ××식당, ×××입니다. 무엇을 도와드릴까요?' 라고 한다.

2) 통화할 때

모든 통화를 민첩하고 유쾌하게 응답하며 항상 도울 준비가 되어있음을 알려야 한다.

- 좋은 경청자가 되어야 한다.
- 즐거운 마음으로 다른 이를 도와주는 것에 항상 적극적이고 우호적임을 보여준다.
- 쉽게 이야기하며 강조와 활기를 주기 위해서는 목소리의 톤을 다양하게 한다.

3) 전화 거는 요령

- 사전에 전화번호를 확인한다.
- 잘못 건 전화는 상대방에게 실례가 될 뿐 아니라 시간과 경비의 손실을 가져온다.
- 상대방이 받으면 즉시 회사명, 소속, 성명을 밝힌다.

4) 전언을 부탁받았을 때

- 메시지를 받을 때에는 정확히 하며 다음사항을 기록한다.
  - 전화 건 사람의 이름
  - 전화번호
  - 전화 건 사람의 회사 또는 부서
  - 메시지 받은 날짜와 시간
  - 메시지 내용
  - 메시지 받은 사람의 이름

5) 전화를 끊을 때

- 밝고 명랑한 소리로 끝인사를 한다.
- 상대방이 먼저 수화기를 놓은 다음에 내려놓는다.
- 수화기는 조용히 내려놓는다.

6) 고객의 불평전화

- 고객에게 정중히 사과한 후 상대방의 이름, 직함, 전화번호를 가르쳐주어 상대방에게 전화를 다시 걸도록 하거나 전화를 여기저기로 돌리는 행위는 삼간다.
- 반드시 고객에게 양해를 구한 후 직접 담당자를 찾아 전화연결을 하여 통화하도록 배려한다.

7) 개인적인 전화

근무 중 사적인 전화는 삼간다.

- 사적인 전화에서는 언어가 거칠어지고 자세가 흐트러지기 쉬우므로 특히 주의하여 직장분위기를 흐리지 않도록 한다.
- 직장이라는 것을 잊지 말고 요령 있게 용건만 전달한다.
- 친구 및 가족친지에게는 바쁜 시간에 전화오는 것을 피하도록 연락한다.

8) 중계

- 자신의 담당이 아닌 경우라 할지라도 용건을 충분히 확인한 다음 담당자에게 정확히 인계한다.
- 담당자가 확실치 않을 때에는 양해를 얻어 상대방의 번호를 확인한 다음 일단 전화를 끊고 담당자를 확인하고 난 후에 그 담당자로 하여금 전화를 걸도록 한다. 이때 담당자를 확인하지 않고 여러 사람에게 전화를 돌리는 것은 삼간다.

8. 습득물 처리

레스토랑 내에서 고객이 소지품을 분실하였거나 두고 간 모든 물건들은 문서화하여 안전하게 보관, 처리하고 본인에게 반환하거나 법에 따라 처분하는데 그 목적이 있다.

1) 절차

- 고객이 놓고 간 모든 물건들은 가격 고하를 막론하고 습득일로부터 일정기간 보관되어야 하며 그 이전에는 처분할 수 없다.
- 각 부서 전 종사원은 호텔 내에서 발견, 습득한 모든 물건을 각 부서를 통하여 그 습득경로와 함께 당직 지배인에게 전달한다.
- 습득물에 대한 문의 및 전화는 모두 당직지배인 또는 GRO에 일임 되어야 하며 기타 부서에서는 이에 대한 정보나 회답을 해서는 안 된다. 이는 부서 간 분실물 처리의 잘못과 유사한 물건에 대한 부정확하고 신뢰할 수 없는 정보 및 회답을 고객에게 하는 것을 방지하는데 있다.

2) 보관

모든 습득물에 대한 보관소는 안전 자물쇠로 항상 채워놓아야 하며 현금 및 고가의 귀중품은 프런트 데스크의 안전금고에 보관하도록 한다.

3) 문서처리

- 모든 분실물 및 습득물은 L/F(Lost & Found) Slip을 작성하도록 한다.
- 습득물은 각각 자료를 기입하여 분별할 수 있게 한다.
- 물품 반환 후 담당 직원은 습득물 인계부서에 Silp을 작성 날인 후 전표를 통하여 장부를 정리한다. 전표는 물건 반환 후 6개월 이상을 보관한다.
- 고객으로부터 받은 분실물 및 습득물에 대한 문의 및 회답은 당직 지배인에게 돌리되, 해당 부서에 비치된 분실물 및 습득물 장부에 기록하여 추후 해당 종업원에게 환기시켜 그런 물품 발견의 유무를 확인한다.

• 습득물은 본인이 날인한 우송청구서가 있기 전에는 임의로 우송하면 안 된다. 우송은 등기우편을 원칙으로 한다.

4) 주인 불명의 습득물 처리

주인 불명으로 인계된 분실물 및 습득물은 관계법령에 의거하여 처리되어야 한다. 법이 허용하는 범위에서 발견, 보고한 종업원에게 되돌려 준다는 것은 정직을 장려하는 뜻으로 포상의 대가로 간주할 수 있다.

9. 고객접점 서비스(MOT Service)

서비스에 감동을 받은 고객은 식당에 대한 좋은 경험과 이미지를 갖고 평생 고객이 될 수 있다. 고객과 최 일선에서 근무하는 접객원은 고객을 만나서 서비스가 이루어지는 15초 동안 서비스 수준을 평가받은 것은 MOT Service라고 한다.

이러한 서비스는 고객과의 접점순간에 만족을 줄 수 있는 결정적 요소로 순간순간 최선을 다하여야 하는 것이다. 고객은 항상 서비스를 받고 평가하므로 경쟁우위 서비스를 위해서는 식음료 경영에 필수적인 서비스 기법이라고 할 수 있다.

1) 유래

1980년 초 항공 산업 불황시 SAS에 얀 칼슨 사장이 취임하면서 MOT가 최초로 도입하여 항공사 서비스기법이 호텔, 식음료 서비스산업에 파급되었다. 불황이 닥치면 대부분의 회사들은 인건비를 비롯한 비용절감에 모든 경영 핵심 역량을 투입하지만 얀 칼슨 사장은 고객위주의 경영을 제창하여 최일선 직원 서비스 혁명을 주로 하여 현장 서비스를 실시함으로써 성공을 거둔 사례이다.

2) 구분

MOT 서비스는 인적, 물적, 정보 MOT로 나눌 수 있는데 인적 MOT는 고객과의 접점에서 이루어지는 접객원의 서비스로 Appearance, 인사, 주문, 서빙, 계산 등이다.

물적 MOT는 고객을 위한 시설물 기물, 음식, 분위기로서 깨끗한 식당의 테이블 클로스, 종사원의 유니폼, 음식의 맛과 멋 등이며, 정보 MOT는 고객에게 호텔식음료 상품을 홍보하거나 알리는 Image up, Relationship 등 서비스를 말하는데 특히 전화예절은 중요하다.

3) 중요성

수많은 접점서비스 중에서 어느 한 순간이라도 고객이 불만족하게 되면 전체적으로 볼 때 서비스는 불량으로 평가된다. 서비스 결과는 고객의 재방문을 통해 매출액으로 나타나고 고객중심적인 서비스를 하는 접객원들은 자발적이고 의욕적으로 서비스함으로써 고객만족을 통한 직업의 자긍심을 갖게 된다.

4) 고객접점 만들기

❶ 호텔식당 이미지, 전화받기, 상품안내, 환영인사, 예약확인, 좌석배정 및 안내, 좌석도움, 메뉴추천, 주문한 음식, 음료 서빙 예견된 서비스, 청결, 정확한 빌링, 감사의 인사 재방문 요청

❷ 출발, 전화예약, 도착, 안내, 착석, 주문, 서비스, 버싱, 계산, 활동

❸ 수납원, 요리사, 접객원, 지배인

❹ 호텔식당 MOT

5) MOT 사례일지 작성요령

고객의 MOT 서비스 사항은 지배인이나 캡틴에게 보고한 후 모든 사항을 육하원칙에 준해서 일지를 작성한다.

- 일시
- 장소
- 시간
- 고객의 성명
- 내용(서비스 제공하여 고객이 감동한 내용)

• 왜

• 서비스 방법

이같이 요령에 의거 하여 작성하면 접객원들에게 교육 자료로 활용하고 고객의 성격과 기호파악이 용이하고 보다 나은 서비스 수준과 기준을 잡을 수 있다. 또한 종사원끼리 선의의 경쟁을 통해 영업장의 서비스 질을 높일 수 있으며 종사원의 자긍심으로 인해 서비스에 자신감을 갖게 되고 고정 고객화하는데 도구로 활용할 수 있다.

10. 고객의 불편, 불만사항 처리

불평을 말하는 고객은 우리에게 한 번 더 잘할 수 있는 기회를 주는 고마운 고객인 것이다. 신속하고 정성껏 처리했을 때 우리는 그 고객을 우리의 영원한 고객으로 만들 수 있는 또 한 번의 기회를 갖게 되는 것이다. '고객은 항상 옳다' 는 점을 명심해야 한다.

1) 발생요인

서비스에 대한 평가는 고객의 극히 주관적인 판단으로 서비스를 하는 측에서 미세한 부분까지 감안하여 배려한다. 대체로 고객은 다음과 같은 원인으로 인하여 불만을 토로한다.

❶ 전화를 오랫동안 받지 않을 경우

❷ 말씨가 퉁명스럽거나 난폭할 경우

❸ 접객 태도가 나쁠 경우

❹ 음식에 불순물이 들어있을 경우

❺ 음식 맛에 이상이 있을 경우

❻ 뜨거워야 할 음식이 뜨겁지 않거나, 차가워야할 요리가 차지 않을 경우

❼ 접시 및 기물에 흠이 있거나 불순물이 묻어있을 경우

❽ 주문한 것과 다른 경우나 누락된 부분이 있을 경우

❾ 시간이 지체될 경우

❿ 설비 및 시설의 미비로 신체나 의복이 손상되었을 경우

⓫ 부주의나 불결로 인해 파리 등의 해충이 있을 경우

⓬ 종업원의 용모 불결 및 업장의분위기가 산만할 경우

2) 처리방법

미국의 전설적인 호텔왕 스타틀러는 서비스의 개념을 한마디로 'Guest is always right' 라고 정의하였다. 이 말은 곧 잘못을 지적해주는 사람이나 고객에 대해서는 이의나 변명이 있을 수 없다는 것을 말하며 오히려 고객의 지적이나 불만사항을 주의 깊게 경청함으로써 시정하는 자세가 서비스 발전의 원동력이 됨을 뜻하는 것이다.

3) Complaint 발생의 대처요령

❶ 끝까지 고객의 말을 겸손하게 경청한다.

❷ 성의있게 사과하여 고객의 불쾌감을 풀 수 있게 한다.

❸ 고객의 Complaint을 회피하거나 무마해서는 안 된다.

❹ 사적인 감정대립이 되지 않도록 분위기를 조절한다.

❺ 다른 고객에게 까지 불편을 끼치지 않도록 주의한다.

❻ 고객의 Complaint을 잘 처리해서 회사의 이미지를 향상시켜야 할 뿐 아니라 그 고객을 고정고객으로 만드는 좋은 계기로 삼는다.

4) Complaint 일지의 작성요령

고객의 Complaint을 지배인이나 캡틴에게 보고한 후 모든 사항을 육하원칙에 준해서 일지에 기록한다.

- 주체인물
- 시간
- 장소
- 내용

• 왜

• 처리방법

이 같은 요령에 의거 작성하는 의의를 살펴보면 다음과 같다.

• 같은 종류의 실수 및 성격이 다른 기타 Complaint의 원인을 미연에 방지할 수 있다.

• 종업원 교육 시 자료로 활용한다.

• 고객의 기호파악을 용이하게 해주는 자료가 된다.

• 기업의 발전을 뒷받침하는 귀중한 자료로써 역할을 할 수 있다.

5) 불평처리

(1) Complaint 처리결과

• Complaint발생–조장 및 상사에게 보고–손님과 대화 후 합리적인 방향으로 합의

• 합의한 내용을 실행–불평고객을 고정 고객화–고정 고객관리

일이 크게 번지기 전에 즉시 계통대로 보고하여 해결토록 한다. 절대로 담당 종업원 혼자 해결하려고 하지 말고 보고하여 처리토록 한다.

(2) Complaint 처리할 때의 자세

• 손님의 입장에서 성의 있는 자세로 임한다.

• 문제점을 해명하거나 변명을 하지 않는다.

• 손님에게 동의를 해가면서 긍정적인 자세로 듣는다.

• 솔직하게 사과드린다.

• 설명은 사실을 전제로 해서 명확하게 한다.

• 발생된 원인은 신속하게 처리한다.

(3) Complaint 처리 3변 주의

① 사람을 바꾼다.

• 사원 〉 상사

• 신입사원 〉 선배사원

② 장소를 바꾼다.

- 서 있을 때 〉 앉아서 진정시킨다.
- 고객을 혼자 있게 한다.

③ 시간을 바꾼다.

- 대꾸를 피하고 손님이 진정될 수 있는 시간을 갖는다.
- 고객에게 중간보고를 한다.

(4) complaint 처리 5단계

손님을 응대할 때 손님보다 목소리가 높아서는 안 되며 손님의 말을 가로막아서는 안 된다. 사전에 '죄송합니다' 라는 접객용어를 사용한다.

1단계 : 고객의 불만을 듣는다.

- 선입관을 버리고 관심을 갖고 들어 준다.
- 자기 의견을 개입시키지 말고 전체적인 사항을 듣는다.
- 중요사항 메모

2단계 : 고객의 불만원인 분석

3단계 : 해결책을 검토한다.

- 자기 권한 내인가를 검토(권한 밖이면 조장 및 상사에게 보고)
- 고객을 만족시킬 수 있는 방안 검토
- 신속한 해결의 일정 검토

4단계 : 고객에게 해결책 제시

- 해결책을 알기 쉽게 설명
- 권한 이외의 것은 설명하면서 양해를 구한다.

5단계 : 처리결과를 검토한다.

- 고객반응 조사
- 재발방지

6) 불평불만 응대요령(사례)

(1) 고객이 주문한 음식이 상이하다고 불평했을 때

구분	세부내용
사례내용	- 휴가철인 여름에 커피숍에서 저녁식사로 갈비탕을 주문하였다. - 주문한 갈비탕이 아닌 꼬리곰탕이 제공되었다. - 음식도 바뀌었으며 꼬리곰탕 맛도 형편없이 좋지 않아서 요금을 지급할 수 없다며 불평함
불평청취 및 사과	- 고객의 불평을 끝까지 조용히 청취한다. - 인사를 정중히 45도로 한 후 "그렇습니까? 대단히 죄송합니다. 잠시만 기다려 주십시오. 주문을 받은 담당자를 불러 확인조치 하겠습니다."라고 말을 한 후 오른발부터 2보 뒤로 물러나 주문받은 담당자나 접객 조장, 지배인에게 보고한다. - 고객의 의견에 대한 반론 제기는 절대 금한다. 예) 그럴 리가 없는데요. 등
수습	- 보고받은 담당자나 접객 조장, 지배인은 즉시 테이블로 가서 정중하게 45도로 인사한 후 '제가 주문받은 ××주임입니다. 음식이 다르게 제공되었습니다.' 라고 사과하며 지배인은 접객조장 1m 뒤에 선다. - 이때 지배인은 고객에게 다가와 "제가 담당 지배인입니다. 저희 직원의 실수에 대해서 정말 죄송스럽게 생각합니다. 손님의 음식을 즉시 준비해 드리겠습니다."라고 말씀드린다. - 지배인은 직접 요리장에게 불평내용을 설명하고 음식을 신속하게 준비하도록 하여 직접서빙을 하고 재차 사과를 한다. - "맛있게 드십시오"라고 말한다. - 지배인은 그날의 특별후식을 고객수대로 무료로 제공한다. - 계산과정에서 상황에 따라 음식값에서 10% DC하거나 불평음식에 대해서는 빌링을 하지 않는다.
사후조치	- 지배인은 고객을 정중히 배웅하면서 명함을 드리며 "죄송합니다. 다음에 오시면 최선의 음식이 제공될 수 있도록 기억하고 있겠습니다. 괜찮으시다면 명함 한 장 주시면 고맙겠습니다."라고 인적사항을 확인한다. - 지배인은 다음날 고객에게 전화를 걸어 다시 한 번 사과를 하며 각종 행사가 있을 때 행사 브로슈어를 우송하여 단골 고객화한다.

(2) 고객이 주문한 와인, 맥주, 음료수에서 이물질이 나왔거나 부패된 경우

구분	세부내용
사례내용	- 접대관련 외국인 초청 저녁식사를 네 명이 하면서 화이트와인, 샤블리스를 주문하였다. - 마시면서 보니 술잔 안에 코르크 마개가 부서진 것 같은 이물질이 들어있었다. - 고객은 이렇게 비싼 음식에 비싼 와인까지 주문하여 손님을 접대하는데 와인에 이런 이물질이 나와서야 되겠느냐고 불평하였다.

구분	세부내용
불평청취 및 사과	- 고객의 불평을 끝까지 조용히 청취한다. - 인사를 정중히 한 뒤 "대단히 죄송합니다. 저희들의 잘못입니다. 즉시 와인을 바꾸어 드리겠습니다. 잠깐만 기다려 주십시오."라고 말한다.
수습	- 지배인은 보고한 직원과 함께 즉시 테이블로 가서 정중하게 인사하고 "제가 담당 지배인입니다. 불편을 끼쳐드려 대단히 죄송합니다. 저희 잘못으로 와인에 이물질이 들어간 것 같습니다. 와인을 새로운 것으로 준비해 드리겠습니다."라고 말한다. - 지배인은 직접 주문을 받아 서빙하고 "대단히 죄송합니다. 다음부터는 실수가 없도록 와인을 준비하겠습니다."하면서 간단명료하게 사유를 말한다. - 고객이 나갈 때까지 테이블에 접객조장이나 지배인이 Stand-by를 철저히 한다. - 계산과정에서 고객이 불평한 와인 1병은 무료로 제공하고 나머지만 빌링한다.
사후조치	- 지배인은 고객을 정중히 배웅하면서 명함을 주며 "죄송합니다. 다음에 오시면 최선의 음식이 제공될 수 있도록 기억하고 있겠습니다. 괜찮으시다면 명함 한 장 주시면 고맙겠습니다."라고 인적사항을 확인한다. - 지배인은 다음날 고객에게 전화를 걸어 다시 한 번 사과를 하며 각종 행사가 있을 때 행사 브로슈어를 우송하여 단골 고객화한다.

(3) 고객이 예약한 테이블을 직원 실수로 다른 고객에게 안내하고 난 후 예약한 손님이 오셔서 예약한 테이블을 요구할 때

구분	세부내용
사례내용	- 주말을 이용하여 모처럼 관광을 온 가족고객 네 명이 뷔페식당을 예약하고 입장하였다. - 그런데 이미 그 예약석은 다른 고객이 앉아서 식사를 하고 있었다. - 고객은 화를 내면서 미리 예약을 했는데 이렇게 해도 되느냐 그러면 사전에 예약을 할 필요가 뭐있느냐며 심하게 불평을 하며 다른 좌석을 요구했다.
불평청취 및 사과	- 고객의 불평을 끝까지 조용히 경청하고 "저희 직원의 실수로 다른 손님께 드렸습니다. 예약하신 테이블보다는 못하지만 다른 좌석을 준비했습니다. 대단히 죄송합니다."라고 한 후 양해를 구하고 다른 좌석을 안내한다.
수습	- 지배인과 리셉션니스트가 직접 테이블로 고객을 안내하고 필요한 것을 직접 주문을 받는다. - 고객이 식사하시는 중에 불편사항이 없도록 Stand-by를 철저히 하도록 지시하고, 음료수를 원했을 때 무료로 제공한다. - 계산 시 네 명 중 한명은 식사를 무료로 제공하고 나머지만 빌링한다.
사후조치	- 지배인은 고객을 정중히 배웅하면서 명함을 드리며 "죄송합니다. 다음에 오시면 최선의 음식이 제공될 수 있도록 기억하고 있겠습니다. 괜찮으시다면 명함 한 장 주시면 고맙겠습니다."라고 인적사항을 확인한다. - 다음날 고객에게 전화를 걸어 다시 한 번 사과한다. - 각종 행사가 있을 때 브로슈어를 우송하여 단골 고객화한다.

(4) 고객이 기물류(나이프, 포크, 냅킨, 글라스 등)가 불결하다고 지적했을 때

구분	세부내용
사례내용	- 스테이크를 자르기 위해서 나이프와 포크를 들고 청결함을 확인한 결과 포크 사이에 이물질이 붙어 굳어 있는 상태를 발견하고 중년 여자분이 "뭐 이따위 포크가 있느냐" 수준이 아주 낮은 호텔이라며 ××호텔과 비교하는 불평을 했다.
불평청취 및 사과	- 서빙을 하던 종업원은 하던 일을 멈추고 고객 불평 내용을 끝까지 청취한다. - 인사를 한 후 "대단히 죄송합니다. 곧 다른 것으로 교체해 드리겠습니다."라고 말씀 드린 다음 지적된 포크를 치운다. - 교체하는 포크가 최상의 상태를 유지하고 있는지 확인하고 세팅을 하면서 "정말 죄송합니다. 차후에는 실수 없도록 하겠습니다."라고 말한다.
수습	- 보고받은 지배인은 불평고객 테이블에 가서 정중히 인사하며 "제가 담당 지배인입니다. 식사 중 불편을 드려서 죄송합니다. 앞으로 실수 없도록 하겠으니 많은 지도편달을 부탁드립니다."라고 말한다. - 지배인은 해당 테이블에 Stand-by를 철저히 하도록 종업원들에게 다시 한 번 주의를 주고 최선의 서비스를 제공하도록 한다.
사후조치	- 지배인은 고객을 정중히 배웅하면서 여자분께 장미를 제공한다. "죄송합니다. 식사하시는 도중 불편을 드려서 다음에 오시면 모든 면에서 신경을 써서 성심 성의껏 모시도록 하겠습니다. 감사합니다. 안녕히 가십시오."라고 말한다. - 직원교육을 강화하여 업장준비 및 각종 기물류 청결상태를 신경 쓸 수 있도록 조치한다.

(5) 직원의 실수로 고객의 옷에 음식물을 엎질러 고객이 항의를 할 때

구분	세부내용
사례내용	- 종업원이 야채수프를 제공하다 여자고객 흰색 원피스에 엎질렀다. - 고객은 상당히 놀라며 고함을 쳤다. - "아니 뭐 이따위가 있어. 지배인 오라고 해"하며 크게 화를 냈다. - 여자 고객은 피부에 약간의 화상을 입었다.
불평청취 및 사과	- 재빠른 동작으로 음식물이 엎질러진 곳을 냅킨으로 닦는다. - 뜨거운 것을 엎질렀을 때에는 찬 물수건을 재빠른 동작으로 갖고 와 "대단히 죄송합니다. 혹시 다치신 데는 없는지요. 저희 잘못으로 손님에게 크나큰 실례를 범하게 되었습니다. 어떠한 조치도 달게 받겠습니다."라고 말한다.
수습	- 보고받은 지배인은 종업원과 함께 테이블로 가서 정중하게 인사를 하고 "제가 담당 지배인입니다. 이렇게 큰 피해를 드려서 죄송합니다. 저희들의 잘못이오니 회사차원에서 최선을 다해 조치토록 상부에 보고하겠습니다."라고 사과한다. - 객실 투숙객인 경우 사내의 세탁이 가능하다고 말하고, 외부 고객인 경우 세탁비를 드리는 방향으로 유도한다.

구분	세부내용
수습	- 뜨거운 것을 엎질러 화상을 입었는지 확인하고 그 경우 즉시 당직과 식음료팀장에게 보고한 후 응급차를 대기시켜 놓고 대단히 죄송합니다. 응급치료를 위해 차를 대기시켜두었습니다. 번거로우시겠지만 가까운 ××병원으로 가서 치료부터 하셔야 되겠습니다." 한 후 병원으로 모신다. - 지배인은 불평한 고객이 나갈 때까지 최선의 서비스를 다한다. - 그날의 특별후식을 고객수대로 무료로 제공한다. - 경미한 경우 10% DC하거나 상부에 보고하여 세탁비를 지급한다. - 화상을 입었을 경우 전액 무료로 처리하고 선물을 마련하여 포장해 준다. - 지배인은 고객을 정중히 배웅하면서 "죄송합니다. 다음에 오시면 최상의 서비스를 하도록 기억하겠습니다. 괜찮으시다면 명함 한 장 주시면 감사하겠습니다."라고 인적사항을 확인한다.
사후조치	- 지배인은 보고양식에 의거 담당과장에게 보고한다. - 다음날 고객에게 전화를 걸어 사죄한 후 세탁여부를 확인하고 세탁이 되지 않은 옷일 경우 변상조치토록 상부에 보고하여 처리한다. - 화상을 입었을 경우는 치료비 및 보상금을 합의하에 선 집행하고 상부에 보고하여 처리토록 한다. - 식음료 팀장은 간단한 선물을 준비하여 다음날 피해고객을 방문하여 다시 사과한다. - 각종 행사 시 브로슈어를 우송하여 단골 고객화한다. - 직원의 고객 응대요령 교육을 강화한다.

(6) 전일 고객이 음식을 사가지고 가서 먹고 전화로 어제 먹었던 음식에 이상이 있었다고 불평했을 때

구분	세부내용
사례내용	- 한 가족이 제과점에서 애플파이를 사가지고 가서 아이들에게 먹였다. - 중간에 살펴보니 크림이 아닌 곰팡이가 슬었음을 발견하였다. - 아이들은 그런 줄도 모르고 먹었다며 너무 억울하고 괘씸하다고 이야기하였다. - 일류호텔의 제품을 믿고 사갔는데 이럴 수가 있느냐며 소비자 보호 센터에 고발하겠다고 불평하였다.
불평청취 및 사과	- 전화상이기 때문에 내용을 끝까지 청취하고 절대 반문하지 않는다. - 전화받은 종업원은 "그렇습니까? 대단히 죄송합니다. 손님의 성함과 전화번호를 알려주시면 지배인께 보고하여 확인한 뒤 곧 조치를 취하도록 하겠습니다."라고 말한다.
수습	- 지배인은 불평고객을 담당했던 접객원을 동반하여 조리장에게 가서 고객 불평사항을 설명한 후 전일 음식에 대해 확인조사한다. - 지배인은고객에게 전화를 걸어 "저희 음식을 드시고 불편하셨다니 대단히 죄송합니다. 괜찮으시다면 지금 댁으로 찾아뵙겠습니다."라고 한 뒤 주소를 확인한다.

구분	세부내용
사후조치	- 식음료 팀장에게 보고한 후 요리장과 함께 선물(소시지 박스, 케이크 등)을 들고 고객을 방문한다. - 고객의 건강상태를 확인하고 귀사 후 상부에 보고하여 상부지시에 따라 조치한다. - 제조일자를 꼭 점검하고 조리사 및 접객원의 일상점검에 필요한 교육을 실시한다.

(7) 계산서에 고객이 주문한 식음료 금액에 차이가 있다고 불평했을 때

구분	세부내용
사례내용	- ××대학교 교수 부부가 커피숍에서 음식을 먹고 나와서 캐셔 데스크에서 불평을 했다. - 고객 불평은 아이스크림을 먹었는데 주류대가 포스팅되어 있는 상태로 요금을 지불했다며 바가지 요금을 적용받은 기분이라고 항의했다. - 그리고 남편한테는 사과하고 본인에게는 왜 사과하지 않느냐고 항의를 했다.
불평청취 및 사과	- 손님의 불평내용을 끝까지 청취한다. - 인사를 정중히 한 뒤 "그렇습니까? 대단히 죄송합니다. 제가 한번 확인해 보겠습니다. 잠시만 기다려 주십시오."라고 말한다.
수습	- 손님의 빌을 받아서 불평하신 내용을 확인하고 즉시 시정한다. - 보고를 받은 지배인은 고객에게 직접 사과한다. "대단히 죄송합니다. 저희 직원의 실수였습니다. 다음부터는 이런 일이 발생되지 않도록 주의, 교육시키도록 하겠습니다."라고 말한다.
사후조치	- 지배인은 고객을 정중히 배웅하면서 명함을 드리며 "죄송합니다. 다음에 오시면 최선의 음식이 제공될 수 있도록 기억하고 있겠습니다. 괜찮으시다면 명함 한 장 주시면 고맙겠습니다."라고 인적사항을 확인한다. - 지배인은 직원이 작성한 Void Coucher에 확인 후 사인하여 처리한다. - 각종 행사시 브로슈어를 우송하여 단골 고객화한다. - 계산 시 고객응대 요령을 교육시킨다.

(8) 고객이 주문한 음식 제공시간이 예정보다 지연되었을 때

구분	세부내용
사례내용	- 한국식당에서 어린이를 동반한 고객이 입장하여 식사하는데 조금 시끄럽고 지저분하게 식사를 해서 "종업원이 짜증을 내며, 물과 반찬을 더 요청했는데 매우 불친절한 태도로 대했다."면서 불평을 했다. - "애들이 다 그렇지 뭐 아가씨는 시집가서 애 낳지 않을 것 같아요." 하면서 기분 나쁘게 표현했다.

구분	세부내용
불평청취 및 사과	- 고객의 불평을 조용히 끝까지 청취한다. "대단히 죄송합니다. 시정토록 하겠습니다."라고 말한다. - 정중히 인사를 한 후 지배인께 보고한다.
수습	- 보고받은 지배인은 테이블로 가서 정중하게 인사를 하며 "제가 담당 지배인입니다. 저희직원의 서비스태도가 손님의 기분을 상하게 해드린데 대해 정말 죄송스럽습니다."라고 말한다. - 만약 고객이 직원을 교체하여 서비스받기 원하면 다른 세련된 직원으로 선정하여 서비스하도록 조치한다. - 지배인은 경우에 따라서 그날의 특별 후식을 무료로 제공하며 인사를 한다.
사후조치	- 지배인은 고객을 정중히 배웅하면서 명함을 드리며 "죄송합니다. 불편을 끼쳐드려서 다음에 오시면 최선의 서비스를 제공토록 직원들 교육을 철저히 시키겠습니다. 괜찮으시다면 명함 한 장 주시면 고맙겠습니다."라고 인적사항을 확인한다. - 다음날 고객에게 전화를 걸어 다시 한번 사과를 한다. - 각종 행사시 브로슈어를 우송하여 단골 고객화한다.

(9) 외국인고객이 주문할 때 외국어를 알아듣지 못하여 지배인을 찾을 때

구분	세부내용
사례내용	- 양식당에서 외국인 부부가 음식을 주문하는데 알아듣지 못했다. - Set Menu를 주문하였는데 남자 분은 안심스테이크 대신 등심스테이크로 여자 분은 스테이크 대신 광어로 바꾸어 줄 수 있느냐는 물음에 정확히 알아듣지 못하여 답을 주지 못하고 머뭇거리자, 외국인은 웃으면서 지배인을 불러 달라고 요청했다.
불평청취 및 사과	- "죄송합니다, 알아듣지 못하여 곧 지배인을 부르겠습니다. 잠시만 기다려주십시오." 하고 즉시 지배인에게 보고한다.
수습	- 지배인은 즉시 보고한 직원과 함께 테이블로 가서 인사를 한 후 "제가 즉시 주문받겠습니다." 하고 주문을 받는다. - 주문이 끝나면 "감사합니다. 주문하신 음식을 곧 내어 드리겠습니다. 즐거운 식사시간이 되십시오." 하고 인사를 한다. - 지배인은 직원 중 가장 어학실력이 우수한 자를 그 테이블에 서비스하도록 하고 Stand-by를 철저히 하도록 한다.
사후조치	- 지배인은 고객을 정중히 배웅하면서 명함을 주며 "식사도중 불편하신 점은 없으셨습니까? 감사합니다. 안녕히 가십시오."라고 인사한다. - 종업원의 고객응대 요령 및 어학실력 향상에 노력하도록 교육 조치한다.

(10) 식사 중 시설사항(소음, 냄새, 냉난방 등)에 대해 고객이 불평할 때

구분	세부내용
사례내용	- 가족 여섯 분이 부모님 생신을 맞이하여 일본식당에서 식사를 하는데 냉방이 가동되다가 멈추어서 룸이 더워졌다. - 고객들은 매우 불평을 하면서 짜증을 냈다. - 부모님 생신날 불효를 한 것 같다면서 자녀들이 불평을 했다.
불평청취 및 사과	- 손님의 불평내용을 끝까지 조용히 청취한다. - 인사를 정중히 한 뒤 "그렇습니까? 대단히 죄송합니다."라고 한 뒤 그 불평에 대해 이미 알고 있는 사항이 있으면 자세히 말씀드리고 나서 양해를 구하며 그 불평내용에 대해서 아는 것이 없다면 "왜 그런지 확인해 보겠습니다. 잠시만 기다려주십시오."라고 말한다.
수습	- 보고받은 지배인은 시설팀에 전화를 하여 고객의 불평 내용을 설명하고 왜 그런지 확인하여 즉각 시정될 수 있도록 조치한다. - 내용을 확인한후 지배인은 테이블로 가서 정중하게 인사하고 "제가 담당 지배인입니다. 불편을 끼쳐드려 죄송합니다."라고 말씀드린 다음 내용을 설명한 후 양해를 구한다. - 직원은 물수건을 충분히 준비하여 제공하면서 고객 테이블에 stand-by한다. - 지배인은 그날의 특별 후식을 무료로 제공하면서 "손님께 사과드리는 뜻에서 특별히 후식을 준비했습니다. 즐겁게 드십시오."라고 말한다.
사후조치	- 지배인은 고객을 정중히 배웅하면서 명함을 드리며 "죄송합니다. 이렇게 좋은날 불편을 끼쳐드려서 다음에 오시면 즐거운 시간이 될 수 있도록 최선의 서비스를 제공할 것을 약속드립니다. 괜찮으시다면 명함 한 장 주시면 고맙겠습니다."라고 인적사항을 확인한다. - 각종 행사 시 브로슈어를 우송하여 단골 고객화한다.

(11) 고객이 앉아서 음식을 드시다가 의자가 불량하여 부러져 넘어졌을 때

구분	세부내용
사례내용	- 체격이 큰 남자분이 커피숍의 약간 턱이진 부분의 좌석에서 식사를 하는데 갑자기 의자발목이 밑으로 밀려나면서 부러졌다. - 체격이 큰 분이라서 옆으로 살짝 밀리면서 넘어졌다. - 고객은 "내 체격도 체격이지만 이렇게 의자가 약해서 어떻게 사용하냐"며 화를 냈다.
불평청취 및 사과	- 그 장면을 목격한 종업원 또는 지배인은 즉각 달려가서 손님을 부축하여 일으켜 드리고 부러진 의자를 치우고 재빨리 다른 의자를 가져다 손님을 모신다. - 지배인은 정중히 "대단히 죄송합니다. 저희들의 불찰입니다. 어디 다치신 곳은 없으십니까?"라고 정중히 사과한다. - 고객이 불평을 하는 경우 끝까지 청취하고 반문하지 않는다. - 지배인은 재차 사과를 하며 고객의 반응을 기다린다.

구분	세부내용
수습	- 만약 고객이 상처를 입거나 다쳤다면 즉시 담당과장과 당직에 보고하여 호텔 로비에 응급차를 대기시킨다. - 고객이 기분이 가라앉으면 지배인은 고객테이블에 고객수대로 그날의 특별 후식을 무료로 제공한다. - 계산 시 고객 음식 값에서 10% DC하여 빌링하고 케이크 1개를 선물로 준다.
사후조치	- 만약에 상처를 입거나 다쳤을 때 상부에 보고하여 모든 치료비용과 요구사항을 들어줄 수 있는 부분에 대하여 처리해 주도록 한다. - 지배인은 보고양식에 의거 담당과장에게 보고하고 다음날 고객에게 전화를 걸어 사과하고 다시 한 번 찾아주시도록 인사를 나눈다. - 각종 행사 시 브로슈어를 우송하여 단골 고객화한다.

(12) 안내한 좌석이 마음에 들지 않는다고 다른 좌석을 요구하며 불평할 때

구분	세부내용
사례내용	- L/Lobby상설 뷔페장에서 가족4명이 좌석 안내를 받았다. - 좌석이 입구 쪽이라서 싫다면서 꼭 다른 좌석을 요구한다. - 고객이 요구하는 좌석은 예약이 되어있고 창 쪽은 다른 고객들이 식사중이다. - 고객은 계속해서 좌석을 바꾸어달라고 요청한다.
불평청취 및 사과	- 손님의 불평을 끝까지 조용히 청취한다. - 인사를 정중히 한 뒤 "그렇습니까? 대단히 죄송합니다. 지금 남아있는 좌석이 몇 군데 있는데 손님 마음에 드실지 모르겠습니다."라고 말씀드린 후 오른손을 곧게 펴서 비어 있는 좌석을 가리킨다.
수습	- 비어있는 좌석 중 고객이 원하는 테이블이 있을 경우 앞장서서 그곳에서 정중히 안내한다. - 비어있는 테이블이 마음에 들지 않는다고 할 때는 "죄송합니다. 일단 앉으셨다가 손님이 원하시는 좌석이 비게 되면 곧바로 그쪽으로 모시겠습니다."라고 말한 후 가까운 좌석으로 안내한다. - 손님이 원하시는 좌석이 비게 되면 즉시 손님에게 다가가서 "번거로 우시겠지만 좋은 좌석이 비었는데 옮기시겠습니까?"라고 손님의 의향을 묻는다. - 손님이 원하면 옮겨준다.
사후조치	- 지배인은 고객을 정중히 배웅하면서 명함을 주며 "즐거운 시간되셨는지 모르겠습니다. 다음에 오실 때 예약을 해주시면 손님이 원하시는 좌석으로 준비해 드리겠습니다. 괜찮으시다면 명함 한 장 주시면 고맙겠습니다."라고 인적사항을 확인한다. - 고객응대 요령 교육을 적극적으로 실시한다. - 각종 행사 시 브로슈어를 우송하여 단골 고객화한다.

(13) 식음료 값이 비싸다고 고객이 불평할 때

구분	세부내용
사례내용	- 호텔을 처음 이용하는 부부가 한국식당에서 매운탕과 육회를 주문하고 소주를 드신 후 계산을 하고 있다. - 손님은 육회, 매운탕, 소주 1병을 먹었는데 왜 이렇게 계산이 많이 나왔는지 모르겠다면서 불평을 했다.
불평청취 및 사과	- 고객의 불평을 끝까지 조용히 청취한다. - 인사를 정중히 한 뒤 "그렇습니까? 제가 한번 확인해 보겠습니다."라고 말한 후 지배인에게 보고한다. - 보고받은 지배인은 고객의 빌을 확인한다.
수습	- 적당히 빌링이 된 것을 확인한 지배인은 고객에게 다가가 "제가 담당 지배인입니다. 손님의 계산서를 확인해보니 아무런 이상이 없었습니다."라고 말한다. - 고객에게 계산내역(봉사료, 세금 포함)을 설명하며 양해를 구한다. - 지배인의 설명에도 불구하고 계속해서 불평을 하면 "이번은 이미 계산되었으니 양해를 하시고 다음에 오시면 좀 더 좋은 음식과 서비스를 제공하도록 기억하고 있겠습니다."라고 재차 양해를 구한다.
사후조치	- 지배인은 고객이 빌링된 금액에 대해 수긍이 되었다고 판단되면 "이해하시리라 믿습니다. 다음에 오시면 제가 혜택을 드릴 수 있도록 하겠습니다. 명함 한 장 주시면 감사하겠습니다."라고 말한 후 인적사항을 확인하고 정중히 배웅한다. - 고객응대요령 교육을 지속적으로 시킨다.

(14) 고객의 음식에서 이물질(벌레, 머리카락, 돌, 유리조각 등)이 발견되었을 때

구분	세부내용
사례내용	- 커피숍에서 엄마와 딸이 아이스크림을 주문하여 먹고 있다. - 먹다보니 딸의 아이스크림에서 유리 조각 같은 이물질이 나왔다. - 이물질을 발견한 엄마는 직원을 불러 심하게 화를 내면서 먹다가 입이라도 다치거나 삼켰다고 생각해봐요? 생각만 해도 끔찍하다"면서 불평을 했다.
불평청취 및 사과	- 고객의 불평내용을 끝까지 조용히 청취한다. - 인사를 정중히 한 뒤 "대단히 죄송합니다. 저희들의 잘못입니다. 즉시 아이스크림을 새로운 것으로 드리겠습니다. 잠시만 기다려 주십시오."라고 말한다.
수습	- 보고받은 지배인은 고객 테이블로 가서 정중하게 인사하며 "제가 담당 지배인입니다. 불편을 끼쳐 드려 대단히 죄송합니다. 담당 직원으로부터 자세한 내용을 들었습니다. 저희들 잘못으로 아이스크림에 이물질이 들어간 것 같습니다. 새로운 것으로 준비해 드리겠습니다."라고 말한다. - 지배인은 주방장과 함께 고객한테 와서 "저희 부주의로 아이스크림에 이물질이 들어간 것 같습니다. 대단히 죄송합니다." 하며 주방장이 직접 사과한다. - 아이스크림이 준비되면 지배인이 직접 서빙하고 퇴장할 때까지 최선의 서비스를 한다. - 지배인은 케이크를 포장해 선물로 주고 계산과정에서 10% DC를 한다.

구분	세부내용
사후조치	- 지배인은 고객을 정중히 배웅한다. - 고객에게 음식을 제공하기 전 주방과 홀직원은 항상 위생상태와 이상 유무를 점검할 수 있도록 교육, 조치한다.

(15) 캐서가 불친절하다고 고객으로부터 들었을 때

구분	세부내용
사례내용	- 계산을 하는 과정에서 고객이 호텔이용시설물과 요금을 물었는데 귀찮은 듯 잘 모르겠으니 직접 가서 물어보라고 답변을 했다. - 잔돈을 내어주면서도 아무 말도 하지 않고 그냥 데스크 위에 올려놓았다. - 고객은 직원으로부터 푸대접을 받는 느낌이라고 불평했다.
불평청취 및 사과	- 손님의 불평내용을 끝까지 조용히 청취한다. - 인사를 정중히 한 뒤 "대단히 죄송합니다. 저희 종업원의 교육 부족입니다. 다시는 이런 일이 발생되지 않도록 철저히 교육시키겠습니다."라고 말한다.
수습	- 보고받은 지배인이 즉시 정중히 인사를 하고 "제가 담당 지배인입니다. 불쾌하셨다니 제가 직원교육을 잘못시킨 것 이니 양해해 주시고 용서해 주십시오."라고 말한다. - 캐셔를 불러 손님에게 사과토록 조치를 한다.
사후조치	- 지배인은 고객을 정중히 배웅하면서 "죄송합니다. 다음에 오시면 이런 일이 없도록 하겠습니다. 안녕히 가십시오."라고 인사한다. - 지배인은 캐셔에게 고객 불평에 대한 교육을 실시하고 해당부서에 교육 강화를 협조 의뢰한다.

(16) 고객이 주문한 음식이 주방식자재 품절로 인하여 제공할 수 없을 때

구분	세부내용
사례내용	- 담당 직원은 자신 있게 주문을 받아 주방에 전표를 전달하는데 하필이면 그 메뉴가 품절상태이다. - 회갑을 넘기신 나이가 65세 가량 되는 노부부가 중국 식당에서 자연송이 전복을 주문하였는데 입고가격이 맞지 않아서 저장해두지 못했다. - 이 노부부는 "가능하다고 한말은 뭐고 아니 이렇게 큰 호텔이 그 정도 구매도 하지 않고 장사하느냐?"라고 불평을 했다.
불평청취 및 사과	- 고객이 주문한 음식이 품절이라는 이야기를 주방으로부터 전달을 받은 즉시 지배인에게 보고한다. - 보고받은 지배인, 주임은 즉시 테이블로가 정중히 인사드리고 "제가 담당 지배인입니다. 대단히 죄송합니다만 사과드릴 것이 있습니다. 저희 실수로 품절된 음식을 주문받았습니다. 괜찮으시다면 다른 음식으로 주문하여 주시면 감사하겠습니다."라고 말한다. - 이때 지배인은 고객 불편사항을 조용히 경청한다.

구분	세부내용
수습	- 다른 음식을 주문할 경우 지배인이 직접 주문을 받고서 "최상의 음식으로 최고로 모시겠습니다. 그리고 빠른 시간 내 음식이 제공토록 조치하겠습니다. 잠시만 기다려 주십시오."라고 한 후 주방으로 간다. - 직접 주방장에게 상황을 설명한 후 최우선적으로 음식을 신속히 준비하도록 협조 의뢰한다. - 음식은 지배인이 직접 서빙하고 재차 사과한다. - 그날의 특별 후식을 무료로 제공하고 음식 값에서 10% DC 해준다.
사후조치	- 지배인은 해당 주방장에게 똑같은 일이 발생되지 않도록 협조의뢰하고 다음 날 고객에게 전화를 걸어 다시 한 번 사과한다.

(17) 고객이 주문한 음식이 제공되었는데 양이 적다고 불평할 때

구분	세부내용
사례내용	- ㅇㅇ자동차 직원이 Ribeye 스테이크를 주문했다. - 고기보다 기름부분이 더 많아 실질 고기양이 얼마 안 된다며 불평을 했다.
불평청취 및 사과	- 손님의 불평내용을 끝까지 조용히 청취한다. - 인사를 정중히 한 뒤 "그렇습니까? 대단히 죄송합니다. 곧 조치하여 드리겠습니다. 잠시만 기다려 주십시오."라고 말한다. - 고객의 의견에 대한 반론제기는 절대 금한다. 예) "그럴 리가 없는데요." 등
수습	- 보고받은 지배인은 고객테이블로 가서 정중히 인사를 하고 "제가 담당 지배인입니다 음식량이 적다고 말씀하셨습니까? 대단히 죄송합니다. 음식을 더 준비해 드리겠습니다. 또는 기름기가 적은 부분으로 다시 준비해 드리겠습니다. 잠시만 기다려 주십시오."라고 말한다. - 지배인은 곧 바로 주방으로 가서 주방장에게 불평내용을 설명하고 음식을 추가주문 요청한다. - 이때 주방장은 최우선적으로 음식을 준비한다. - 지배인이 직접 서빙하고 "기다리게 해서 대단히 죄송합니다. 더 필요하신 것은 없으십니까? 맛있게 드십시오."라고 말한다.
사후조치	- 지배인은 고객을 정중히 배웅하면서 명함을 드리며 "죄송합니다. 다음에 오시면 최선의 음식이 제공되도록 기억하고 있겠습니다. 괜찮으시다면 명함 한 장 주시면 고맙겠습니다."라고 인적사항을 확인한다. - 각종 행사 시 브로슈어를 우송하여 단골 고객화한다.

(18) 고객이 주문한 음식이 신선치 않고 품질이 나쁘다고 불평할 때

구분	세부내용
사례내용	- 고객이 주문한 모둠회가 신선하지 않고 튀김도 기름 냄새가 심해 식중독에 걸릴까봐서 도저히 먹을 수 없다며 불평을 했다.
불평청취 및 사과	- 손님의 불평내용을 끝까지 조용히 청취한다. - 인사를 정중히 한 뒤 "그렇습니까? 대단히 죄송합니다. 곧바로 확인하여 조치하여 드리겠습니다. 잠시만 기다려주십시오."라고 말한다. - 고객의견에 대한 반론제기는 절대 금한다.
수습	- 보고받은 지배인은 고객 테이블로 가서 정중히 인사하고 "제가 담당 지배인입니다 담당직원으로부터 자세한 내용을 들었습니다. 죄송합니다. 음식을 새로운 것으로 준비해 드리겠습니다. 잠시만 기다려 주십시오. 혹은 좋아하시는 조리방법을 말씀해 주신다면 참고가 되겠습니다."라고 말한다. - 지배인이 직접 주문받아 주방에 가서 주방장에게 불평내용을 설명하고 최우선적으로 준비토록 협조 의뢰한다. - 지배인이 직접 서빙하고 고객에게 재차 사과한다. "제가 알아본 결과 식재료상의 문제가 있었습니다. 대단히 죄송합니다."라고 내용을 설명한다. - 그날의 특별후식을 무료로 제공하고 음식 값에서 10% DC해 준다.
사후조치	- 지배인은 고객을 정중히 배웅하면서 명함을 드리며 "죄송합니다. 다음에 오시면 최선의 음식이 제공토록 기억하고 있겠습니다."라고 한다. - 다음날 전화를 걸어 다시 한 번 사과를 한다. - 각종 행사 시 브로슈어를 우송하여 단골 고객화한다.

(19) 고객께서 빵을 구입하시고 요금을 지급했는데 종업원은 요금을 받지 않았다고 할 때

구분	세부내용
사례내용	- 제과점에서 여자 손님이 빵을 3500원어치를 사고 10000을 지급했는데 캐셔는 돈을 받지 않았다고 한다. - 그로 인하여 손님은 다른 고객 앞에서 도둑취급을 받은 것 같아서 기분이 무척 상했다고 불평했다.
불평청취 및 사과	- 고객의 불평을 끝까지 조용히 청취한다. - 인사를 정중히 한 뒤 "그렇습니까? 제가 한번 확인해 보겠습니다."라고 말한 후 지배인에게 보고한다.
수습	- 보고받은 지배인은 고객에게 다가가서 "제가 담당 지배인입니다. 직원으로부터 자세히 말을 들었습니다. 저희 직원과 손님께서 어느 한쪽이 착각한 것 같습니다. 저희가 마감 후 계산결과를 확인하여 통보해 드리겠습니다."라고 말한다. - 지배인은 고객에게 요금 지급 여부에 관한 확인 작업을 말한 후 수긍을 하면 요금을 받고 마감결과를 통보한다. -배웅하면서 "이렇게 불편을 드려서 대단히 죄송합니다."라고 말한다.

구분	세부내용
사후조치	- 명함을 주고 연락처를 받고 고객을 영송한다. - "확인한 결과 그 시간은 바쁜 시간이 아니었기 때문에 캐셔는 분명히 기억하고 있었다고 합니다."라고 말한다. - 마감결과 착오가 없었음을 고객에게 통보하고 "다시 한 번 불편을 드려서 죄송합니다."라고 말한다. - 각종 행사 시 브로슈어를 우송하여 단골 고객화한다.

제2장

조직과 직무해설

1. 조직의 의의와 기능

1) 조직의 의의

인간생활의 3대요소인 의식주는 소득과 의식수준의 향상과 함께 단순한 생존을 위한 요소라는 개념에서 새로운 가치를 부여한 의식주 문화의 창조 단계로 발전하고 있다. 이중 식문화 창조에 일익을 담당하고 있는 호텔의 레스토랑 부분은 객실과 더불어 호텔의 주종상품을 이루면서 가장 탄력성이 강한 상품으로 호텔 수익증대에 큰 기여를 하고 있다.

따라서 호텔기업은 이윤극대화를 유지하고 새로운 식문화 창조라는 사회적 요구에 부응하기 위해 식음료부문의 효율적인 운영에 끊임없는 노력을 기울이고 있다.

특히, 다양한 고객의 욕구를 충족시켜 줌으로써 수익증대의 목적을 달성할 수 있는 식음료 접객원에 의한 인적판매는 정보를 제공하고 고객을 설득하여 수요를 확산시키고 구매행동으로 유도하는 중요한 역할을 수행한다.

따라서 식음료부의 모든 구성은 고객의 물질적 기대와 심리적 기대를 동시에 충족시킬 수 있는 소비자 지향적인 차원 높은 서비스 기법을 갖추고 고객의 욕구변화에 대처하기 위한 정확한 시장조사와 함께 목표시장을 선정하여 서비스 품목의 개발과 판매촉진을 위한 효율적인 마케팅 활동을 수행할 수 있도록 노력해야 할 것이다.

이와 같은 목적과 목표를 달성하기 위해서는 각 구성원의 밀접한 협조 활동에 의한 조직의 결합을 꾀하지 않으면 안 되었다. 레스토랑 조직도 경영조직의 기본이념에 입각하여 조직의 형태가 이루어지는 것이므로 각 종업원의 업무가 합리적이어야 하며, 권한과 책임의 한계를 명확하게 하는 직무의 할당이 전제되어야 한다. 그 조직의 의의는 다음과 같다.

❶ 경제성에 목적을 두고 경영목적을 달성하기 위한 업무활동이 되도록 한다.

❷ 상호관계를 유지하여 업무를 능률적으로 처리하도록 한다.

❸ 경영목적 달성에 필요한 각 구성원의 직무를 규정한다.

❹ 일정한 권한과 책임을 할당하여 각 직무의 상호관계를 정하여 업무를 능률적으로 처리할 수 있도록 한다.

❺ 관리를 위한 능률적인 수단이 되어야 한다.

❻ 조직은 관리를 위하여, 관리는 경영목적을 위하여 구성된다.

2) 조직의 기능

식음료 부분은 요리와 음료 또는 연회를 일괄 판매하는 곳으로 조직의 원칙은 식음료를 효율적으로 조제하여 그것을 유효하게 서비스하면서 최대의 수익을 가져오고자 하는데 있다.

특히 레스토랑 부문의 기능은 다음의 것들이 있다.

❶ 구매 ❷ 메뉴작성 ❸ 조리 ❹ 요리제공 ❺ 수령 ❻ 창고관리 ❼ 준비 ❽ 업무조정 ❾ 위생 등이 있으며, 관리의 개선을 따라 다음과 같은 것들이 있다.

❶ 총무 ❷ 인사 ❸ 안전 ❹ 회계 ❺ 감사 ❻ 예산 ❼ 정비 ❽ 판매 등 기능이 복잡다양하다. 이러한 조직의 복잡성을 통괄 조정하는 데는 무엇보다도 조직의 균형과 권한이 대폭 위양되는 동시에 책임한계를 명확히 해 적재적소의 인사관리가 확립되어야 한다. 이와 같은 방법이 수익의 극대화를 꾀하는 경영의 합리화임은 두말할 여지가 없다.

2. 경영조직

고급레스토랑은 일반레스토랑과는 달리 차원 높은 서비스를 해야 하며 이것은 조직의 적정한 편성 하에 협조가 이루어져야 한다. 특히 고급레스토랑의 서비스 조직의 편성(Service System)은 레스토랑의 특성이나 위치에 따라 구성되겠지만 일반적으로 다음과 같은 요인에 의하여 결정될 수 있다.

❶ 도심지, 관광지에 위치한 지역조건

❷ 계절별 상시 개장 등에 따른 영업시간

❸ 식당의 종류 또는 등급의 수준

❹ 고객의 수용정도 및 매출액

❺ 서비스의 형태 등과 같은 여러 가지조건에 따라 고급식당의 조직이 달리 편성될 수 있다.

그 조직의 서비스편성을 세 가지로 나누어 설명하면 다음과 같다.

1) 쉐프드랑 시스템(Chef de rang System)

이 시스템을 국제적 서비스제도(International Service Brigade) 혹은 프렌치 서비스(French Service)라 부르며 가장 정중하고 최고급의 서비스를 제공하는 고급식당에 적합한 조직이다. 식당 지배인 아래 캡틴(Captain)이 있고, 그 밑에 3~4명의 웨이터가 근무조를 이뤄 고객을 담당하여 서브하는 제도로 이는 팀워크(Team Work)의 조화가 잘 이루어져서 구성원의 책임이 각기 다른 업무까지도 원활히 대행되지 않으면 안 된다. 이 조직의 장점과 단점을 보면 다음과 같다.

(1) 장점

❶ 수준 높은 서비스를 제공할 수 있다.

❷ 근무조건에 만족할 수 있다.

❸ 충분한 휴식시간을 가질 수 있다.

❹ 영업의 상황에 따라 근무인원을 증감시킬 수 있다.

(2) 단점

❶ 종업원의 의존도와 인건비의 지출이 크다.

❷ 연중무휴인 고급식당의 편성에만 적당하다.

2) 헤드 웨이터 시스템(Head Waiter System)

일반 식당에서는 가장 영업에 유리한 조직으로 사장(Head Waiter) 밑에 요리담당(Meals Waiter)과 음료담당(Drinks Waiter)을 두어 주어진 테이블을 서비스하는 'Chef de rang System' 을 축소시킨 제도이다.

3) 스테이션 웨이터 시스템(Station Waiter System)

이것은 'One-Waiter System' 이라고도 부르며 한 계절만 영업을 하는 계절식당(Seasonal Restaurant)에 적합한 것으로 한식당에 수장을 두어 그 밑에 한명씩 웨이터가 한 담당구역(Station)만을 서브하는 제도, 즉 한명의 웨이터가 일정한 식탁만을 맡아 식사와 음료를 제공하므로 비교적 숙련된 웨이터라야 한다. 이 조직의 장점과 단점을 살펴보면 다음과 같다.

(1) 장점

❶ 고객은 한 사람의 웨이터 서브를 받기 때문에 서비스가 일괄적이고 충실하다.

❷ 웨이터는 한 계절을 통하여 충분한 준비를 할 수 있다.

❸ 웨이터는 높은 임금(Wages)을 받을 수 있다.

(2) 단점

❶ 웨이터는 주방출입이나 음료의 준비로 자기의 담당구역(Station)을 이탈하기 쉽다.

❷ 고객을 오래 기다리게 하는 등의 불평을 사기 쉽다.

3. 레스토랑과 바 부문의 조직도

1) 레스토랑의 조직도

산업사회의 변천에 따라 국민들의 생활이 풍요로워지고 사회활동의 범위가 넓어졌다. 따라서 호텔업의 기능이 숙박기능위주의 업소로부터 일반 사회활동의 중심지로 변모되어 식음료 부문의 중요성은 날로 높아가고 있다.

최근의 영업은 그 수입원이 객실판매율보다 식당에서의 판매율이 상회하고 있는 곳이 많다. 물론 입지적 조건에도 영향이 크겠지만 연회 및 회의장 시설에 중점을 두고 있으며, 여기에 따라 종업원의 임무도 한층 더 중요시되고 있다.

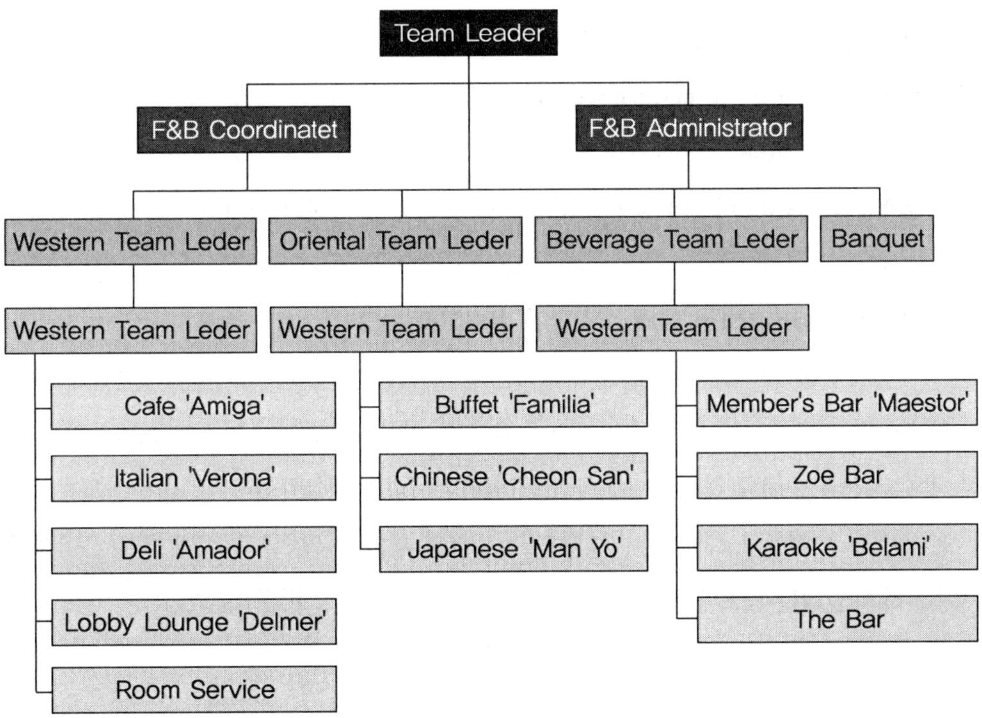

2) 바 부문의 조직도

레스토랑과 불가분의 관계에 있는 것 중 하나가 주류이다. 식사 시나 그밖에 평상시에도 고객이 만족할 서비스를 위해서는 야주서비스와 함께 제공하는 시설이 필수불가결하게 요구된다.

대체로 다음과 같은 종류를 갖추고 영업활동에 임하고 있다.

❶ Main Bar 유능한 바텐더에 의해 주류와 칵테일 등이 제공되고 각 서비스 바의 대표적인 영업장이다. 전 음료를 리스트에 표기하며 가격도 표준가로 판매하는 것이 일반적이다.

❷ Sky Lounge 전망이 좋은 곳에 위치하며 간단한 식사를 취급하거나 아니면 스낵을 판매하여 운영되기도 한다.

❸ Cocktail Lounge 칵테일 위주로 영업하는 영업장으로 만남의 장소로 이용된다.

❹ Night Club & Discotheque 주류와 음악 그리고 춤이 있는 사교장으로 유흥음식점이다.

❺ Mens Bar 여자의 출입을 규칙으로 금지하는 형태의 영업장으로 일명 클럽형태의 바이다.

❻ Members Club Bar 입회금과 연회비로 운영되는 회원 전용의 업장이다.

이상의 같은 주장들은 호텔 내에 그 위치를 정하는데 있어서 그 주장의 성격에 따라 정해져야 한다. 그러므로 메인 바라면 숙박객이 이용하기 편리한 장소로 호텔로비 주변이나 주 식당 근처에 정하여야 한다. 스카이라운지나 나이트클럽 같은 것은 최상층으로 전망이 좋은 위치에 시설하는 것이 좋다. 그리고 이외의 주장은 그 나름대로 특이성이 충분히 표현되는 장소나 손님이 이용하기 편리한 곳에 시설한다.

4. 직무해설

조직의 경영에 있어서 종업원은 경영목적을 달성하기 위하여 일정한 업무활동을 하게 된다. 이 업무활동은 상호 긴밀한 관계를 지니고 있고 종업원 각자의 직무담당을 분리 편성하여 조직화함으로써 업무를 능률적으로 수행할 수 있으며 그 사항들은 다음과 같다.

- 직책에 따른 급여의 구분
- 각 직무를 위한 시간할당
- 업무에 필요한 특정인의 역할
- 직책에 요구되는 경험과 능력

직무해설은 그 기구조직에 따라 달라질 수 있다. 어떤 비즈니스는 기구조직을 아래와 같이 나누기도 한다.

신입사원, 고용원, 배치, 교육, 직원평가, 즉 다른 사항들은 조직경영에서 단순한 일을 담당한다. 모든 일은 중복되지 않게 분담형식으로 나눈다.

1) 식음료 팀장

식음료 부서의 최고 책임자로 영업에 관한 정책수립과 계획, 영업장관리, 전 종업원의 인사관리 등 식음료부서 전반적인 운영상태 및 문제점을 파악하고 운영에 관한 책임을 지며 종업원의 서비스 강화교육을 담당한다.

식음료과장의 주된 업무는 다음과 같다.

❶ 식음료부서의 예산 및 영업계획을 수립하여 각 업장의 매상목표 및 영업수익목표를 시달하고 각 업장의 목표달성을 독려
❷ 종업원 충원요청 및 적소배치 등 인사에 관한 사항담당
❸ 신입사원의 교육훈련을 담당
❹ 식음료부 각 업장의 재물관리감독
❺ 식자재의 구입 청구 및 소모품 구입 청구
❻ 식음료의 원가통제관리
❼ 레스토랑 서비스용 기물의 구입신청과 보충
❽ 각 영업장의 수리 및 시설, 가구 기기 수선의뢰
❾ 레스토랑 및 연회예약업무
❿ 각 업장 지배인 및 종업원들의 근무시간 총괄 감독

⓫ 식음료 부서 전반에 관한 문서수발, 기록화일 등을 보관하고 모든 보고서를 작성하여 상부에 제출

⓬ 종업원들의 휴일급여 및 초과수당(Over Time) 신청

⓭ 레스토랑 종업원들의 고정처리

2) Restaurant Manager

(1) 주 업무

❶ 영업장의 매출액, 서비스, 식음료원가관리, 메뉴 및 프로모션, 비용관리에 총체적으로 책임과 권한을 갖고 최고의 영업장이 되도록 한다.

❷ 호텔 레스토랑의 규정에 의한 효과적이고 예의바른 서비스를 제공하기 위하여 레스토랑의 모든 종업원에 관한 일들을 협력하고 감독한다.

❸ 레스토랑의 모든 고객들이 만족을 느끼도록 노력하고 고객 앞에서 카빙, 프람베, 칵테일을 만들 수 있도록 소속 종업원들을 교육하여 높은 전문지식으로 최고의 판매를 할 수 있는 능력을 가진다.

(2) 직무 및 책임

❶ Captian, Gerrtress, Waiter, Butler, Bus Boy 등을 감독하고 업무지시를 한다

- 일일 영업시작 전 서비스 브리핑을 한다.
- 유니폼과 용모를 점검한다.
- 특별행사와 당일 특별사항(예약고객, VIP, 품절된 메뉴)을 설명한다.
- 종업원들에게 판매기법 카빙이나 프람베 만들기 등을 교육한다.

❷ 레스토랑의 기구와 환경 등을 점검한다.

- 레스토랑내의 수선, 유지, 관리 상태를 점검한다.
- 작업지시서를 작성하고 작업이 완료되도록 추진한다.
- 미결되어 있는 사항은 식음료 팀장에게 보고한다.
- 준비사항과 청결을 매일 점검한다.

❸ 식음료 업무지식

- 판매품목을 항상 숙지해 종업원에게 독려하여 선전하도록 노력한다.
- 메뉴 및 선전물이 항시 깨끗한 상태가 유지되어 사용되도록 책임을 갖는다.
- 와인과 주류의 판매품목을 숙지하고 관리한다.
- 고객이 적당한 때에 담뱃불이 필요하면 여자 손님 우선으로 제공한다.
- 종업원교육을 실시하여 고객에게 식음료를 권고 판매할 수 있도록 하며, 매일 주방장과 협의하여 특별이 판매할 품목을 선택하고 전 직원이 여기에 관심을 갖도록 하되, 고객 스스로의 메뉴선택을 우선으로 한다.
- 식음료 통제 및 관리 : 주문된 모든 식사와 음료 혹은 와인이 제공될 수 있는지 여부를 확인, 관리할 뿐만 아니라 질과 양 그리고 적절한 서비스도 확인한다.
- 불평 : 만약 다른 불평이 있다면 고객과 언쟁하지 않는다. 특별한 요리로 대신하거나 메뉴에서 다른 요리를 제공하여 고객이 기뻐하도록 노력한다. 무료로 홍차나 커피를 제공하지 말고 고객이 기뻐하도록 대안을 내어 불평을 처리하여야 한다. 최종 목적은 고객만족이나 만약 곤란한 상황이 되면 지배인에게 연락한다.

❹ 레스토랑에서의 서비스 확인

- 레스토랑의 영업시간 동안 접객조장은 종업원들이 제공하는 서비스에 대한 책임이 있다.
- 잘못 처리된 서비스의 요점을 기록하여 종업원 회의, 브리핑 시 발표한다.
- 서비스는 개개인의 취향을 파악하여 제공하고 고객과의 대화를 통하여 개선점을 찾도록 한다.

❺ 레스토랑에서 일어난 사건에 대해 식음료 팀장에게 매일 보고한다

- 어떤 사건이나 불평은 필요한 조치를 위해 매일아침 식음료 팀장에게 제출되도록 로그북에 기록한다.

❻ 레스토랑의 개선을 위해 회의에 참석하여 제안과 아이디어를 발표한다

- 매주 식음료 회의에 참석하여 고객의 요청사항을 발표한다.

– 미결된 사안의 처리여부를 기록, 보고한다.

❼ 사고와 파손보고서를 작성한다

– 사고와 손실들을 보고서로 작성하여 식음료 팀장에게 제출한다.

– 고객의 분실물이 발견되면 즉시 돌려주거나 규정대로 처리하고 기록을 남긴다.

❽ 영업에 필요한 기구를 청구–확보하고 관리하여 재고를 확인한다

– 분실과 손실을 막기 위해 영업기구에 대한 관리방안을 만든다.

– 매달영업기구의 실제 재고조사에 참여한다.

❾ 종업원의 복리를 연구한다

– 매주 종업원회의를 갖고 식음료 팀장에게 보고서를 제출한다.

– 종업원의 개인적 문제에 관심을 갖고 협력하여 처리한다.

❿ 그 밖의 책임

– 위생, 청결을 적절히 관리하고 지키는 일

– Hotel Green Core의 업무규정과 규칙을 유지하는 일

⓫ 식음료 팀장의 권한이양에 관한 사항

– 고과평가 등을 통한 종업원의 급여관리 및 근태관리

– 소속 직원의 채용과 해고

– 공공매체의 광고 등에 관심을 갖고 협력하여 처리한다.

– 근무 중에 접촉한 사내외 고객의 사적인 데이터 등의 외부반출은 근무 중 또는 퇴직 후에도 금지된다.

⓬ 기타 사항

– 식음료 팀장에 의해 지시된 다른 업무도 실시한다.

■ 지배인의 점검 리스트(예)

no	MANAGER CHECK LIST	YES	NO
1	충분한 근무인원은 출근했는가(모든 직원이 출퇴근부에 사인을 했는가)		
2	카페트 바닥은 깨끗한가		
3	조명은 작동되고 그 위치에 적확하고 전구는 끊어지지 않는가		
4	홀 안의 온도는 적정한가		
5	table setting은 규정대로 정위치에 되어있는가		
6	집기 비품은 제자리에 있고 의자는 깨끗한가, 빵부스러기는 없는가		
7	plant box의 화분과 테이블위의 꽃은 싱싱한가		
8	글라스에 얼룩이 없는가		
9	린넨은 찢기거나 구멍이 나지 않았는가		
10	직원들의 유니폼은 재대로 착용하고 있고 깨끗한가		
11	직원들의 표준외모(양말 스타킹 화장 면도 손톱 라이터 펜)		
12	메뉴는 풍부하게 제공되고 내용 상태는 깨끗한가		
13	업장은 제시간에 영업이 시작되는가		
14	오늘(그날)의 특별 메뉴제공의 준비는 됐는가		
15	음료 및 와인은 제자리에 공급되고 저장되어 있는가		
16	주방은 서비스하기 위한 모든 메뉴를 체크하는가		
17	manager는 주방장과 그날의 메뉴가 준비되어 있는가를 알고 있는가		
18	manager는 음식 맛을 보고 특별요리를 알고 있는가		
19	서비스 station 위는 깨끗하고 모든 알코올류는 잠겨 있는가		
20	silver류는 깨끗이 닦아서 station에 넣어 두었는가		
21	업장은 안전한가, 문은 잠겨 있는가		
22	내일직원들의 근무 시간표는 잘 구성되어 있고 직원들의 출근 시간을 알고 있는가		
23	주방장은 그날의 메뉴를 준비했는가		

3) greetress

(1) 주 업무

❶ 레스토랑에 방문하는 고객을 환영 · 안내한다.

❷ 예약접수 및 기록을 유지한다.

❸ 단골고객의 생일, 결혼기념일 등을 기록 · 유지한다.

❹ 지배인의 업무를 지원 보좌한다.

(2) 직무 및 책임

❶ 업무보고

- 지정된 근무시간에 깨끗한 유니폼을 착용하고 용모단정하게 상급자에게 보고한다.
- 근무시간 중에 담배를 피거나 음료(알코올성이나 비알코올성)와 음식을 취식하는 것은 엄격히 금지된다.

❷ 예약에 따른 테이블지정을 지배인과 의논하여 결정한다.

- 고객에게 공손하고 예의바른 인사를 하며 예약이 되었는지 문의한다.
- 고객을 테이블로 안내한다.
- 메뉴를 제공하고 담당 종업원을 소개한다.
- 즐겁게 드시도록 인사한다.

❸ 필요한 경우 주문을 받고 서비스한다.

❹ 당일 및 가까운 시일 내의 행사전시 등에 관한 정보를 제공한다.

❺ 고객의 의견을 청취하여 지배인에게 보고한다.

- Complaint의 경우는 사과하고 지배인에게 처리토록 의뢰한다.

❻ 코트 등 보관품이 있으면 잘 보관하였다가 돌려준다.

❼ 메뉴 등 인쇄물을 깨끗이 보관한다.

❽ 고객을 전송하고 다시 오실 것을 권고한다.

❾ 기타 필요하여 지시된 업무를 수행한다.

4) ass't manager

(1) 주 업무

❶ 캡틴, 그레이트레스, 웨이터, 주니어 웨이터를 감독한다.

❷ 메뉴추천, 판매를 한다.

❸ 고객을 착석시키고 주문을 받는다.

■그레이트레스

❹ 고객을 만족시킬 수 있게 음식을 제공하도록 감독한다.

❺ 종사원의 서비스 교육을 담당한다.

❻ 지배인 유고 시 업무를 대행한다.

(2) 직무 및 책임

❶ 업무보고

- 완전하게 복장, 용모를 갖추고 근무시간표에 지정된 근무를 하며, 근무시작, 근무 중 또는 근무종료 후에도 고객이나 동료직원과 정확하게 의사소통을 한다.
- 흡연, 음주(비알코올 포함), 취식은 근무 중 엄격히 금지된다.

❷ 근무자 출석확인

- 출석을 확인한다.
- 개인적 위생(머리, 손톱, 청결위생, 차림새)을 포함하여 근무 전 점검을 한다.

❸ 하급자를 감독한다.

- 기물류, 식기류, 글라스류를 포함한 준비 상황을 확인한다.
- 완전한 테이블 Set Up을 확인한다.
- 레스토랑의 청결을 확인한다.
- 토마토소스, 칠리소스, 우유, 겨자 등의 양이 충분한지 확인한다.

❹ 고객에게 식음료 추천을 한다.

- 도착하는 고객을 영접한다.
- 메뉴에 나와 있지 않은 메뉴를 고객에게 추천한다.
- 메뉴에 있는 식음료 품목의 판매를 촉진한다.

❺ 고객의 주문을 받는다.

- 주빈이 누구인지 알아낸다.
- 고객에게 메뉴를 제시한다.
- 주문을 받는다.
- 주문이 바뀌는 실수를 줄이기 위해 주문을 반복한다.
- 웨이터에게 주문을 넘겨준다.

- 고객에게 음식을 제공하기 전에 양, 질, 굽기 정도의 주문이 정확한지 확인한다.
- 식사가 제 제 시간에 기준대로 제공되는지 확인한다.
- 음식이 주방에서 나오기까지 평소보다 더 오래 걸렸다면 고객에게 양해를 구한다.

❻ 고객들이 만족해하는지 좌석마다 확인한다.
- 음식서비스를 감독한다(기물이 더 필요한지, 주문대로 정확히 제공됐는지 등).
- 음식과 서비스에 대한 고객의견을 경청한다.
- 업장 지배인에게 언급된 어떤 불평이나 칭찬을 전달한다(불평의 경우에 고객과 논쟁하지 않는다).

❼ 종업원을 평가한다.
- 부하종업원들이 실수하지 않고 해야 할 일을 하고 있는지 확실히 한다.
- 잘못된 일에 대한 벌칙이 필요한 경우 업장 지배인에게 의뢰한다.
- 직원들이 언제든지 알 수 있도록 한다.

❽ 정보의 누설
- 근무 중이나 퇴직 후에도 호텔의 승인 없이 대외비 사항이나 고객의 정보 등을 유출하지 않는다.

❾ 분실물
- 고객의 분실물을 습득하면 즉시 규정에 의해 처리토록 지배인에게 인계한다.

❿ 기타사항
- 업장 지배인에 의해 지시된 기타업무를 수행한다.

5) Captain

(1) 주 업무

❶ 좋은 서비스 기준에 도달하기 위하여 자기구역 내에서의 식음료의 제공을 감독한다.

❸ 고객의 주문을 받고 웨이터, 주니어 웨이터 등의 서브를 살펴서 고객만족을 유도한다.

❸ 특별한 메뉴의 경우 직접 고객의 테이블에서 요리하고 서브한다.

(2) 직무 및 책임

❶ 업무보고

- 근무계획표에 계획된 시간에 상급자에게 보고한다.
- 용모를 단정히 하고 유니폼 등 완전한 외모를 갖춘다.
- 흡연, 음주, 취식은 근무 중 엄격히 금지된다.

❷ 할당된 구역의 모든 테이블에서 능률적인서비스를 한다.

- 준비상황과 모든 테이블의 set up을 점검하여 영업 중 구영내의 서비스가 원활하도록 점검한다.
- 구역 내의 서비스가 원활하도록 수행한다.
- 각종 소스류 및 조미료, 소금, 후추 등 준비상황을 점검한다.
- 글라스류와 접시류의 청결상태를 확인한다.

❸ 고객의 식음료주문을 받는다.

- 고객의 주문을 추천하면서 판매한다,
- 제공된 식사를 즐겁게 드시는지 확인한다.
- 특별메뉴 등의 가격 및 제공순서 등을 사전에 숙지하고 교육한다.

❹ 메뉴와 제공가능 품목을 숙지하여야 한다.

- 특별메뉴 등의 가격 및 제공순서 등을 사전에 숙지하고 교육한다.
- 음료의 가격, 제품도 잘 알고 판매에 임한다.

❺ 종업원의 근무성적 및 태도 등에 관심을 갖고 평가가 용이하도록 상급자에게 보고한다.

❻ 정보의 누설

- 근무 중이나 퇴직 후에도 승인 없이 대외비 사항이나 고객의 정보를 유출하지 않는다.

❼ 분실물

- 고객의 분실물을 습득하면 규정에 의한 처리를 위해 업장 지배인에게 전달한다.

❽ 기타업무, 지시된 사항을 수행한다.

6) Waiter/Waitress

(1) 주 업무

서비스 절차에 따라 고객에게 식음료를 서브한다.

(2) 직무 및 책임

❶ 업무보고

- 근무 스케줄에 따라 용모를 단정히 하고 상급자에게 보고한다.
- 근무시간 중에 담배를 피우거나 음료(알코올성이나 비알코올성)와 음식을 섭취하는 것은 금지된다.

❷ 테이블을 준비하고 테이블 위에 깨끗한 린넨을 깔고 Cutlery 등을 Set Up한다.

❸ 고객의 착석을 도와준다.

- 친절하게 미소를 지으며 도착하는 고객에게 인사한다.

❹ captain이 바쁠 때에는 고객에게 메뉴를 제공하고 주문을 받는다.

- 판매품목을 숙지하여 추천 판매하고 질문에 응답할 수 있도록 한다.
- 주빈의 요구를 잘 이해한다.
- 고객에게 메뉴를 건네준다.
- 고객의 요구가 있으면 식사와 음료를 주문받는다. 메뉴에 없는 품목의 주문도 잘 이해하고 제공할 수 있어야 한다.
- 메뉴를 잘 선택할 수 있도록 유도하여 판매하고 추가음료도 판매하도록 노력한다.
- 불평이 생기면 Captain에게 즉시 보고한다.

❺ 주방에 주문전표를 제출하고 준비되면 고객에게 서브한다.

- 준비를 위해 주방에 주문전표를 제출한다.
- 준비된 음식을 가져와 신속히 규정된 절차에 따라 서브한다.

■라운드 츄레이 들기

❻ 그날의 특별메뉴에 대해 숙지하고 정해놓은 절차에 따라 제공한다.

- 주방장의 특별메뉴, 그날의 특별메뉴 등과 그것과 관련된 모든 정보를 알아야 한다.
- 서비스 절차와 특별메뉴 제공방식을 알아야 한다.

❼ 모든 양념과 Station 준비품을 지정된 양만큼 채운다.

- 다음 교대조를 위해 혹은 다음날의 서비스를 위해 모든 양념 예를 들면 설탕 소금 후추 칠리소스 토마토소스 등을 채운다.
- 모든 Cutlery와 기물을 확인하고 청결한지 그리고 서비스 Station에 충분한 양이 있는지 확인한다.

❽ 분실물

- 분실물이 발견된다면 즉시 Captain이나 지배인에게 처리되도록 보고한다.

❾ 정보의 누설

- 근무 중이나 퇴직 후에도 근무 중에 알고 있던 대외비 사항이나 고객 개인적인 정보를 외부에 반출해선 안 된다.

❿ 기타사항

- 기타 상급자의 업무지시를 수행한다.

유능한 Waiter/Waitress가 되려면

❶ 레스토랑의 기본방침을 잘 인식하고 각자는 그에 대한 책임감을 자각하고 있어야 한다.
❷ 레스토랑의 조직문화를 잘 알고 속히 그 조직문화에 익숙해지도록 한다.
❸ 레스토랑의 조직과 직능을 잘 알아야 한다.
❹ 레스토랑 각부의 영업내용을 잘 숙지하고 있어야 한다.
❺ 레스토랑의 운영상태, 영업종목은 무엇으로 어떻게 이루어지고 있느냐 하는 것을 잘 파악하고 있어야 한다.
❻ 레스토랑과 직접거래, 관계가 있는 회사, 단체, 관청 등을 잘 파악하고 어떤 관계인가를 바로 인식하고 있어야 한다.
❼ 동업회사와 비교하여 당 레스토랑의 특성이 무엇인가를 알고 있어야 한다.
❽ 간부의 이름과 얼굴은 물론 성격까지도 알고 있어야 하고 가능하다면 업무분담을 파악하고 있어야 하겠다.
❾ 각자 본인이 협조를 받거나 협력해 줘야 할 상대가 누구인가를 잘 파악하고 있어야 한다.
❿ 본인의 직속상사와 간접상사 등을 잘 인식하고 있어야 한다.
⓫ 각 주무부서의 전화번호, 조견표를 정비해두고 필요시 즉시 이용할 수 있게 해둔다.

7) JR Waiter/JR Waitress

(1) 주 업무

식당에서 고객에 대한 식당 서비스를 용이하게 하기 위한 업무를 수행한다.

(2) 직무 및 책임

❶ 업무보고

- 깨끗한 유니폼을 착용하고 용모 단정히 정해진 근무시간에 근무에 임한다.
- 근무시간 중에 담배를 피우거나 음료와 음식을 취식하는 것은 엄격히 금지된다.

❷ 사용된 식사 등을 식당에서 주방으로 옮긴다.

- 사용된 접시류는 질서 있게 쌓아놓고 기물과 글라스류는 언더라인을 깐 tray에 정리한다.
- 사용된 식기류, 글라스, 기물을 정해진 장소로 옮긴다.
- 고객분실물이 발견되면 즉시 책임자에게 보고하여 적절한 조치를 취하도록 한다.

❸ 사용된 테이블의 리넨을 교체하고 기물, 글라스류를 세팅한다.

-고 객이 떠나는 즉시 깨끗한 린넨으로 교체하여 놓는다.
- 기물, 글라스류 등을 깨끗이 다시 세팅하여 고객맞이 준비를 한다.

❹ 식당에 깨끗한 린넨 기물 글라스 접시 등을 보충한다.

❺ 빵 서브 물따르기, 커피 서브 그리고 지시된 다른 서비스를 확실하게 실시한다.

- 각종 빵의 제공방법, 자르기를 익히고 고객이 테이블에 착석하면 즉시 제공한다.
- 레스토랑의 판매품목을 숙지하고 호텔내의 특별행사를 알고 있어야 한다.
- Waiter와 Waitress에 의해 지시된 업무를 수행한다.
- 불평고객이 발생되면 논쟁치 말고 즉시 Captain에게 보고한다.

❻ Soup, Salad, Dessert 등과 같은 음식들을 주방카운터에서 운반하여 서비스 Tray나 Station에 옮기는 등 Waiter를 보조한다.

- 고객에게 음식이 서브되도록 Waiter를 보조한다.
- 음식 조리시간을 잘 맞추고 시간을 적절히 사용한다.

❼ 주변의 바닥, 사용기구와 용기 등을 청소하고 관리한다.

- 바닥에 어떤 것이 떨어지면 즉시 닦는다.
- 영업시간 전에 먼지를 닦아낸다.
- 접시류, 글라스, 은기류, 기물류를 적절히 관리한다.

❽ 기타 사항

- 기타 지시된 업무를 수행한다.

8) Room Service

(1) 주 업무

❶ 객실에 투숙한 고객의 식음료 주문사항을 신속하고 정확하게 서비스 할 책임이 있다.

❷ 적절한 의사소통과 서비스를 하도록 부서 내 직원을 감독할 책임이 있다.

❸ 객실에 있는 고객의 식음료 주문을 정확히 받는다.

❹ 전화주문을 편안히 받을 수 있는 판매능력이 필요하다.

(2) 직무 및 책임

❶ 업무보고

- 완전하게 복장, 용모를 갖추고 근무계획표에 지정된 근무보고를 하며 근무 시작, 근무 중 또는 근무 후에도 고객과 동료직원과 정확하고 원활한 의사소통을 한다.

❷ VIP 고객의 요구에 대한 주의

- VIP가 편안하고 기분 좋게 머물도록 관련부서와 협의한다.
- 객실에서 VIP의 식음료 주문은 적절히 제공되도록 직접 확인한다.

❸ 룸서비스에 웨이터들이 적절한 준비상태를 유지하도록 점검하고 항상 서비스할 수 있도록 유지한다.

- 웨이터가 수행하고 있는 직무와 책임을 다하도록 한다.
- 고객에게 제공하기 전에 모든 서비스 품목과 주문을 확인한다.
- 당일 영업의 과정에 있어서 능률적인 서비스를 하기 위해 식기류, 기물류, 서비스 품목 등의 양을 충분히 확보한다.

❹ 호텔고객으로부터 전화에 의한 식음료 주문을 받는다.

- 바쁘더라도 주문을 받을 때에는 예의바르고 공손히 한다.
- 메뉴 외의 다른 업장의 제공품목도 숙지하여 주문에 응한다.
- 주문을 받는 중에는 공손한 태도로 정확히 받는다.
- 주문을 받는 중에는 인내심을 갖고 메뉴를 잘 선택할 수 있도록 유도하여 판매하고 추가음료도 판매하도록 노력한다.
- 신속하고 정확한 서비스를 하며 어떤 경우에도 불평이 없도록 대책을 강구한다. 만약불평이 생기면 근무 중인 지배인이나 대리자에게 알린다. 고객과 논쟁을 해서는 안 된다.
- 고객에게 호텔 내에서 이루어지고 있는 특별행사 등을 권고한다.

❺ 전화를 받을 때에는 공손하고 친절한 태도를 취한다.

- 고객의 이름을 알아내어 사용함으로써 좀 더 친근하고 개별적인 관심을 갖고 있음을 암시한다.
- 실수를 하지 않도록 주문을 받은 후에 객실번호와 주문을 반복 확인한다.

❻ 룸서빙 시 주의사항

- 객실에 도착하면 차인벨을 2번 누르고 "룸서비스"라고 한다.
- 주문된 음식을 설명하고 "즐거운 식사시간이 되시기 바랍니다. 추가주문이 있으면 저를 찾아 주십시오."라고 빌에 사인을 공손히 받는다.

❼ 관리기록 유지

- 모든 주문과 서비스 내용은 기록을 남겨 어떻게 관리되었는지 검토, 확인할 수 있도록 한다.

❽ 정보의 누설

- 근무 중이나 퇴직 후에도 근무 중에 알고 있던 대외비 사항이나 고객 개인적인 정보를 외부에 반출해서는 안 된다.

❾ 기타사항

- 지배인에 의해 지시된 기타업무를 수행한다.

9) Beverage Manager

(1) 주 업무

전 식음료 업장의 음료에 관한 계획, 프로모션, 판매의 책임을 갖고 관할 직원의 근무 및 책임을 감독한다.

(2) 직무 및 책임

❶ 고객에게 전문가로서의 신뢰를 쌓는다.

- 개인위생과 복장, 용모를 점검한다.
- 어떤 경우에도 친절하고 부드러운 태도로 전문가다운 이미지를 심는다.

❷ 예의바른 서비스를 제공한다.

- 고객의 요구나 불평에 즉시 관여하여 충분하게 조치한다.
- 고객에게 호텔 내에서의 서비스가 만족스럽도록 확인한다.

❸ 바텐더, 라운지 웨이트리스 또는 주니어 스텝들을 지시하고 감독 협조한다.

- 업장의 영업 상태를 정기적으로 점검한다.

❹ 실제로 칵테일들 모든 음료의 제작 시 표준양목표에 의거하는지 확인한다.

❺ 매일의 음료 소모량을 확인한다.

- 사용된 소모량을 즉시 채워지도록 조치한다.
- 각 영업장 Bar의 청구서를 점검하고 승인한다.

❻ 종업원의 상벌에 관하여 건의하고 정기 고과평가를 작성하며 잘못에 관해서는 보고서를 작성한다.

❼ Banquet이나 Catering의 필요한 음료 부문의 영업을 지원한다,

❽ 각 영업장의 영업상의 요구, 적절한 서비스 등을 위한 아이디어를 종종 부서 내의 직원들과 협의한다.

❾ 적절한 교육절차와 신입사원의 오리엔테이션을 실시한다.

- 식음료팀장의 지시 등에 의한 교육계획을 수립?실시한다.
- 회사의 제반규정 운영순서 등을 교육한다.

❿ 고객의 분실물이 습득될 때는 즉시 관할부서에 보고하여 사내의 규정에 따라 처리토록 조치한다.

⑪ 근무 중이나 퇴직 후에도 근무 중에 알고 있던 대외비 사항은 외부에 유출시킬 수 없다.

⑫ 상위 직급자로부터의 지시된 업무도 실시한다.

10) Bartender

(1) 주 업무

영업장에서 고객에게 규정에 맞는 알코올 음료와 비알코올 음료를 제조 · 판매하는 업무를 한다.

(2) 직무 및 책임

❶ 근무시간 엄수

- 정해진 근무시간에 정확히 근무한다.
- 완전하게 복장외모를 갖추고 근무시작, 근무 중 또는 근무종료 후에도 고객이나 동료직원과 정확하고 부드러운 의사소통을 한다.
- 흡연이나 음주 또는 취식은 금지되어 있다.

❷ 정해진 순서나 레시피에 맞게 칵테일, 주류, 청량음료 등을 제조한다.

- 표준계량컵 기구를 사용한다,
- 제조 시 양을 덜 쓰거나 더 쓰지 않는다.
- 외부에서 어떤 음료도 반입할 수 없다.
- 모든 사용된 글라스류는 재사용 전에 깨끗이 준비한다.

❸ 장식으로 사용될 과일류를 잘라 놓거나 즙을 짜 놓는다.

- 신선한 과일을 적당히 준비한다,
- Bar시작 전에 모든 준비 작업을 완료한다.
- 모든 제공되는 음료는 전표에 의해 처리하고 이 전표는 원가관리에서 수거한다.

❹ Bar의 모든 술병들, 글라스류와 기구들은 잘 닦여지고 쓰기 좋게 진열되었는지 확인한다.

❺ 창고의 음료와 물건들은 적절히 질서 있게 정리한다.

❻ 근무시간 종료 시에는 Bar 내부를 깨끗이 청소하고 다음 근무자나 명일의 영업을 위하여 모든 기구들을 정돈한다.

❼ 사용되는 재료의 적정재고량을 확인하여 사용부문을 청구한다.

❽ 변질과 훼손처리

- 음료의 변질이나 손실이 발생 시는 Log Book에 기록을 남기고 음료담당/업장지배인에게 보고한다.

❾ 재료재고 조사 시에는 참석하여 원가관리 담당의업무에 협조한다.

❿ 근무 중이나 퇴직 후에도 근무 중에 알고 있던 대외비사항은 유출해서는 안 된다.

⓫ 기타상위 직급으로부터 지시된 업무를 수행한다.

11) Waitress/Lounge or Bar

(1) 주 업무

업장의 고객을 영접하고 음료를 주문 · 서브한다. 좋은 매너 즐거운 성격 단정하고 깨끗한 차림이 요구된다.

(2) 직무 및 책임

❶ 근무보고

- 단정한 유니폼 잘 다듬어진 용모로 근무시간에 맞추어 준비한다.
- 흡연, 음주, 취식은 근무 중 엄격히 금지된다.

❷ 고객을 영접하고 좌석으로 안내한다.

- 즐거운 태도로 예의바르게 고객을 영접한다.
- 가능하면 좌석으로 안내한다.

❸ 식음료를 서브한다.

- 주문을 받는다. 망설이는 고객에게는 특별 칵테일 등을 추천한다.
- Bartender에게 음료를 주문하여 고객에게 서브한다.
- 재떨이에 꽁초가 있으면 깨끗한 것으로 교체한다.
- 음료가 거의 비어가면 추가주문을 받는다.

- 테이블 위의 빈 잔을 수거하여 깨끗이 닦도록 보낸다.
- 계산서를 제공하고 요금을 받는다.

❹ VIP 고객이나 단골고객을 잘 기억하고 직함 등을 알아서 적절히 대우한다.

❺ 고객과의 대화도 가급적 제한하나 호텔의 시설, 영업장, 특별이벤트 등의 질문에 친절히 대응한다.

- 판매 품목에 관한 전문적 지식을 습득하여야 하고, 특별 프로모션이나 행사 등을 파악하여 안내한다.
- 고객의 불평은 고객과 다투지 말고 즉시 다른 것으로 대치하고 해결되지 않을 때에는 지배인에게 보고 · 처리토록 한다.
- 예약관계에 대한 고객의 요구는 즉시 담당 부서에 연락한다.

❻ 고객분실물의 발견 시 즉시 Log Book에 기록하고 지배인에게 보고하여 적절한 규정대로 처리한다.

❼ 근무 중이나 퇴직 후에도 근무 상으로 알게 된 대외비 사항은 외부에 유출하지 않는다.

❽ 상급자로부터 지시된 기타업무를 수행한다.

제3장

레스토랑의 종류와 서비스 형태

1. 식당의 명칭에 의한 구분

1) 레스토랑(Restaurant)

일반적으로 식당의 의미로 쓰이고 있는 명칭이다. 레스토랑은 고급식당으로 식탁과 의자를 마련하여놓고 고객의 주문에 의하여 웨이터나 웨이트리스가 음식을 날라다 주는 테이블 서비스가 제공되며, 고급 음식과 정중한 서비스, 훌륭한 시설이 갖추어진 최상급의 식당이다.

2) 커피숍(Coffee Shop)

고객이 많이 왕래하는 장소에서 커피와 음료수 또는 간단한 식사를 판매하는 식당이다. 호텔에서는 식음료부서의 핵심적인 얼굴이며 서비스 품질을 평가받은 대표적인 업장이다.

3) 카페테리아(Cafeteria)

음식물이 진열되어 있는 카운터 테이블(Counter Table)에서 음식을 고른 다음 요금을 지불하고 손님 자신이 직접 가져다 먹는 셀프서비스(Self-Service)식의 식당이다.

4) 다이닝 룸(Dining Room)

주로 정식(Table d' hote)을 제공하는 호텔의 주 식당으로 이용하는 시간을 정하여 조식을 제외한 점심과 저녁식사를 제공한다. 최근에는 이 명칭은 사용하지 않고 고유의 명칭을 붙인 전문요리 레스토랑과 그릴(Grill)로 형태가 바뀌었으며, 정식뿐만 아니라 일품요리(ala carte)도 제공하고 있다.

5) 그릴(Grill)

일품요리를 주로 제공하며, 수익을 증진시키고 고객의 기호와 편의를 도모하기 위해 그날의 특별요리(Daily Special Menu)를 제공하기도 한다. 아침, 점심, 저녁식사가 계속해서 제공된다.

6) 뷔페식당(Buffet Restaurant)

준비해 놓은 요리를 균일한 요금을 지불하고 자기 양껏 원하는 대로 선택해 먹을 수 있는 셀프서비스 식당이다.

7) 런치 카운터(Lunch Counter)

식탁 대신 조리과정을 직접 볼 수 있는 카운터 테이블에 앉아 조리사에게 직접 주문하여 식사를 제공받는 식당이다. 고객은 직접 조리과정을 지켜볼 수 있기 때문에 기다리는 시간의 지루함을 덜 수 있고, 식욕을 촉진시킬 수 있다.

8) 리프레쉬먼트 스텐드(Refreshment Stand)

간편한 간이음식을 만들어 진열장에 미리 진열하여 놓고, 바쁜 고객들로 하여금 즉석에서 주문하여 먹을 수 있도록 한 식당이다.

9) 드라이브 인(Drive in)

도로변에 위치하여 자동차를 이용하는 여행객을 상대로 음식을 판매하는 식당이다. 이 식당은 넓은 주차장을 갖춰야만 한다.

10) 다이닝 카(Dining Car)

기차를 이용하는 여행객들을 위하여 식당차를 여객차와 연결하여 그곳에서 음식을 판매하는 식당이다.

11) 스낵바(Snack Bar)

가벼운 식사를 제공하는 간이식당이다.

12) 백화점 식당(Department Store Restaurant)

백화점을 이용하는 고객들이 쇼핑도중 간이식사를 할 수 있도록 백화점 구내에 위치한 식당이다. 이곳에서는 대개 셀프서비스 형식을 취하며, 회전이 빠른 식사(Fast-Food)가 제공된다.

13) 인더스트리얼 레스토랑(Industrial Restaurant)

회사나 공장들의 구내식당으로 비영리 목적의 식당이다. 학교, 병원, 군대의 급식식당 등이 이에 속한다.

2. 운영형태에 의한 구분

1) 독립형태의 식당(Independent Rstaurant)

별도로 독립하여 한사람의 투자와 경영기술로 운영되는 식당으로 시중의 일반식당은 대부분 이에 속한다고 할 수 있다.

2) 연쇄형태의 식당(Chain Restaurant)

식당사업의 대형화와 아울러 각지에 지점을 두어서 운영의 묘를 꾀하고 있다. 미국에서는 로렌조 델모니코씨가 처음으로 체인(Chain)식당을 열었으며, 1876년에 캔자스(Kansas) 주의 토페카(Topeka)에서 영국인 후레드 하비씨가 시작한 식당이 연쇄점을 갖게 되어 1912년경에는 12개의 호텔과 65개의 철도식당, 그리고 60개의 다이닝 카(Dining Car)를 운영하게 되었다. 최근에는 하워드 존슨(Howard Johnson)회사가 운영하는 식당도 세계적이고 햄버거 전문으로 시작한 맥도날드(Mcdonald)는 많은 지점을 갖고 있는 대형 식당이다.

3) 전문식당

최근에는 고객의 취향도 단일화 및 전문화되어 가는 경향이 있어 식당의 메뉴도 이러한 경향에 맞추어 전문화되고 있다. 즉 스낵(Snack), 핫도그, 칼국수, 한정식, 불고기, 로스구이, 햄버거, 생선요리 등이 각기 전문음식으로 제공되고 있다.

4) 고급식당(Deluxe Restaurant)

생활소득이 증대해짐에 따라 여가와 고급요리를 찾는 계층이 늘어나서 실내장식 및 집기 등의 설비가 고급화되고, 이곳에서는 노래와 음악으로 고객의 흥취를 돋아주어 음식의 맛을 더욱 돋보이게 한다.

5) 실비식당

서민들이 부담 없이 식당을 출입할 수 있도록 저렴한 가격으로 음식을 판매한다든지, 카페테리아(Cafeteria), 뷔페(Buffet)식당처럼 셀프서비스를 제공하거나 혹은 동일 식품의 다량을 실비로 판매하여 박리다매의 경영기술을 꾀할 수 있다.

3. 제공품목에 의한 구분

1) 양식당(Western Style Restaurant)

(1) 이탈리아 식당(Italian Restaurant)

이탈리아 요리는 일찍이 14세기 초엽에 탐험가 '마르코 폴로' 가 중국 원나라에 가서 배워 온 면류 요리가 고유한 스파게티(Spaghetti)와 마카로니(Macaroni)로 정착하였으며 또한 프랑스요리의 원조가 되었다. 이탈리아에서는 이 면류요리를 총칭하여 파스타(Pasta)라고 하며 수프를 대신으로 하여 식사 전에 먹는다.

이탈리아 요리의 코스는 다음과 같다.

❶ 아페리티보(Aperitivo : 식사 전에 마시는 술)

❷ 안띠파스토(Antipasto : 전채에 해당)

❸ 육요리

❹ 인살라따(Insalata : 야채)

❺ 과일

❻ 커피 등의 순서로 약 3시간 정도의 점심식사를 정찬으로 즐긴다.

■이탈리아 식당

■이탈리아 식당 주방 모습

■식당 입구(햄포상품 세팅)

(2) 프랑스 식당(French Restaurant)

서양요리에는 프랑스요리가 세계적으로 제일 유명하다. 프랑스요리는 이탈리아에서 유래되어 16세기의 '앙리 4세' 때부터 발전하여 오늘날 가히 요리의 천국을 이룩한 것이다. 우리가 잘 알고 있는 샤또브리앙(Chateau-Briand)을 비롯하여 바닷가재요리, 생굴요리 및 오되브르(Hors d' Oeuvres)요리가 있고 각종 소스(Sauce)만도 500여 가지가 넘는다고 한다.

(3) 미국식 식당(American Restaurant)

서양요리는 각국마다 그 특색이 있는데 이탈리아에는 파스타(Pasta), 영국에는 로스트 비프(Roast Beef)가 있는가 하면, 미국에서는 비프 스테이크(Beef Steak)를 대표요리로 들 수 있다. 그 밖에도 바비큐(Barbecue : 통고기 구이), 햄버거 등도 들 수 있다. 이들은 재료를 대개 빵과 곡물, 고기와 계란, 낙농식품, 과일 및 야채 등으로 이용하는데, 미국인들은 대개 간소한 메뉴와 경제적인 재료 및 영양본위의 실직적인 식생활을 하고 있는 것이 특징이다.

2) 한식당(Korean Restaurant)

우리나라의 특유한 요리는 무엇보다도 옛 왕정에서의 궁중요리를 비롯하여 불고기, 신선로, 김치 및 전골요리 등을 들 수 있으나, 표준식단의 개발에 있어서 양식요리에 비해 어려움이 많아 다양한 요리가 제공되지 못하고 있는 실정이다.

3) 중식당(Chinese Restaurant)

중국에서는 벌써 2,000년 전에 요리의 전문서적이 출판되었고 6세기경의 '식경' 이라는 책이 지금도 남아있을 정도로 중국요리는 그 맛과 전통을 자랑하고 있다. 광대한 지역의 중국은 음식의 맛과 질도 다양하여 요리의 수준이 세계 제일의 것임은 두말할 나위가 없다.

중국인의 강인한 체력과 정신력을 지속시키고 있는 중국요리는 건강과 강장에 특히 유의해서 의사를 중심으로 하여 기초가 만들어졌다고 한다. 고대 중국인은 식물의 배합과 맛의 조화에 대해서도 음양오행설을 생각했다고 한다. 특히 주목할 것은 산, 고, 감, 신, 염 등의 향신료의 조화이다.

중국요리는 황궁과 민가의 합작요리라고도 할 수 있다. 황제나 권력자는 돈과 권력을 이용하여 필사적으로 불노불사의 산채, 강장, 강정의 식물을 구했고, 민가는 빈곤한 수준에서 먹고 살아가야 할 식사를 연구했다. 그 양자의 결합이 현재의 세계적인 요리를 만들게 된 요소이다.

중국요리는 주식과 부식의 구별이 없으며 요리를 만드는 데는 다음과 같은 3요소가 있다.

❶ 미(美) ❷ 미(味) ❸ 색(色)

수천 년의 역사와 광대한 면적을 지니고 있는 중국에서의 요리는 각 지역마다 독특한 재료의 미와 또한 풍토에 따라 여러 가지 특색이 있다.

그것은 다음과 같이 4대 계통으로 크게 나눌 수 있다.

❶ 북경요리 ❷ 사천요리
❸ 광동요리 ❹ 남경(상해)요리

따라서 이는 다른 나라의 요리와 달리 지방별로 여러 가지로 구분된다.

4) 일식당(Japanese Restaurant)

일본은 계절의 바뀜이 뚜렷하고 사방이 바다로 둘러싸인 해양국가의 특수성으로 인해 음식의 색, 향기, 맛을 살려 조미(調味)하는 것이 특색이다.

일본요리는 고대 중국과 한반도로부터 전래된 문물과 함께 그 역사의 시효를 이루었으며, 문화가 발달함에 따라 일본인의 기호 및 지역적 특성에 맞는 색, 향기, 맛을 위주로 한 고유한 특징을 지닌 요리로 변화발전을 가져왔다. 즉 후지산을 중심으로 오사까 지방의 관서풍 요리와 동경지방의 관동풍 요리가 대표적인 것으로 다음과 같은 특징이 있다.

❶ 관서풍 요리
- 맛이 싱겁고 담백하다.
- 색깔이 엷다
- 소금으로 조미한다.

❷ 관동풍 요리
- 맛이 강하다
- 색깔이 짙다
- 간장으로 조미한다.

❸ 상차림
- 본선요리 : 도산시대에서부터 에도시대에 걸쳐 발달하였다.
- 회석요리 : 다도를 전문으로 하는 가정요리에서 발달하였다.

❹ 향토요리 : 각 지방의 가정에서 발달된 요리

❺ 정진요리 : 사원에서 발달된 요리

❻ 요정요리 : 도시를 중심으로 발달된 요리 등으로 구별되며 상차림의 요리는 형식을 매우 중요시하고 식사예법도 구비되어 있다. 계절별로는 춘·하·추·동의 요리가 있고, 명절과 행사 때 사용되는 요리가 또한 대단히 많다.

4. 식사서비스 형태에 의한 구분

1) 테이블 서비스(Table Service)

테이블 서비스는 쾌적하게 조성된 분위기 속에서 특징 있는 요리를 신속하고 부드럽게 또한 보다 전문적이며 효율적인 방법으로 제공하여 고객의 요구를 충족시켜주는데 그 목적이 있다.

요리를 서비스 하는 방법에는 여러 가지가 있으며 이들은 각국의 식생활 발전에 따라 이름이 붙여진 것이다.

(1) 프렌치 서비스(French Service)

❶ 유럽의 귀족들이 좋은 음식과 시간적인 여유를 즐기기 위한 형식적이고 우아한 서비스이다.

❷ 요리는 Silver Platter에 담아 Gueridon에 의해 운반된다.

❸ 고객 앞에서 Flambee Wagon이나 레쇼(Rechaud)를 사용하여 쉐프드랭(Chef de Rang)이 요리를 완성시켜 서브한다.

❹ 요리는 신속하게 잘 조화된 형태를 갖추어 짧은 시간에 서브한다.

❺ 전형적인 프랑스 요리를 제공하며 대표적인 요리는 다음과 같다.

- la salade cesar(Caesar Salad)
- le tournedos au poivre(Pepper Steak)
- lec crepes suzettes(Crepes in Orange Juice)

❻ 한 스테이션을 보통 쉐프 드 랭 1명과 꼬미 드 랭(Commis de rang) 즉 Assistant Station Waiter 1명이 담당한다.

❼ 음료 서비스는 주로 소멜리아(Sommelier : Chef de vin : 즉 Wine Steward)가 담당한다.

❽ 쉐프 드 랭(Chef de rang)의 주 업무는 다음과 같다.

- Maitre d hotel이나 Greetress의 부재 시에는 고객을 테이블까지 안내한다.

- 주문을 받는다.
- 고객 앞에서 음식을 요리한다.
- 소멜리아의 부재 시 음료를 서브한다.
- 전표작성과 계산을 한다.

❾ 꼬미 드 랭(Commis de rang)의 주 업무는 다음과 같다.

- 쉐프 드 랭으로부터 인계받은 전표를 주방에 의뢰한다.
- 주방에서 준비된 요리를 Gueridon(Wagon)에 접시와 함께 고객테이블 옆에 준비한다.
- 쉐프 드 랭이 Flambee한 요리를 예쁘게 장식하여 접시에 담아 고객의 오른쪽에서 오른손으로 서브한다.
- 필요에 따라 쉐프 드 랭을 보좌한다.

❿ 모든 요리를 Gueridon에 의하여 서비스한다.

- Gueridon은 항상 깨끗하게 손질된 상태에서 식탁 옆에 놓고 조리할 수 있도록 준비한다.
- Gueridon은 반드시 식탁의 높이와 같아야 한다.

⓫ 준비된 요리는 Platter에 담아 Commis de rang이 운반하여 Gueridon 위에 놓는다.

⓬ Gueridon 위의 Platter를 쉐프 드 랭이 고객에게 보이고 난 뒤 Carving이나 Flambee하여 요리를 완성한다.

⓭ 꼬미 드 랭은 요리된 접시를 고객의 오른쪽에서 오른손으로 서브한다.

⓮ 버터, 빵, 샐러드 등은 고객의 왼쪽에서 오른손으로 서비스 한다.

⓯ 버터, 빵, 샐러드 이외의 모든 접시종류와 글라스류는 고객의 오른쪽에서 오른손으로 서브하고 치운다.

⓰ 손으로 들고 먹는 요리의 경우는 항상 핑거볼(Finger Bowl)을 식탁에 dfl와 함께 제공하며 다음과 같은 것이 있다.

- 핑거볼은 반드시 받침과 함께 서브한다.
- 핑거볼에 레몬이나 꽃잎을 띄우고 미지근한 온수를 약 1/3 정도 붓는다.

⑰ 고객의 우측 또는 좌측에 벽이나 그 밖의 서비스에 불편한 물건 및 시설물이 있어 제시된 내용과 같은 서비스가 어려울 때는 TPO(Time, Place, Occasion)에 입각한 서비스 진행방법을 모색하여 되도록 고객에게 불편함이나 식사에 지장을 초래하지 않도록 한다.

⑱ 고객에게 조급한 식사를 요구해서는 안 되며 천천히 여유를 가지고 요리나 서비스를 즐기도록 해야 한다.

⑲ Flambee는 식사를 한층 더 화려하게 만들며 고객에게 강한 식욕을 돋우어 준다.

⑳ Flambee는 여러 고객들의 주목을 끌게 되므로 연기력을 가지고 멋있고 우아하게 서비스하지 않으면 안 된다.

㉑ Gueridon 서비스의 특징은 다음과 같다.

- a la carte메뉴를 사용하는 전문 레스토랑에 적합한 서비스이다.
- 식탁과 식탁사이에 Gueridon(Wagon)이 움직일 수 있는 충분한 공간이 필요하다.
- 숙련된 종업원으로 접객편성이 이루어져야 하므로 인건비의 지출이 높다.
- 고객은 자기 양껏 먹을 수 있으며 남은 음식은 따뜻하게 보관되어 추가 서비스할 수 있다.
- 다른 서비스에 비해 시간이 오래 걸리는 단점이 있다.
- 구성원은 각각 독립적인 업무를 지니고 있으나 필요에 따라 서로 협조하지 않으면 안 된다.

(2) 러시안 서비스(Russian Service)

러시안 서비스는 프렌치 서비스와 유사한 점이 많으며 1800년 중반에 유행했던 대단히 고급스럽고 우아한 서비스이다. 접객원은 무거운 Platter를 사용하며 테이블 세팅은 Gueridon 서비스와 동일하다.

그 밖의 러시안 서비스는 다음과 같다.

❶ 서비스는 1명의 접객원이 담당한다.

❷ 모든 요리가 주방에서 완전하게 준비된다.

❸ 요리는 Platter에 담겨져 우아하고 멋있게 장식된다.

❹ 접객원은 요리 Platter와 뜨거운 접시를 함께 식탁으로 운반하여 사이드 테이블(Side Table)에 놓는다.

❺ 뜨거운 접시를 왼손에 암타월(Arm Towel)로 받쳐 들고 고객의 오른쪽에서 오른손으로 시계 도는 방향으로 돌아가며 고객 앞 테이블 끝에서 약 2cm 안으로 놓는다.

❻ 요리 Platter는 왼손에 암타월(Arm Towel : Service Towel)로 받쳐 들고 서버(Server : Service Spoon & Fork)를 Platter의 가장자리에 준비한다.

❼ 고객의 왼쪽에서 왼발을 한 발자국 앞으로 다가서서 먼저 고객에게 주문한 요리를 보여주어 식욕을 돋우어 주며 선택한 요리에 대한 만족감을 준다.

❽ 고객은 스스로 선택할 수 있는 기회를 갖게 되고 접객원은 오른손으로 서버를 쥐고 약간 구부린 자세에서 Platter를 접시와 수평이 되도록 가까이 하고 한 사람에 알맞은 몫을 서비스한다.

❾ Banquet 서비스에서 널리 쓰여 지고 있다.

❿ 이 서비스는 다음과 같다

- 전형적인 연회(Banquet) 서비스이다.
- 혼자서 우아하고 멋있는 서비스를 할 수 있고 Gueridon 서비스에 비해 특별한 준비기물이 필요하지 않다.
- 요리를 Platter에 의해 고객의 왼쪽에서 오른손으로 서브한다.
- Gueridon 서비스에 비해 시간이 절약된다.
- 마지막 손님은 식욕을 잃게 되기 쉬우며 나머지만으로 서비스받기 때문에 선택권이 없다.

⓫ 식사중인 고객에게 불편을 초래하게 될 때에는 역시 TPO에 따라서 서브할 수도 있다.

(3) 아메리칸 서비스(American Service)

아메리칸 서비스는 프렌치 서비스보다 화려하지는 않으나 레스토랑에서 일반적으로 이루어지는 서비스 형식으로 서비스 중에서 가장 신속하고 능률적이다. 고급레스토랑을 제외하고는 대부분 아메리칸 서비스 방법을 취하고 있다.

이 서비스는 다음과 같다.

❶ 주문된 요리는 빠른 시간에 제공할 수 있다.

❷ 종업원의 숙련도가 그다지 요구되지 않는다.

❸ Tray 서비스와 Plate 서비스로 나눌 수 있다.

❹ 배정된 스테이션에서 일어나는 모든 서비스를 책임 있게 완성시키도록 하는 것이다.

❺ 모든 요리는 주방에서 접시에 우아하고 멋있게 장식되어 나온다.

❻ 고객의 수가 많을 때에는 서비스 Tray로 운반한다.

❼ 고객의 오른쪽에서 오른손으로 시계도는 방향으로 서비스한다.

❽ Tray를 이용한 서비스를 Tray Service라고 한다.

❾ 직접 손으로 들고 가서 제공하는 방법을 Plate Service라고 하며 다음과 같은 특징이 있다.

- 가장 간략한 서비스이다.
- 고객의 회전이 빠른 레스토랑에 적합하다.
- 단체식사를 하는 고객에게 적합하다.

❿ Trolley를 운반하는 것이 고급서비스는 아니지만 빠른 서비스를 할 수 있다는 것이 장점이다.

⓫ 자기 스테이션의 서비스가 완전할 경우 다른 스테이션을 도와주기도 한다.

⓬ 종업원의 행동범위를 국한시키고 불필요한 노동력을 줄여야 한다.

⓭ 혼자서 동시에 고객에게 서브할 수 있는 인원은 12~20명까지 가능하다.

⓮ Plate Service는 특히 다음 사항을 유의한다.

- 엄지손가락이 너무 깊숙이 잡혀서 음식에 닿지 않도록 한다.
- 접시를 수평으로 다루어야 하며 소스(Sauce)가 옆으로 흐르지 않도록 한다.
- 한손에 너무 많은 접시를 들어서는 안 되며 위험부담이나 위생적인 면을 감안하여야 한다.

⑮ 아메리칸 서비스의 특징은 다음과 같다.

- 주방에서 음식이 접시에 담겨져 공급되어 직접 서브된다.
- 빠른 서비스를 할 수 있다.
- 고객의 미각을 돋우지 못한다.
- 음식이 비교적 빨리 식는다.
- 고급레스토랑에서보다는 회전이 빠른 레스토랑에 적합하다.
- 종업원이 한사람이 보다 많은 고객을 담당할 수 있다.

(4) 패밀리 서비스(Family Service)

❶ 아메리칸 서비스를 일부 변경한 일반적인 서비스다.

❷ 조리와 배분은 주방에서 이루어져 볼(Bowl)이나 플래터(Platter)에 담겨져 장식된다.

❸ 담겨진 요리는 식탁 중앙에 놓거나 접객원이 도와서 서비스하고 남은 요리는 식탁 위에 놓아둔다.

❹ 음료는 따라주고 소스나 양념을 제공하며 빈 접시는 치운다.

❺ 요리는 인원에 비해 충분하여야 하며 제공되는 모든 요리를 다 들도록 한다.

❻ 고객이 원할 때에는 필요한 양의 음식을 더 제공한다.

❼ 서버는 Platter나 Bowl에 함께 놓아준다.

❽ 패밀리 서비스 특징은 다음과 같다

- 서비스방법이 단조로워 숙련되지 못한 접객원도 쉽게 적응할 수 있다.
- 고객 스스로가 요리를 분배해서 식사한다.
- 접객원은 많은 고객을 담당할 수 있으며 좋은 서비스도 할 수 있다.
- 고객 스스로 떠먹기 때문에 종업원의 관심도가 적고 요리가 다른 고객에게는 호화스럽게 보이지 않는다.

2) 셀프서비스(Self-Service)

이 서비스는 카페테리아나 뷔페 서비스가 바로 그것이다. 경우에 따라 카빙(Carving)이 필요한 요리는 조리사에 의해 서비스되며, 수프와 음료를 웨이터가 제공해 주기도 한다.

이 서비스는 우아하고 멋있게 진열된 요리식탁에서 고객 스스로 식사할 만큼 취사선택하여 먹는 식사방법을 말한다. 때로는 진열된 식탁 뒤에 요리사가 배치되어 고객이 선택하는 요리를 서비스하기도 한다.

뷔페 서비스는 다음과 같은 것들이 있다.

❶ 식사 진열대의 입구에서부터 접시와 고객의 기호에 맞는 여러 가지 요리를 배열한 다음 디저트(Dessert) 순서로 배열하나, 디저트는 별도의 식탁을 만들어 진열하기도 한다.

❷ 카빙(Carving)요리를 제외한 모든 요리는 고객스스로 선택하여 접시에 담아간다.

❸ 카빙이 필요한 요리는 조리사에 의하여 서비스된다.

❹ 음료는 접객원에 의해서 서비스된다.

❺ 접객원은 스테이션별로 식탁을 배정받아 담당한다.

❻ 식사가 끝난 식탁은 신속하게 다시 세팅을 한다.

❼ 뷔페 테이블에 모자라는 요리는 보충해 놓아야 한다.

❽ 흩어진 요리는 보기 좋게 놓아야 한다.

❾ 요리는 양식, 중식, 한식, 일식 등 다양하게 준비된다.

❿ 뷔페는 성격에 따라 Standing과 Sitting으로 구분할 수 있다.

셀프서비스의 특징은 다음과 같다

- 기호에 맞는 음식을 선택하여 자기 양껏 먹을 수 있다.
- 위생적인 식사가 제공된다.
- 신속한 식사를 할 수 있다.
- 가격이 비교적 저렴하다.
- 봉사료(Tip)의 지급이 필요 없다.

- 고객의 불평이 적다.
- 소수의 종업원으로 인건비가 적게 든다.
- 회전이 빨라 매출액이 증진된다.

3) 카운터 서비스(Counter Service)

조리장과 붙은 카운터를 식탁으로 하여 고객이 직접 조리 과정을 지켜보며 식사를 할 수 있는 형식으로 때로는 웨이터가 음식을 테이블까지 날라 주기도 한다.

카운터 서비스의 특징은 다음과 같다

- 빠르게 식사를 제공할 수 있다.
- 고객의 불평이 적다.
- 가격이 저렴하다.
- 테이블 회전율이 높다.
- 소수의 인력으로 운영하므로 인건비가 적게 든다.
- 고객의 Needs를 파악함으로써 메뉴개발이 쉽다.

제4장

테이블 세팅

1. 테이블 세팅을 위한 준비

1) 영업장 준비(Mise-en-Place) 점검

식당에서 고객에게 식사를 제공하기까지의 모든 사전준비를 말하는 것으로 식당 내의 청결상태에서부터 환경정리와 정돈 식탁의 배치와 고정 각종 테이블 린넨류(Table Cloth, Top Cloth, Doily) 및 사이드 테이블에 모든 기물류가 충분히 비치되어 있어야 한다.

고급식당에서 훌륭한 식사가 제공된다 하더라도 기물이나 양념들이 제대로 서비스되지 않을 경우 그 식사의 가치는 떨어지게 된다. 따라서 영업이 시작되기 전 모든 준비물을 완벽히 점검하는 것은 영업장 준비라 한다.

이와 같은 준비과정에서 제일 관심을 기울여야 할 부분은 청소 및 정리정돈일 것이다. 그리하여 종업원은 고객서브도 중요하지만 우선적으로 업장 내 청소 또한 게을리 해서는 안 된다. Table Setting 전에 구석구석을 깨끗이 청소를 한다. 바닥은 진공청소기를 이용하고 유리창과 벽, 식탁, 의자, 카운터 등의 구석구석을 세밀히 점검하면서 더러워진 곳을 닦는다. 청소할 때에는 높은 곳에서 낮은 곳으로 시계방향으로 돌면서 질서 있게 청소를 한다.

그러면 세팅 전에 점검하여야 할 사항을 살펴보면 다음과 같다.

(1) 입구

❶ Sign Board Clean

❷ 샹들리에 전구

❸ Door Clean

❹ Check Room Desk Clean

❺ 입구 바닥청소

(2) hall

❶ Light Clean 및 작동

❷ Window Clean

❸ Fan Coil Clean 및 작동

❹ 벽 청소

❺ 액자 및 그 밖의 부착물 관리

❻ 음향조절

❼ Reserved Tag Polish

❽ Tent Card 관리

❾ Service Wagon 및 Wheel Clean

- Table Sheet 및 다리 청소
- Table의 다리 및 위의 오물
- Side Table Clean
- Plant 및 Plant Box Clean
- Menu Clean 및 점검
- Tray, Clean 및 작동
- 가구 먼지 제거
- Champagne Cooler 및 Stand Clean
- Water Pitcher Clean

- Ashtray 확보 및 Clean
- Flower Vase Clean
- Caster Set Clean
- Sugar Bowl Clean 및 점검
- Cream Pitcher Clean 및 점검
- Glass Clean
- Plate Clean
- Silver Ware Clean
- Dust Pan Clean
- Toothpick Bowl Clean 및 점검
- 천장 및 구석의 거미줄 제거
- Table Sauce Clean 및 제거
- 바닥청소

(3) Back-Side

❶ 주방입구 정리

❷ 냉장고 정리

❸ 제빙기 관리

❹ 각종 소모품의 관리함 정돈

❺ 주방 입구의 바닥 청소

❻ 접객원용 거울 청소

❼ 싱크대 청소

2) 테이블과 의자(Table & Chair)

(1) 테이블의 준비

테이블의 높이는 국제적으로 72~75cm가 표준이다. 폭은 4인용 Square Table일 경우 가로×세로가 각 90cm로 하여 케이터링 서비스에 많이 사용한다. 형태에 따라서 2인용 듀스테이블 장방형 테이블도 사용한다.

식탁과 의자의 규격을 종합하면 다음과 같다

❶ 테이블의 종류별 규격

테이블의 종류	좌석수별	규격 cm			배치장소
		가로	세로	높이	
정사각형	2인용	62~90	80~90	72~75	중앙, 구석
	4인용	85~90	85~90	72~75	중앙, 구석
직사각형	4인용	150	90	72~75	창가, 벽
	6인용	150	90	72~75	창가, 벽, 중앙
원형	2인용	지름	80~90	72~75	중앙
	4인용	지름	85~90	72~75	중앙

❷ 수평을 유지하고 흔들리지 않아야 한다.

❸ 언더 클로스는 주름이 생기지 않도록 평평하게 고정시켜 깐다.

❹ 테이블 클로스가 한 쪽으로 치우치지 않도록 평평하게 깐 다음 전체적인 균형을 확인한다.

❺ 테이블 다리에 먼지나 오점을 제거하고 또한 녹이 슬지 않았는지 확인한다.

❻ 테이블 위에 남아있는 오물 때문에 깔아진 클로스가 불룩 튀어나오지 않았는지 확인한다.

❼ 세팅의 중앙과 옆 좌석 세팅의 중앙과는 60cm 정도의 사이를 유지한다.

❽ 늘어진 cloth와 의자는 수직이 되도록 한다.

❾ 테이블과 테이블을 연결했을 때 이음새 차이가 나지 않았는지 확인한다.

❿ 테이블의 성격에 맞게 먼저 배치한다.

3) 의자의 준비

의자의 높이는 42~45cm로 앉는 부분의 넓이는 50×50cm가 적당하다. 테이블 Set Up 시는 클로스의 늘어진 끝이 의자높이와 평행을 이루도록 한다.

❶ 먼지를 제거한다.

❷ 쿠션의 작동과 오물을 확인하여 세척한다.

❸ 흔들림이 있나없나 확인해서 흔들리는 것은 교체한다.

❹ 다리의 오물을 확인하여 세척한다.

❺ 등받이의 쿠션을 확인한다.

❻ 먼지 제거는 폐품처리된 리넨 또는 비고객용 낡은 냅킨을 사용한다.

❼ 이상이 없는 의자는 세팅의 중심에 맞추어 배치한다.

4) 테이블 클로스(Table Cloth)

테이블 클로스는 흰색을 사용하는 것이 원칙이지만, 근래에는 색과 무늬가 들어있는 다양한 종류의 클로스가 사용되고 있다. 테이블 클로스는 깨끗하게 다림질이 되어야 하며 클로스를 깔 때에는 접었던 선이 식탁의 가로, 세로와 평행이 되도록 하여야 한다. 이때 테이블에서 늘어지는 클로스의 길이는 40cm 정도가 되게 한다.

테이블 클로스 밑에는 언더클로스 또는 사일런스 클로스라고 하는 펠트(Felt : 털로 다져 만든 천)나 플란넬(Flannel : 면으로 만든 두꺼운 천) 또는 얇은 스펀지로 된 클로스를 깔아 식탁 위에서 나는 소음을 방지시킨다.

톱 클로스는 테이블 클로스 위에 깔아 테이블 클로스가 쉽게 더러워지는 것을 방지하고, 테이블의 품위를 높여주는 것이다. 테이블 클로스는 얼룩이나 구멍 등 흠이 있는 것은 절대 사용해서는 안 된다.

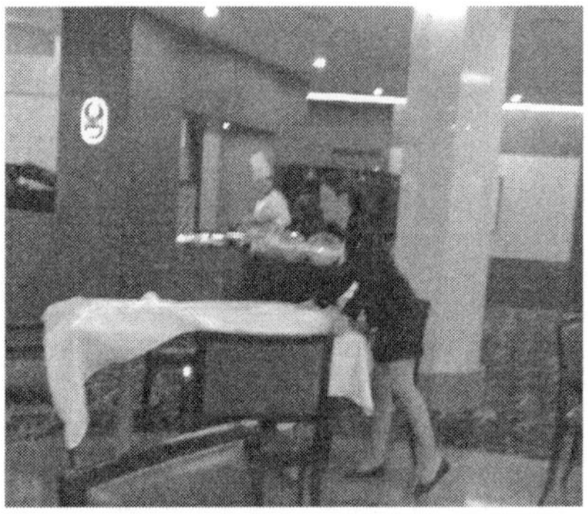

❶ 클로스를 펴는 방법은 다음과 같은 것들이 있다.

-앞으로 펴는 방법

-앞에서부터 펴나가는 방법

-펴서 씌우는 방법

❷ 얼룩이나 구멍 등 흠이 있는 것은 절대 사용을 금한다.

5) 냅킨(Napkin)

냅킨의 역사는 로마시대에 하인이 식후에 타월과 물그릇을 들고 돌면서 손을 씻게 했던 데서 비롯되었으며 그 타월을 맙파(Mappa)라고 했다. 이것이 냅킨의 기원이 되었으며 또한 15세기경부터 유행하던 복장 가운데 Ruff를 보호하기 위해서도 감쌀 수 있는 것이 필요하여 냅킨이 등장했다는 설도 있다. 테이블 클로스 역시 언제부터인지 정확히는 알 수 없으나 약 1000년 전 프랑스와 영국에서 사용하기 시작했다고 전해지며, 이들은 19세기에 들어와서 직물업이 발달함에 따라 일반화되게 되었다.

냅킨의 특징은 다음과 같다.

- 식탁의 마지막 장식품이라 할 수 있다.
- 모양의 다양성과 정돈된 상태는 수준 높은 분위기의 변화와 좋은 첫인상을 주게 된다.
- 빠르고 쉽게 또한 아담하고 단정하게 접는다.
- 접어진 냅킨은 서비스 플레이트나 식탁 위에 그냥 세워 놓는다.
- 규격은 50×50cm, 60×60, 67.5×67.5cm 등의 종류가 있다.
- 청결한 느낌을 주기 위해 백색을 원칙으로 하나 테이블 클로스와 잘 어울리는 색깔을 사용하기도 한다.
- 재질은 부드러운 면을 사용한다.
- 입 주위나 손이 많이 가는 관계로 위생적으로 취급해야 한다.
- 정찬 분위기에 어울리는 화려한 모양
- 단정하고 점잖은 모양
- 손이 많이 가지 않는 단순한 모양
- 연회나 자주 오는 고객에게는 새로운 인상을 주기위하여 변화 있게 하는 것도 바람직하다.
- 축하연이나 피로연에서는 다양한 냅킨의 접는 방법이 예외 없이 환영을 받기도 한다.

6) 센터피스(Center Pieces)

센터피스란 식탁의 중앙에 놓는 집기를 말한다, 즉 식탁을 돋보이게 하기 위해 놓은 꽃병, 소금, 후추 병, 재떨이, 촛대 등이 있으며 뷔페 테이블 중앙에 장식물로 놓이는 생선요리 케이크 과일용 은제바스켓 얼음조각 등도 이에 속한다. 꽃은 병에 꽂거나 수반을 이용할 수 있으나 꽃의 높이가 너무 높아 상대방의 얼굴을 마주보는데 방해가 되어서는 안 된다. 촛대 역시 손님의 대화에 지장을 주는 높이는 피해야 한다. 소금과 후추 병은 보통 2~3명에 한 세트씩 세팅하며 내용물이 차 있어야 하고 응고되거나 구멍이 막히지 않았는지를 확인한다.

내용별 구체적인 관리요령은 다음과 같다.

(1) cream pitcher

- 광택이 나야 한다.
- 손자국이 있거나 더러운 것은 사용을 금한다.
- 2인용 식탁에는 Pitcher에 1/3의 Fresh Cream을 준비한다.
- 4인용 및 6인용 식탁에는 Pitcher에 2/3의 Fresh Cream을 준비한다.
- Fresh Cream은 미리 담아 차가운 곳에 보관한다.
- 고객이 착석하면 즉시 식탁의 중앙에 놓는다.

(2) sugar bowl

- 광택이 나야 한다.
- 설탕은 Bowl에 8부 정도로 채워 넣는다.
- 설탕이 굳어 있는지, 오물이 들어있는지를 확인한다.
- Sugar Ladle에 설탕이 묻어있지 않은가 확인한다.
- Ladle을 꽂아 뚜껑을 닫고 Table 중앙에 놓는다.

(3) 재떨이(Ash Tray)

- 사용한 흔적이 말끔히 닦여져 있어야 한다.
- 물기가 없어야 한다.
- 이가 빠졌거나 금이 간 것은 사용을 금한다.
- 2인용 식탁은 1개의 재떨이를 중앙에 놓는다.
- 4인용 및 6인용 식탁은 2개의 재떨이를 놓는다.
- 직사각형의 테이블인 경우에는 마주앉은 중앙에 놓는다.

(4) 성냥(Match)

- 사용된 성냥은 재사용을 금한다.
- 재떨이 1개에 성냥 1개를 놓는다.

(5) bill box

- 회사 및 업장의 선전효과를 나타낼 수 있다.
- 테이블 위에서 자주 이동되지 않도록 고객의 불편함이 없는 곳에 위치해야 한다.
- Hall 중앙의 4인용 정사각형이나 원탁일 경우 중앙에 위치한다.
- 2인용의 정사각형 및 원탁인 경우에는 고객의 불편이 없는 바깥쪽에 위치한다.
- 주일단위로 세척하여 관리한다.

(6) 꽃병(Flower Vase)

- 광택이 잘 나야 한다.
- 항상 싱싱한 맛을 느낄 수 있도록 관리한다.
- 매일 아침 물을 바꾸어준다
- 꽃에 물을 뿌려준다
- 시들은 꽃과 잎은 제거한다.
- Bill Box의 우측에 놓는다(음식서브나 고객의 불편을 덜어줄 수 있는 위치).

(7) 촛대(Candle Stand)

- 광택이 나야 한다
- Dinner Time에 사용한다.
- 녹이 묻어있지 않도록 매일 세척한다.
- 테이블의 중앙에 위치한다.
- 영업개시 후 해가지면 불을 켠다(또는 고객 참석 시 불을 켠다).
- 마주앉아 있는 고객의 얼굴을 가려서는 안 된다.
- 촛대의 위치에 따라 식탁의 분위기가 크게 달라질 수 있다.

(6) 서비스 타월(Service Towel)

- 암타월 혹은 핸드타월이라고도 부른다.
- 접객 서비스에 필요한 타월이다.
- 재질은 면직류나 마직류로 만든다.
- 3등분 또는 4등분으로 길게 접어 왼쪽 겨드랑이에 낀다.
- 뜨거운 접시나 플레터 등을 운반할 때 사용한다.
- 고객의 부주의로 음식을 쏟았을 때 신속하게 대처할 수 있다.

(7) 바 클로스(Bar Cloth)

- 주장에서 사용된다.
- 글라스를 닦거나 진열하는데 사용된다.
- 백색의 린넨을 원칙으로 한다.
- 물기가 젖어 있어서는 안 된다.

(8) 도일리(Doily)

- 손을 닦거나 식탁위에 세팅한다.
- 원형 도일리는 음료를 서비스할 때 밑받침으로 사용된다.
- 꽃병 및 그 밖의 장식용 밑받침으로 사용된다.

(9) 에이프런(Apron)

- 어린이용 냅킨이다
- 접객원이 서브할 때 많이 착용한다.
- 불고기와 같은 즉석요리를 제공할 때에 사용한다.

2. 테이블 세팅의 종류와 기본원칙

1) 테이블 세팅의 종류

테이블 세팅은 식사의 종류에 따라 다양하게 준비되는데 크게 구분하면 다음과 같다.

(1) 기본 세팅

❶ Show Plate
❷ Dinner Knife
❸ Dinner Fork
❹ Butter Knife
❺ B&B Plate
❻ Water Goblet
❼ Caster Set
❽ Napkin
❾ Dessert Fork
❿ Dessert Spoon

(2) 정식 세팅

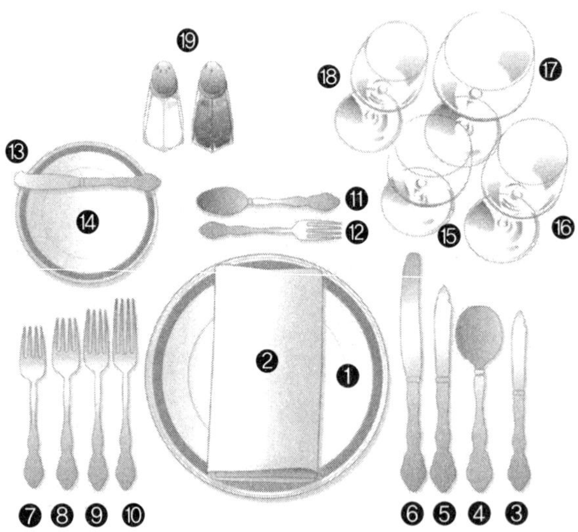

❶ Show Plate
❷ Napkin
❸ Appetizer Knife
❹ Soup Spoon
❺ Fish Knife
❻ Dinner Knife
❼ Appetizer Fork
❽ Fish Fork
❾ Salad Fork
❿ Dinner Fork
⓫ Dessert Spoon
⓬ Dessert Fork
⓭ Butter Knife
⓮ B&B Plate
⓯ Water Goblet
⓰ White Wine Glass
⓱ Red Wine Glass
⓲ Champagne Glass
⓳ Caster Set

(3) 일품요리 세팅

❶ Show Plate
❷ Dinner Knife
❸ Dinner Fork
❹ Butter Knife
❺ B&B Plate
❻ Water Goblet
❼ Caster Set
❽ Napkin
❾ Dessert Fork
❿ Dessert Spoon
⓫ Soup Spoon

(4) 조식 세팅

❶ Table Knife
❷ Table Fork
❸ Butter Knife
❹ B&B Plate
❺ Water Cup
❻ Coffee Cup & Saucer
❼ Coffee Spoon
❽ Caster Set
❾ Napkin
❿ Cereal Bowl

2) 테이블 세팅의 기본 순서

테이블 세팅의 기본원칙 준수는 레스토랑의 전체분위기를 높일 수 있는 하나의 수단으로 작용되어 매출증진에 일익을 담당 할 수 있다.

구체적인 기본원칙은 다음과 같다.

- 쇼플레이트와 은기물류는 식탁 가장자리로부터 2cm 정도의 간격을 두고 놓는다.
- 기물류의 배열은 전체적인 균형을 이룰 수 있도록 적당한 간격으로 보기 좋게 놓는다.
- 빵 접시(Bread Plate)의 중앙선과 쇼플레이트의 중앙선이 일치하도록 배열한다.
- 디너나이프는 칼날이 안쪽으로 향하게 한다.
- 버터나이프는 빵 접시 위에 오른쪽 1/4 정도 되는 부분에 포크의 배열선과 맞춰 놓는다.
- 물잔은 디너나이프의 끝 쪽 연장선과 디저트스푼과 포크의 중앙배열선이 교차되는 곳에 놓는다.
- 와인잔은 물잔의 오른쪽 아래쪽으로 45도 대각선상에 놓는다.
- 센터피스의 배열은 테이블의 종류와 세팅인원에 따라 달라질 수 있겠으나 일반적으로 좌측부터 재떨이, 후추, 소금, 꽃병의 순으로 배열한다.
- 성냥은 알맹이 하나의 끝을 성냥갑 밖으로 나오게 하여 재떨이 앞쪽에 로고를 손님이 볼 수 있도록 놓는다.
- 쇼플레이트를 사용하지 않을 때는 냅킨을 놓아서 기준을 삼는다.

이러한 원칙은 영업장의 특성과 식탁의 종류 식탁이 배치된 장소 기문의 종류에 따라 다소 변할 수는 있으나 테이블 세팅의 근본목적인 고객이 사용하기에 편리하고, 짜임새 있고 모양 좋은 테이블이 되게 하여야 한다.

3. 테이블 세팅의 순서와 방법

1) 테이블 세팅의 순서

영업장의 특성과 테이블의 종류에 따라 세팅 순서가 달라질 수 있겠으나 일반적인 순서는 다음과 같다.

- 식탁과 의자를 점검
- 테이블 클로스를 편다.
- 센터피스, 꽃병, 소금, 후추, 재떨이를 놓는다.
- 쇼플레이트를 놓는다.
- 빵 접시를 놓는다.
- 디너나이프와 포크를 놓는다.
- 피시나이프와 포크를 놓는다.
- 수프스푼과 샐러드 포크를 놓는다.
- 애피타이저 나이프와 포크를 놓는다.
- 버터나이프를 놓는다.
- 디저트스푼과 포크를 Show Plate위쪽에 놓는다.
- 물잔과 포도주잔을 놓는다.
- 냅킨을 편다.
- 전체적인 조화와 균형을 점검한다.

2) 테이블 세팅의 방법

(1) 나이프와 포크

세팅 방법은 레스토랑에 따라서 다소 차이가 있으나 그 기본은 다음과 같다.

- 인원수에 맞게 의자를 배치한다.
- 서비스 플레이트는 먼저 의자의 중앙 앞에 무늬가 바르게 되도록 기준을 잡는다.
- 나이프는 날이 안쪽으로 향하게 해서 우측에 수직으로 놓는다.

- 포크는 날 부분을 위로 향하게 해서 좌측에 수직으로 놓는다.
- 손잡이는 식탁 끝(Rims)으로부터 1.5~2cm 가량 위로 올려서 세팅한다.
- 그 밖의 기물도 음식을 먹는 부분이 위로 향하게 해서 다른 기물과 나란히 놓는다.
- B.B Plate는 서비스 플레이트 왼쪽에 놓는다.
- 버터나이프는 B.B Plate의 오른쪽 위에 Fork와 나란히 놓는다.
- 레스토랑에서는 기본 세팅만 먼저해 놓고 그 밖의 필요한 기물은 고객의 주문에 따라서 추가로 세팅한다.
- 정식일 경우에는 식사종류와 순서에 맞추어서 미리 세팅한다.

(2) 그 밖의 기물세팅

- Soup Spoon은 Knife 우측에 나란히 놓는다.
- Service Plate 윗부분에 Butter Plate 또는 Butter Bowl을 놓는다.
- B.B Plate 위쪽에 Bread Basket을 놓는다.
- 재떨이는 테이블의 중앙에 놓으며 성냥은 로고가 앞으로 오게 세워 놓는다.
- 디저트를 제공할 때에는 다음과 같이 세팅한다.
- 테이블 위의 Water Goblet, Wine Glass는 제외하고 접시와 카스터 세트 등 그 밖의 기물들은 치운다.
- 더스트팬(Dust Pan)이나 더스트 브러시(Dest Brush)로 깨끗하게 쓸어낸다.
- Service Plate없이 그대로 디저트용 기물을 세팅한다.
- Spoon과 Fork가 함께 필요한 디저트는 Spoon을 오른쪽에 Fork를 왼쪽에 세팅한다.
- 두 기물 간의 간격은 디저트용 접시에 비례해서 세팅한다.
- 커피나 홍차는 미리 세팅하지 않는다.
- 커피나 홍차가 서브될 때에는 컵받침 접시보다 약간 큰 접시 위에 Paper Napkin 이나 둥근 Doily를 깔고 그 위에 컵받침 접시를 놓아 컵과 함께 제공한다.
- 커피 Spoon은 고객이 쉽게 볼 수 있도록 컵 앞에 수평으로 놓는다.

3) 글라스의 세팅

- 워터고브렛을 중심으로 와인글라스류가 놓인다.
- 워터고블렛은 Meat Knife의 약 1.5~2cm 정도 위에 세팅한다.
- 워터고브렛을 중심으로 마름모꼴이나 사선형으로 다음과 같은 글라스가 차례로 놓인다.
- White Wine Glass
- Red Wine Glass
- Champagne Glass
- 테이블세팅을 할 때에는 위치를 정확히 해야 한다.
- 한사람의 고객 앞에 한꺼번에 4개 이상을 세팅하는 일이 없도록 한다.
- 너무 많은 글라스가 놓이면 고객에게 부담감을 준다.
- 글라스류는 반드시 손잡이나 밑 부분을 잡아야 한다.
- 입이 닿는 윗부분을 잡아 손자국이나 오점을 내서는 안 된다.

4) 세팅의 유의점

레스토랑의 서비스는 각각 특징이 있다. 이 특징을 잘 살리면서 고객을 성의 있게 모시기 위해서는 기본 여건이 제대로 구비되어야 하는데 이를 뒷받침할 수 있는 것은 레스토랑의 장식과 분위기 및 서비스 상황으로 볼 수 있으며 우선 고려되어야 할 점은 세팅문제이다.

세팅을 때와 장소 및 요리에 따라서 다소변형이 있을 수 있으나 몇 가지 기본에 맞추면서 기물을 사용하기 쉽게 잘 구비해 놓을수록 서비스에는 좀 더 큰 효과를 가져올 수 있다.

세팅할 때 주의점을 보면 다음과 같다.

- 식탁에 은기류를 세팅하기 전에는 먼저 언더클로스와 테이블클로스를 깔아 놓은 후에 다음과 같은 것들을 점검한다.
- 소금과 후추용기는 깨끗하게 적당히 채워져 있는지를 확인한다.
- 설탕용기의 설탕이 굳어있거나 오물이 들어간 설탕은 없는지를 확인한다.

- 꽃병은 깨끗하고 빛이 나며 꽃은 시들지 않았는가를 확인한다.
- 재떨이는 깨끗하고 흠이 없어야하며 성냥은 준비되었는가 확인한다.
- 은기류는 세팅직전에 반드시 다시 한 번 닦는다.
- 기물의 배치, 방향 및 순서를 항상 염두에 두어 가장 합리적이고 정성이 담긴 분위기조성에 노력해야한다.
- 필요하지 않은 은기류, 접시 및 컵은 가능한 한 제외하도록 한다.
- 레스토랑은 식사를 하면서 휴식을 취하고 체력과 건강을 유지시키는 장소이므로 우선 청결여부가 중요시된다.
- 세균의 전염매개체는 종업원의 손이라는 것을 명심한다.
- 손으로 음식을 만져서는 절대 안 된다.
- Plate는 반드시 가장자리나 밑 부분을 잡아야 한다.
- 식탁을 자주 닦고 사용한 클로스는 즉시 교환한다.
- 음식을 다루는 장소에서는 담배를 피워서는 안 된다.
- 단정하고 깨끗한 몸가짐과 함께 손은 자주 씻어야 한다.
- 위생적인 면에서 고객의 건강을 보호할 책임이 있다는 것을 항상 기억하고 있어야 한다.
- 캔들 스탠드는 윤택이 나야 하며 녹이 슬거나 촛농이 묻어있어서는 안 된다.

4. 기타 준비 및 점검사항

1) 기타 준비사항

(1) Waiter가 갖추어야 할 준비물

- 메모지와 흑색볼펜
- Order Slip
- Service Cloth or Arm Towl
- 성냥이나 라이터

(2) 리넨 교환절차

- 각 업장마다 각 린넨류에 대한 일일 적정재고량(Par Stock)의 기준을 설정하여야 한다. 또한 실제로 사용되지 않는 리넨은 업장지배인 감독 하에 보관창고에 깨끗이 보관하여야 한다.
- 사용된 리넨은 지정된 리넨 통에 즉시 넣어야 하며 마룻바닥이나 지저분한 곳에 쌓아 두어서는 절대로 안 된다.
- 지배인이나 캡틴은 일반 직원들이 리넨으로 가구류나 기물들을 닦거나 윤택을 내는데 쓰지 않도록 감독하여야 한다.
- 매일 오전, 오후에 사용된 린넨류를 품목별, 색깔, 크기별로 분류하고 10개 또는 5개씩 다발로 묶어서 취급한다.
- 사용된 리넨은 그 숫자를 정확하게 계산하고 리넨교환 Slip에 기록하여야 한다.
- 사용된 세탁물을 세탁실에 반납하고 그에 해당되는 숫자대로 새 리넨으로 교환하여 온다.
- 리넨 교환표는 세탁실에 의해 계산되게 되며 이것은 식음료부의 세탁비용 처리하는데 근거가 된다.
- 각 식당은 월 1회씩 리넨 재고조사를 실시하며 기준적정량에 해당하는 숫자를 보유하고 있는지 확인한다.
- 리넨은 각 용도별로 만들어졌기 때문에 제 용도대로 사용하여야 한다.

(3) 양념류와 그 용도

❶ **소금**(Salt) 응고를 방지하기 위하여 Salt Shaker 속에 볶은 쌀을 약간 넣는다.

❷ **설탕**(Sugar) Paper Bag과 Bowl, Shaker에 부어 사용하는 방법이 있다.

❸ **후추**(Pepper) Shaker 또는 Pepper Mill에 의해서 사용된다.

❹ **파프리카**(Paprika) 매운맛의 Sauce로서 뜨겁거나 찬 Cheese 요리에 사용한다.

❺ **Nutmeg** 칵테일 조제 시 향료로서 사용된다.

❻ **Oil & Vinegar** Salad용으로 사용되며 정해진 병에 넣어 사용한다.

❼ **Tomato Ketchup** 햄버거 요리에 사용

❽ **Mustard** Bavarian Mustard, French Mustard, English Mustard 등이 있으며 Pot에 담아서 사용한다.

❾ **Tabasco** 매운맛의 Table Sauce로 Oyster, Cocktail Dressing, Salad Dressing 등에 사용한다.

❿ **Worcestershire Sauce** 뜨거운 치즈요리, Sauce류, Dressing용으로 사용한다.

⓫ **Mint Jelly** 박하향이 있는 것으로 양고기 제공 시 사용된다.

⓬ **Red Current** 엽조류(Game) 요리 제공 시 사용된다.

양념류를 취급할 때 주의사항은 다음과 같다.

- 단 음식을 제외한 모든 요리를 서브할 때 식탁에 Salt & Pepper Shaker를 Set-up한다.
- Smoked Salmon, Oysters를 서브할 때에는 Pepper Mill을 사용한다.
- 연회 table 시에는 4명에 Caster 1 Set씩 Set-up한다.
- 기타 다른 양념류는 Service Station 준비하여 놓는다.

또한 양념그릇의 손질요령을 살펴보면 다음과 같다.

- Salt Pepper Shaker – 깨끗하게 세척한 다음 완전히 건조된 후에 소금과 후춧가루를 넣는다.
- Pepper Mill – 물 세척은 금한다.
- Mustard Pots – 매일 세척하고 다시 담아야 하며, 담을 때에는 플라스틱이나 목재 스푼을 사용한다.
- Bottles류 – 매일 세척하고 병 입구를 잘 닦아야 한다.

2) 그 밖의 가구 및 집기의 준비

가구나 Brass Ware는 영업 전후에 반드시 광택이 나도록 닦아야 하고 파손여부도 영업전에 미리 체크하여 수리해서 두어야 한다.

(1) 체크해야 할 가구의 종류

- Reception desk
- 출입문
- Cashier' s Desk
- Side Table
- Service Wagon
- Hall의 벽
- Plant Box
- Window Side(창가)

(2) 체크할 집기의 종류

- Sign Board
- Wine Basket
- Champagne Cooler Set
- Ice Tongs
- Soup Tureen
- Soup Ladle
- Alcohol Lamp
- Vacuum Cleaner
- Reserved Tag
- Mop(대걸레)
- 빗자루
- 쓰레받기
- Cash Tray(chit tray)
- Toothpick Case
- Bill Holder
- Paper Napkin Holder

(3) 그 밖의 고객용 소모품 종류

- High Pin
- Sales Envelope
- Letter Paper
- Chopsticks
- Chopsticks Paper(cover)
- Memorandum Paper
- Toothpick
- Coaster
- Umbrella Cover
- Cocktail Pick
- Muddler
- Match
- Straw
- Ash Tray
- Candle
- Birthday용 Candle
- Memorandum Pad
- Cocktail Napkin
- Birthday Candle 받침
- Cake Knife(Plastic)
- Alcohol
- Cake 포장지

5. 서비스 스테이션의 준비(Service Station Set-up)

서비스를 할 때 좀 더 빠르고, 편리하며, 정확하게 하기 위하여 홀(Hall)의 사이사이에 배치된 서비스 준비 테이블을 말하며 다음과 같은 것들을 준비하게 한다.

1) Linen 보관

Side Table의 가장 아래 칸에 준비되며 보관되는 종류는 다음과 같다.

- Table Cloth
- Napkin
- Baby Napkin
- Doily
- Drapes
- Under Cloth

이때 자주 등장하는 Linen과 자주 사용하지 않는 Linen, 접어진 Napkin 등을 별도로 구별해서 보관하면 편리하다.

2) Plate와 Glass의 보관

이것은 Side Table의 중간에 위치하고 Table Setting에 필요한 종류는 다음과 같다.

- Bread Plate
- Coffee Cup & Saucer
- Water Goblet
- Wine Glass

등을 준비하며 Hall에 별도의 Warmer가 있으면 Coffee Cup과 Entree Plate를 보관하면 좋다.

3) 기물보관

Side Table에 특별히 서랍 형식으로 짜여 있어 종류별로 준비하면 좋다. 보관할 종류로는 다음과 같은 것들이 있다.

- Meat Knife
- Meat Fork
- Dessert Fork
- Dessert Spoon
- Soup Spoon
- Tea Spoon
- Ice Cream Spoon
- Sugar Ladle

- Serving Spoon
- Serving Fork
- Cake Server
- Cake Knife

4) 소모품 및 Condiment

기물 서랍의 위 칸에 별도의 용도별 서랍을 설치하여 준비하는 것이 좋으며, 이때 서랍 입구에 보관품목을 적어 놓으면 편리하다. 그 종류는 다음과 같다.

- Match
- Toothpick
- Table Mat
- Bill Holder
- Condiment
- Mustard
- Parmesan Cheese
- Cocktail Napkin
- Memorandum Paper
- Paper Napkin

5) 그 밖의 Side Table 준비물

자주 사용하므로 취급을 쉽게 하기 위하여 가장 위에 준비하게 되며 그 종류는 다음과 같다.

- Service Tray
- Water Pitcher
- Table Sauce(Hot Sauce, Tabasco Sauce, A-1 Sauce)
- Warmer(Range)
- Service Towel(Arm Towel)

그 외의 Sauce의 관리와 취급요령은 다음과 같다.

- 영업이 시작되면 냉장고에서 Side Table로 배치한다.
- Side Table에 배치할 때는 깨끗한 상태이어야 한다.
- 고객이 원할 경우 테이블 앞에서 뚜껑을 열어준다.
- 병뚜껑과 주둥이는 항상 깨끗해야 한다.
- Sauce는 항상 채워 놓는다.
- 영업이 끝나면 다시 채워 냉장고에 보관한다.

제5장

서비스 비품 및 집기

1. 식당 서비스용 기물(Table Ware)

1) 은기물류(Silver Ware)

때로는 은제(銀製)대신 스테인리스 스틸을 사용하기도 하는데, 이들을 취급할 때에는 소음을 내서는 안 된다. 특히 테이블 세팅을 할 때에는 더욱 조심해서 취급해야 한다. 은기는 녹이 슬 염려가 있으므로 뜨거운 물에 깨끗이 닦은 후에 반드시 마른 Dish Towel로 닦아 건조하게 보관해야 한다.

(1) 은기의 종류

❶ **쟁반**(Service Tray)

- 깨끗하게 사용하고 보관한다.
- 물건이 미끄러지지 않게 언제나 매트(Mat)를 깐다.
- 제품별로는 다음과 같다.
  - 스테인리스 스틸(Stainless Steel)
  - 플라스틱(Plastic)
  - 은기제품(Silver)

용도별 종류는 다음과 같다.

- 둥근 쟁반(Round Tray)
- 타원형 쟁반(Oval Tray)
- 사각 쟁반(Square Tray)
- 직사각 쟁반(Rectangular Tray)

❷ **나이프와 포크**(Knife & Fork)

나이프와 포크의 종류는 용도에 따라 여러 가지가 있으며, 포크가 처음에 사용된 것은 16세기 '앙리 2세' 때에 프랑스 궁중에서부터라고 전한다. 이렇게 귀족들만이 사용하다가 1866년 이후에 일반 대중에게 널리 보급되었다 한다.

가. Knife의 종류

- Appetizer Knife
- Fish Knife
- Meat Knife(Entree Knife)
- Dessert Knife
- Fruit Knife
- Carving Knife(Meat & Fish)
- Butter Knife
- Table Knife Service(Knife)

나. Fork의 종류

- Escargot Fork
- Cocktail Fork
- Appetizer Fork
- Dish Fork
- Meat Fork(Entree Fork)
- Dessert Fork
- Fruit Fork
- Carving Fork(Meat & Fish)
- Salad Fork

등이 있으며 이 외에도 여러 종류의 Knife와 Fork 등이 있다.

❸ **스푼**(Spoon)

스푼은 국물이 있는 음식을 먹거나 사용하기 위해서 준비된 기물이며, 그 종류는 다음과 같다.

- Bouillon Spoon
- Melon Spoon

- Soup Spoon(Table Spoon)
- Dessert Spoon
- Tea Spoon(Coffee Spoon)
- Strawberry Spoon
- Sugar Lade
- Soda Spoon
- Ice Cream Spoon
- Service Spoon
- Sauce Ladle
- Soup Ladle

등이 있으며 이외에도 여러 가지의 Spoon이 있다.

그 밖에 은기제품으로는 Soup Tureen, Entree Oblong, Bread Basket, Napkin Holder, Sauce Boat, Water Pitcher, Champagne Cooler, Coffee Pot, Ice Pail 등 수 종류의 기물들이 있다.

(2) 은기물류 취급요령

- 우선 닦기 쉽도록 각 종류별로 구분한다.
- 운반은 쟁반을 사용한다.
- 은기의 취급은 항상 손잡이를 잡고 한다.
- 포크의 경우 날의 안쪽 부분을 특히 주의해서 닦는다.
- 닦는 기물은 종류별로 구분하여 세팅하기 편리하도록 쟁반에 그림과 같이 놓는다.
- 무거운 쟁반을 운반할 때에는 왼손의 손목을 회전시켜 어깨위로 받쳐 들며, 가슴을 펴고 운반하는 것이 일반적이다. 오른손은 올려진 쟁반의 앞쪽을 가볍게 잡는다. 이 방법은 큰 직사각형 쟁반이나 큰 타원형 쟁반일 때에 많이 이용한다. 연습이 필요한 방법이다.

2) 도자기류(China Ware)

인류문명 이전부터 사용되어 온 도자기류(일명 사기 그릇류)는 긴 역사에서도 말해 주듯이 그 종류가 다양하다. 특히 어떤 유의 비품 집기보다도 깨지거나 금이 가기 쉽기 때문에 취급 시에는 각별한 주의를 요한다.

(1) 도자기류의 종류

❶ **접시류**(Plates) 요리제공용 접시로 디너용, 피쉬용, 디저트용, 브레드용, 수프용 등

❷ **접시 밑받침**(Underliner) 스프컵 밑받침, 커피컵 밑받침, 스페셜컵 밑받침, 모카(Mocca)컵 밑받침 등

❸ **컵**(Cups)**류** 커피 컵, 모카 컵, 데미 타스 컵(Demitasse Cup), 부용(Bouillon)컵 등

❹ **볼**(bowl) 시리얼(Cereal)용, 샐러드(Salad)용 등

(2) 도자기류 취급요령

❶ 플레이트 닦는 법

모든 접시는 스튜어드(Steward)에서 기계와 사람에 의해서 닦여지거나 종업원은 사용 전에 다시 한 번 다음과 같이 확인하여 닦는다.

- 접시를 작업대로 운반하여 놓고 순서에 의해서 확인한다.
- 양손으로 마른 헝겊을 감싸 쥐고 접시를 회전시키면서 빛이 나도록 닦는다.
- 접시의 가운데 부분을 닦을 때는 왼손에 헝겊을 감싸서 접시를 들고 닦는다.
- 앞부분을 닦고 난 뒤 뒷부분을 닦는다.
- 접시에 손이 닿지 않도록 주의하여 포개 놓는다.
- 닦을 때는 소음이 나지 않도록 조심스럽게 닦는다.

❷ 깨끗한 접시를 운반하는 방법

- 하나하나의 접시를 다룰 때에는 엄지손가락을 이용한다.
- 손가락이 접시의 안쪽으로 들어가서는 안 된다.
- 많은 양의 접시를 운반할 때에는 왼손에 암타월(Arm Tawel)을 깔고 위에 접시를 올린 다음 가볍게 왼쪽 허리춤에 기대어 바른손으로 받쳐 들고 운반한다.

❸ 음식이 담긴 접시를 운반하는 방법

- 뜨거운 접시는 암타월로 손을 보호하며 운반한다.
- 고객 앞에 내려놓을 때는 특히 조심해야 하며, 뜨겁다는 안내 말을 한다.

3) 글라스류(Glass Ware)

(1) 글라스의 종류

글라스의 대부분은 바 글라스(Bar Glass)에 해당하는 것이 많으며, 디자인과 모양, 용량에 따라 다르고 또한 같은 용도의 것이라도 생산 기업마다 달리 만들기도 한다.

- 스템웨어(Stemware) : 스템(기둥)이 달린 음료용 유리잔으로 와인 글라스, 워터 고블렛, 주스, 샴페인 글라스, 리큐르 글라스, 브랜디 글라스, 쉐리 와인 글라스, 칵테일 글라스 등
- 텀블러(Tumbler) : 원통형 유리잔으로 하이볼 글라스, 탐칼린스 글라스, 올드 패션드 글라스, 맥주 글라스 등
- 기타류 : 디켄터(Decanter), 유리제 물주전자 등
- 유리제 접시류 : 레리시(Relish) 그릇, 식초와 기름 담는 유리제
- 콘테이너(Container) : 여러 가지 담는 그릇류
- 화운테인(Fountain) : 샤벳(Sherbet), 파르페(Parfait), 소다, 아이스크림용 유리 그릇

(2) 글라스 취급요령

❶ 서브 및 운반할 때 요령

- 글라스는 깨지기 쉬우므로 상당한 주의를 필요로 한다.
- 글라스를 운반하는 방법에는 손으로 운반하는 방법, 트레이(Tray)로 운반하는 방법이 있는데, 어떠한 경우라도 손가락이 유리컵 안으로 들어가서는 안 된다.
- 글라스를 잡을 때에는 항상 밑부분을 잡도록 하며, 손잡이가 달린 잔은 반드시 손잡이를 잡도록 한다.
- 손으로 운반할 때에는 손잡이 부분(Stem)을 손가락 사이에 끼워서 윗부분이 아래쪽으로 향하도록 한다.
- 트레이(Tray)로 운반할 때에는 항상 유리컵이 미끄러지지 않도록 냅킨을 깔고 그 위에 올려놓는다. 또한 한쪽으로 쏠리지 않도록 하며, 한꺼번에 많은 양을 운반할 때에는 글라스 랙(Glass Rack)을 사용하기도 한다.

❷ 글라스를 닦는 요령

- 글라스 랙(Glass Rack)을 사용하여 식기 세척기(Dish Washer)에서 세척한다.
- 용기에 뜨거운 물을 따로 준비한다.
- 세척된 글라스에 수증기를 쏘인다.
- 글라스 타월(Glass Towel)을 엄지손가락으로 잡은 다음 왼손바닥으로 유리컵 밑부분을 감싸준다.
- 오른손으로 한쪽 타월을 글라스 안쪽에 넣고 엄지손가락을 갖다 대고, 나머지 손가락은 글라스 바깥 부분을 완전히 잡는다.
- 타월을 돌려가면서 글라스 안팎을 닦은 후 글라스 손잡이를 닦고 밑바닥을 닦는다.
- 수증기를 쏘여도 얼룩이 충분히 닦이지 않을 때에는 물에 담갔다가 닦는다.
- 글라스를 닦을 때에는 무리한 힘을 가하지 말아야 하며 닦으면서 글라스가 깨어지지 않았는가를 확인한다.

4) 레스토랑 웨건(Restaurant Wagon)

(1) 사이드 보드(Side-board)

- 명칭은 다음과 같이 불리기도 한다.
  - Working Table
  - Service Station
  - Serving Table
  - Side Table
- 신속한 서비스를 목적으로 준비된 것이다.
- 가로의 길이와 높이는 고객의 식탁과 비슷해야 한다.
- 이동식과 고정식의 두 가지 형태가 있다.
- 서비스에 필요한 준비물을 보관해 둔다.

(2) 게리동(Gueridon)

- 최고급 서비스를 하는데 필요한 비품이다.
- 바퀴가 달려있다.
- 식탁의 높이와 비슷해야 한다.
- 장애물이 있는 곳에서는 들어 옮길 수 있어야 한다.

(3) 오되브르 트롤리(Hors D'Oeuvre Trolley)

- 음식의 빛깔이나 맛이 변하지 않도록 냉장설비가 되어 있어야 한다.
- 고객이 잘 볼 수 있도록 꾸민다.
- 항상 청결한 상태를 유지한다.
- 차가운 오되브르 접시와 필요한 기물을 함께 준비한다.

(4) 즉석 요리차(Flambee Trolley)

- 특별한 전채, 앙뜨레, 후식 등을 요리할 때 사용된다.
- 가스나 알코올 렌지를 갖추고 석쇠가 올려 있다.
- Fry Pan을 준비한다.
- 간단한 조리용 양념(소금, 후추, 버터 혹은 샐러드 오일 등)을 고정 배치한다.
- 고객 앞에서 직접 조리하여 제공한다.

(5) 로스트 비프 웨건(Roast Beef Wagon)

- 요리된 로스트 비프가 식지 않도록 뚜껑이 있다.
- 밑에 연료를 사용하여 적당한 온도를 유지할 수 있도록 되어 있다.
- 도마와 조리용 칼, 비프용 소스를 준비한다.
- 고객 앞에서 직접 Carving하여 제공한다.

(6) 디저트 트롤리(Dessert Trolley)

- 냉장 설비가 되어 있는 것과 없는 것으로 구분된다.
- 여러 가지 후식을 준비한다.
- 접시와 필요한 기물을 함께 준비한다.
- 고객이 잘 볼 수 있도록 꾸민다.
- 고객 앞에서 직접 제공한다.

(7) 사모바 웨건(Samovar Wagon)

- 홍차용 웨건이다.
- 상부의 둥근 통에는 끓는 물이 들어 있다.
- 중간 부분에는 고체연료를 사용해서 위의 물을 끓인다.
- 그다지 사용되지 않는 편이다.

(8) 바 웨건(Bar Wagon)

- 각종 주류를 진열할 수 있어야 한다.
- 글라스와 바의 기물 등을 함께 준비할 수 있어야 한다.
- 얼음과 조주에 필요한 부재료도 준비할 수 있어야 한다.
- 고객 앞에서 주문받아 직접 조주하여 제공한다.

2. 냅킨 접는 요령

1) 텐트 모양(The Tent)

2) 고깔모자 모양(The Cocked Hat)

이 모양은 접기가 간단하고 접은 냅킨을 많이 보관할 수가 있어 바쁠 때에는 신속하게 가져다 사용할 수 있는 이점이 있다.

3) 소맷부리 모양(The Cuffed Roll)

4) 부채꼴 모양(The Fan)

5) 촛대 모양(The Candle)

6) 추기경 모자 모양(Cardinal's Hat)

■텐트 모양

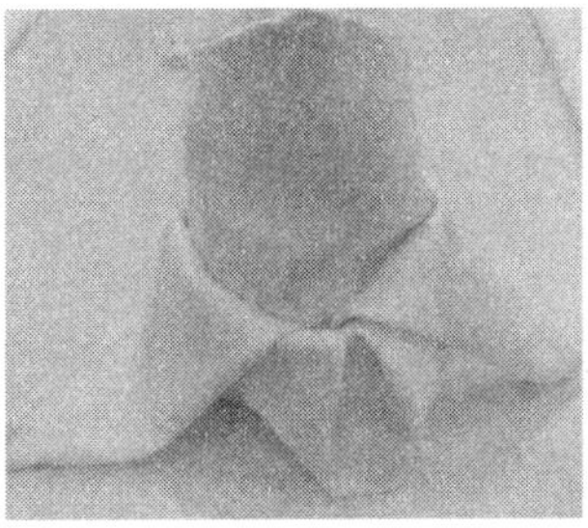

■고깔모자 모양

■소맷부리 모양

■부채꼴 모양

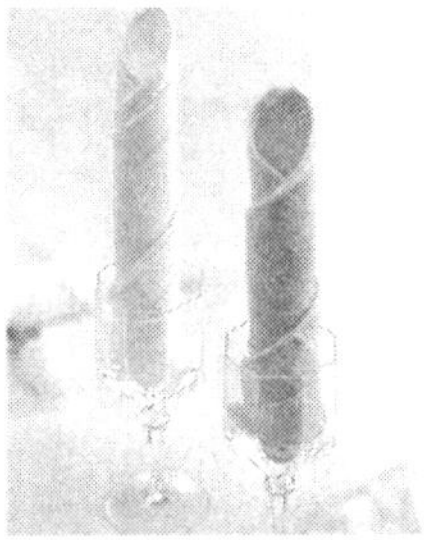

■촛대 모양

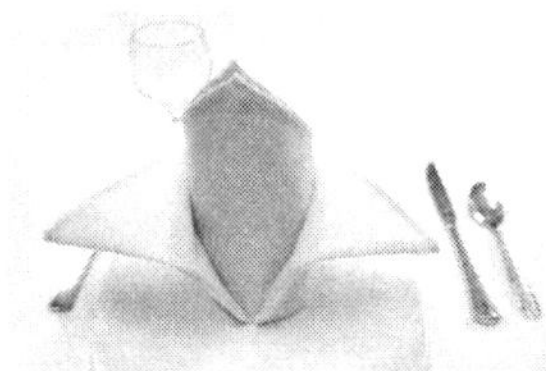

■추기경 모자 모양

7) 왕관 모양(The Crown)

8) 장미 모양(The Rose Center Piece)

■왕관 모양

■장미 모양

9) 책 모양(The Book)

공식적인 행사나 예약된 테이블에 적합하며 접시 위에 놓으면 모양이 좋다.

10) 3단형 모양(The Triple Trier)

11) 비둘기 모양(The Dove)

냅킨을 반쪽으로 접는다. 그리고 왼쪽과 오른쪽을 삼각형으로 만들기 위해 안쪽으로 접는다. 그리고는 냅킨을 뒤집어놓고, 삼각형의 꼭지 중심점으로부터 세 개의 주름을 만든다. 냅킨의 링을 세주름 꼭지에 끼우면 된다. 이 모양은 접시장식이 잘되며 프린트된 냅킨일 경우 더욱 잘 어울린다.

12) 방패 모양(The Royal Shield)

이 모양은 식탁용 은기물을 집어넣기 위해서 사용되며 색깔이 있을 때 한층 더 돋보인다.

13) 성지형 모양(The Shrine)

14) 백합꽃 모양(The Fleur de Lis)

3. 규모별 레스토랑 비품 / 집기 목록표(예)

일반적인 레스토랑의 규모에 따른 비품 집기류의 숫자를 살펴보면 다음과 같다. 그러나 실제 상황에 있어서는 그때그때 가감을 적절히 하면서 업무에 임한다.

분류	품명/구분	단위	식당 50명 수용능력	주장 50명 수용능력	칵테일 50명 수용능력	연회 100명 수용능력	비고
비품류	Folding Table(4인용)	개			12	25	
	Round Table(2인용)	개	8	8			
	Square Table(4인용)	개	10	10			
	Service Wagon	대	1	1	2	2	서비스 방법에
	Cash Register	대	1	1	1	1	따라 달라짐
	Radio	대	1	1			
	TV	대	1	1			
	Air Conditioner	대	5	5	10	10	면접비례로
	Refrigerator	대	1	1	1	1	달라짐
	Ice Cube Machine	대	1	1	1	1	
	Bottle Cooler	대		1	1		
	Telephone	대	1	1	1	1	
	Working Table	대	2	2	4	6	규모에 따라
	Food Warrmer	대	1			1	달라짐

분류	품명/구분	단위	식당 50명 수용능력	주장 50명 수용능력	칵테일 50명 수용능력	연회 100명 수용능력	비고
비품류	Arm Chair	개	50			50	필요에 따라
	Stocikng Chair	개	50	50		100	사용
	Sofa(4인용)	개					
	Flag Stand(각국)	대			각국별	각국별	탁상용과 스탠
	Mike	대			1	2	드용 분리
	Speaker	대		2	2	2	
	Amp	대		1	1	1	
	Record	대			1	1	
	Coffee Urn(3인용)	대	2		2	2	대형커피포트
	병풍 또는 Partiton	개	5	2	5	5	면적에 따라
	서폭 또는 서화(장식용)	개	10	5		10	다름
	Toaster	대	2		10		
	Candle Stand(Silver)	대				20	
	Service Cart(운반용)	대	2	2	2	4	면적에 따라
	Siphon	대	1	1	1	1	다름
	Vacuum Cleaner	대	1	1	1	2	
기물류	Tray(Round)	개	5	5	10	10	접객원수에
	Tray(Square)	개	5	5	10	10	따름
	Water Pitcher	개	5	5	10	10	
	Coffee Pot	개	10			10	
	Tea Pot	개	5			10	
	Milk Pitcher	개	10			25	
	Sugar Bowl	개	10			25	테이블수에 따름
	Sauce Bowl	개	5			10	테이블수에 따름
	Butter Bowl	개	10			25	테이블수에 따름
	Finger Bowl	개	50			100	테이블수에 따름
	Tom Bowl	개	50			100	
	Beverage	개					
	Tray(Salver)	개		5	10		
	Straw Case	개		5	10		
	Soup Tureen	개		5	10		
	Syrup Stand	개	5			10	
	Nut Cracker	개	2	5		20	
	Buffet Chafer	개	2			5	
	Fruit Stand or Bowl	개	5			10	
	Wine Cover	개	20		1	40	
	Cheese Case	개	2		10	4	
	Ice Basket	개	5	2	4	4	
	Wine Basket	개	2	5		4	
	Champagne Cooler	개	1	2	4	4	
	Shaker	개		2	2	25	
	Caster Set	개	10			15	테이블수에 따름
	Bread Tong	개	5			2	접객수에 따름

분류	품명/구분	단위	식당 50명 수용능력	주장 50명 수용능력	칵테일 50명 수용능력	연회 100명 수용능력	비고
기물류	Lemon Squeezer	개	1				준비용으로
	Cocktail Decanter	개	1	4	4	1	120% 확보
	Meat Knife	개	50	2	2	100	준비용으로
	Meat Fork	개	50			100	120% 확보
	Fish Knife	개	50			100	준비용으로
	Fish Fork	개	50			100	120% 확보
	Roast Knofe	개	50			100	준비용으로
	Appetizer Knife	개	50	5	10	100	준비용으로
	Butter Spreader	개	50	5	10	100	120% 확보
	Soup Spoon	개	50	5	10	100	준비용으로
	Dessert Fork	개	50				120% 확보
	Dessert Spoon	개	50				준비용으로
	Tea Spoon	개	50				120% 확보
	Ice Cream Spoon	개	50				준비용으로
	Pudding Spoon	개	50				120% 확보
	Service Spoon	개	5				
	Service Fork	개	5				
	Cheese Serve	개	5				접객원수에 따름
	Egg Stand	개	50				
	Oyster Fork	개	50				
	Escargot Fork	개	50				테이블수에 따름
	Escargot Clamps	개	50				테이블수에 따름
	Sugar Tong	개	25				테이블수에 따름
	Cake Server	개	50				
	Caviar Knife	개	10				
	Snail Tong	개	10				
	Lobster Fork	개	20				
리넨류	Table Cloth	매	18	18	12	25	테이블수와 규
	Under Cloth	매	18	18	12	25	격에 따라 다름
	Napkin	매	50	50		100	(준비용으로
	Arm Towel	매	10	10	20	20	200% 확보)
	Glass Towel	매	10	20	20	20	
	Dish Towel	매	10			20	
	Table Skirt (Table Drape)	매	4	4	20	10	
사기류	Soup Bowl(Cup)	개	50			100	120% 확보
	Entree Dish	개	50			100	120% 확보
	Dessert Dish	개	50			100	120% 확보
	Salad Dish	개	50			100	120% 확보
	Consomme Cup	개	50			100	120% 확보
	Soup Dish	개	50			100	120% 확보
	Fish Plate	개	50			100	120% 확보
	Coffee Cup W/Saucer	개	50			100	120% 확보

분류	품명/구분	단위	식당 50명 수용능력	주장 50명 수용능력	칵테일 50명 수용능력	연회 100명 수용능력	비고
사기류	Tea Cup W/Sauce	개	50			100	120% 확보
	Demi Tasse Cup W/Saucer	개	50			100	120% 확보
글라스류	Water Glass (Trumbler)	개	50	20		100	준비용으로 120% 확보
	Goblet Glass	개	50			100	
	Bar Shell Glass	매		50		50	
	Highball Glass	개	50	50	200	100	
	Champagne Glass	개	20	10	50	100	
	White Wine Glass	개	50	10		100	
	Red Wine Glass	개	50	10		100	
	Claret Glass	개		50	50	50	
	Collins Glass	개		50	50		
	Liqueur Glass	개	20	20		100	
	Cocktail Glass	개		30	20	20	
	Old Fashioned Glass	개	10	30	30	30	
	Sherry Wine Glass	개	20	20		100	
	Whisky Sour Glass	개	10	20	20	20	
	Brandy Glass	개	10	20	20	20	
	Shot Glass	개	2	5	5	2	
기타	Smoke Stand	개			10	50	
	Ash Tray	개		20	20		테이블수에 따름
	Paper Napkin	매		150	300	150	
	Paper Napkin Holder	개	50	18		25	
	Tooth Pick	개	18	100	200	200	
	성냥	갑	100	20	20	50	테이블수에 따름
	문방구 용구 (메모지, 볼펜)		50				
	청소용구						약간
	Flower Vase	개	18	18		25	

제6장

메뉴

1. 메뉴란?

메뉴는 우리말로 '차림표' 또는 '식단'이라고 부르며 불어의 'Carte', 영어의 'Bill of Fair', 스페인어의 'Minuta' 또는 'Carte' 등으로 불리나, 'Menu'란 말은 세계 공용어로 통용되고 있다. 'Menu'의 어원은 라틴어의 'Minutus'에서 온 말이다. 이것은 '상세히 기록한다', '아주 작은 표'라는 의미를 지니고 있다.

메뉴의 정의를 내린다면 'Webster's Dictionary'에 의하면 'A detailed list of the foods served at a meal'이라고 설명하였고 또 'The Oxford Dictionary'에서는 'a detailed list of the dishes to be served at a banquet of meal'이라 표기되어 있다. 즉, 식사로 제공되는 요리를 설명한 상세한 표를 말한다.

원래는 조리장에서 요리의 재료를 조리하는 방법을 설명한 것이라고 하며, 조리장에서 객석의 식탁에 내놓게 된 것은 16세기경부터였다고 전해지고 있다. 요리를 조리하여 상품으로 판매할 수 있도록 하기 위해서는 고객 앞에 이러이러한 요리가 있다는 것을 알릴 수 있는 목록표가 필요한 것이다.

이 목록표는 언뜻 보기에는 요리의 이름이나 적힌 간단한 것 같지만 실은 복잡하고도 중요성이 큰 것이다.

메뉴의 유래는 정확하지는 않지만, 서기 1541년 프랑스 '헨리 8세' 때 부룬스윅 공작의 연회 시에 여러 가지 음식을 한꺼번에 조리하다 보니 복잡하고 질서가 없어 접대에 큰 불편을 느끼었으므로, 그때의 요리명을 순서대로 적어놓고 그와 같이 적은 것을 보아 가면서 요리를 내놓음으로써 고객들이 즐겁게 식사를 마치게 되자, 그 편리함을 안 후부터 사용하게 되었다고 한다. 그러한 것이 세상에 알려지고부터 19세기에 이르러 파리의 레스토랑의 발생지에서 사용되면서 일반화되어, 오늘날 일반대중에게 제공할 수 있는 요리의 명칭을 기재한 목록표가 된 것이다. 이러한 메뉴를 오늘날 클래식 프렌치 메뉴(Classic French Menu)라고 한다.

메뉴는 원칙적으로 프랑스 메뉴에 기초를 두어 타블 도트(Table D' hote) 메뉴와 아리 카르트 메뉴(a' la carte Menu)의 두 가지로 나눌 수 있다. 전자는 풀코스 메뉴(Full course Menu) 또는 데일리 메뉴(Daily Menu)라고 하는데, 이것을 다시 정식메뉴 라고도 한다. 후자는 자기 식성에 맞는 것을 한 가지씩 마음대로 골라서 주문하는 요리의 메뉴를 말하며, 이것을 일품요리라고도 한다.

타블 도트는 한 식사 분으로 짜여 있기 때문에 고객은 그 내용을 구성하고 있는 한 가지 한 가지의 요리를 주문할 필요가 없으며, 요금도 한 식사 분으로 표시되어 있고, 값은 비교적 비싸지만 먹는 과정도 많고 질도 우수하다.

아라 카르트는 자유로이 선택하여 먹을 수 있는 요리로, 앞에서의 타블 도트처럼 순서에 따라 먹는 것이 아니고 자기의 식성과 양에 알맞게 골라서 먹을 수 있으며, 요금도 선택한 양에 따라 지급하게 된다.

타블 도트는 중세기의 기록에 의하면, 식당에는 큰 식탁이 고정되어 있어서 테이블 마스터(Table Master)라고 하여, 그 집주인이 손님과 함께 식사를 했다고 한다. 다시 말해서 손님이 숙소의 주인과 같은 식탁에서 식사를 했던 것이 타블 도트라고 전해지고 있다. 이것은 최초에는 일품요리 정도로 생각할 수 있는 단조로운 것이었으나, 점차 진보 발전되어 오늘날 서구식 타블 도트로 된 것이다.

아라 카르트에 대해서 좀 더 구체적으로 살펴보면, 서기 1792년경 프랑스혁명 후 파리에는 많은 외국정부 대표들이 모여 호텔에서 장기간 생활하고 있었다고 한다. 그 당시 호텔의 식사가 타블 도트였는데, 이렇게 매일 같이 반복되는 똑같은 식사에 권태를 느꼈지만 음식을 달리 먹을 수 있는 식당이 없어서 자택이나 친지의 초청을 받아 갔을 때 겨우 자기의 식성에 맞는 식사를 할 수 있을 정도였다고 한다.

그런데 이 무렵 수프(Soup)를 만들어 파는 음식점이 생겨서 처음에는 아무렇게나 끓여서 며칠씩 묵은 딱딱한 빵과 같이 먹도록 판매했다고 한다. 이것이 처음부터 인기가 있어 차츰 진보되어 수프에 고기 야채를 넣고 끓여서 대중에게 제공하게 됨으로써 그 음식점의 명칭이 레스토랑이라 불리게 되었으며, 그것이 일품요리를 만들어 제공하는 시초가 되었다고 한다.

2. 메뉴의 역할

메뉴란 레스토랑에서 제공되는 요리와 음료로, 메뉴가 지닌 사명은 레스토랑 경영에 있어서 상당히 중요한 것이다.

❶ 메뉴는 레스토랑 경영의 상징적인 사명을 갖고 있다

- 레스토랑의 운영 상태는 메뉴를 보면 알 수 있다.
- 메뉴의 역할은 기업의 경영순환(Management Cycle)과 같다.
  - 경영정책(Policy)
  - 판매계획(Planning)
  - 분석(Analysis)
  - 판매(Sales) – 레스토랑의 경영은 메뉴가 지닌 사명에 의해서 구현된다.
  - 메뉴는 레스토랑의 얼굴이다.
  - 메뉴는 레스토랑의 수준을 결정한다.

❷ 메뉴의 사명은 레스토랑 기업의 근원(Menu making is business making)**이다**

- 상품의 모든 판매는 메뉴로부터 시작된다.
- 메뉴는 무언의 판매자다(Menu is the best silent salesman).
- 메뉴는 가장 중요한 판매수단이다(Menu is the most important sales tool).

- 메뉴는 고객으로 하여금 식욕을 직접 불러일으키게 하여 판매의 효과를 준다.
- 메뉴는 고객이 무엇을 어떻게 원하는가를 파악하여 구입욕구를 충족시켜 주지 않으면 안 된다.

❸ 메뉴는 그 레스토랑의 개성과 분위기를 창출하는 도구이다

- 개성이 없고, 무드가 없는 레스토랑은 기업으로 성장할 수가 없을 것이다.
- 고객에게 친절한 인상을 주어 분명한 판매의식을 가져다주어야 한다.

❹ 메뉴는 레스토랑의 실내장식과 큰 조화를 이룬다

- 메뉴의 선택
- 메뉴의 색채
- 메뉴의 문자구성

3. 메뉴 계획

1) 메뉴계획 시 기본적 착안사항

메뉴의 구성은 그 주방의 책임자 또는 요리장의 책임 하에 이루어져야 하며, 조리사들은 이 메뉴에 의하여 그때그때의 요리를 조리하게 되는 것이다. 특히 데일리 메뉴(Daily Menu)는 1년간을 통해서 계절별, 월별, 요일별 조주석별 및 명절 등에 따라서 고려되어야 한다. 특히 잊어서는 안 될 것은 재료재고의 유무와 조달가능성을 잘 검토해서 그때그때의 메뉴를 구성한다. 또한 인체생리에 맞도록 짜인 요리를 손님에게 내는데 있어서 그 요리대로의 순서를 생각지 않고 아무렇게나 제공했다면, 그 손님의 식욕이 감퇴됨은 물론 식사 전체에 대하여 불만을 느끼게 될 것이다. 그러므로 메뉴의 구성은 사람이 음식물을 먹는 데 있어서 합리적인 생리상의 요구에 따라 자연적으로 이루어진다고 볼 수 있다. 이와 같이 메뉴란 즉흥적인 판단이나 유행에 의하여 만들어지는 것이 아니라, 오랜 시간과 연구를 거쳐 인체의 생리적 욕구에 맞도록 관습화되어 그 코스가 규정된 것이다.

궁극적으로 메뉴의 성공적인 계획이란 제공될 여러 가지 종류의 음식을 판매하기 전에 어떤 고객에게 어 떤 재료를 가지고, 어떻게 조리하여 어떤 가격으로 어떻게 판매할 것인가를 사전에 종합 검토하여 작성하는 작업이 이루어져야 한다.

즉, 메뉴를 계획하기 위해서는 첫째 고객의 필요와 욕구, 둘째 원가와 수익성, 셋째 이용 가능한 식품, 넷째 조리설비의 한계, 다섯째 메뉴의 다양성과 매력성, 여섯째 영양적 요소 등이 사전에 고려되어야 한다.

(1) 고객의 욕구 파악

메뉴가 누구를 대상으로 계획되고 있으며, 그들이 좋아하는 것이 무엇인가를 분석하여야 한다. 그러기 위해서는 시장조사가 선행되어야 할 것이다.

(2) 원가와 수익성

아무리 좋은 메뉴라도 원가가 높은 식품들로 구성되어 고객에게 부담이 클 경우 그 메뉴는 실제로 사용이 불가능하다. 메뉴계획자는 항상 원가의 목표율을 염두에 두고 계획함으로써 적절한 이윤을 얻음과 동시에 매출도 늘릴 수 있다.

(3) 식재료의 구입 여부

메뉴계획자는 메뉴에 사용되는 식재료가 무엇인가를 알고 구입이 가능한 품목과 현재 보유하고 있는 재고품목을 활용할 수 있도록 하며, 재료를 구입하는 사람은 시장조건에 대한 정보를 메뉴계획자에게 제공한다.

(4) 조리기구 및 시설의 수용능력

메뉴계획자는 주방에서 사용가능한 조리기구와 시설, 인력의 한계를 감안하여 계획에 임한다.

(5) 다양성과 매력성

고객의 선택의 폭을 넓히기 위해 다양한 품목을 갖추며, 호기심과 식욕을 돋울 수 있는 매력이 있어야 한다.

(6) 영양적 요소

영양적 요소에 대한 고객들의 관심이 점점 높아지므로, 건강식에 대한 깊은 배려가 있어야 한다.

2) 계획 시의 주의사항

(1) 냉장고에 있는 재고(Stock)의 파악

- 작성하기 전에 반드시 재고를 알아보고 이에 대한 메뉴를 작성한다.
- 재고가 오래도록 남아 있어서는 안 된다(Stock should be moved).
- 먼저 입고시킨 것은 먼저 출고시켜야 한다(First-In, First-Out).
- 상품화가 빠를수록 수익의 효과를 가져다준다.
- 재고(Left-Over)는 다음과 같은 결점이 있다.
  - 판매중량이 줄기 쉽다.
  - 풍미가 떨어진다.
  - 부패하기 쉽다.
  - 재고도 자본(Stock is money)이므로 회전이 침체된다.

(2) 구입시장의 상황파악

- 종류의 내용, 가격결정, 요리의 품질을 결정할 수 있다.
- 시장의 동정과 상품의 구성에 대한 충분한 상식이 있어야 한다.
- 메뉴계획자와 함께 협조하여 구입계획을 세워야 한다.
- 계절품과 지방특산물, 연회용품 등의 상품 확보에 차질이 없어야 한다.

(3) 월력에 주의

- 메뉴는 계절, 일기, 특별행사에 의해서 결정되어야 한다.
- 여름철에는 차가운 것, 겨울철에는 따뜻한 것, 가을에는 풍성한 과일 등을 위주로 작성한다.
- 정월, 성탄절, 발렌타인 데이(Valentine Day) 및 특별축제일에 대한 메뉴작성이 필요하다.

(4) 서비스 제공시간에 의한 메뉴 결정

- 아침, 점심, 저녁, 야식에 따라 제공되는 메뉴작성
- 런치(Lunch)의 경우 다음과 같은 상황에 맞추어 작성한다.
  - 간단한 음식
  - 서비스가 빠른 음식
  - 테이블 회전이 빠른 음식

(5) 고층과 입지조건

- 사무실 및 상가를 입지조건으로 한 레스토랑에는 샐러리맨을 대상으로 하는 메뉴작성
- 쇼핑센터에는 주부와 어린이를 위한 메뉴작성
- 터미널에는 여행자를 위한 메뉴작성
- 도심지와 휴양지의 메뉴작성
- 지역별, 연령별, 직업별, 소득별, 취미별 등의 다양한 메뉴작성

(6) 주방의 조리기술과 배분

- 조리설비
- 요리사의 기술과 인원수
- 작업조건

(7) 요리의 체제

- 메뉴의 구성은 다음과 같은 사항에 따라 달라질 수 있다.
  - 재료의 배합
  - 맛의 차이
  - 색의 조화
  - 영양
  - 요리의 모양
- 요리는 시각에 의해 판별된다.
- 같은 재료라도 조미료의 배합 또는 조리법에 따라 요리가 달라진다.

(8) 가격의 결정

- 원가에 의한 이익의 폭이 적게 결정되면 손실을 초래한다.
- 가격이 비싸면 고객의 부담이 커서 상품의 이용도가 낮아지므로 수익의 감소를 초래한다.
- 가격의 높고 낮음에 따라 고객의 이용도가 달라지므로 적정한 판매가격으로 정한다.
- 원가관리를 철저히 하여 최대의 이익을 산출할 수 있도록 함이 우선이다.

3) 메뉴계획 요령

일반적으로 메뉴를 계획할 때에는 주방장(Chef)에 의해서 꾸미지만 때로는 레스토랑지배인과 함께 상의하는 것이 바람직하다. 보통 메뉴를 작성하려며 다음과 같은 원칙에서 이루어져야 한다.

❶ 같은 재료도 두 가지 이상의 요리를 만들어서는 안 된다.

양식에 있어서 Chicken Noodle Soup 이후 코스에 Fired Chicken 같은 요리를 제공하여서는 안 되며, 둘 중의 한 코스는 다른 재료를 이용한 요리가 제공되어야 한다.

❷ 요리의 장식에 주의한다.

- 색의 조화
- 요리의 재료에 알맞은 곁들이(Garniture)의 배합

❸ 비슷한 색의 요리를 반복해서는 안 된다.

- 송아지고기(Veal)에 비프(Beef) 요리의 중복
- 백색의 새우(Shrimp) 요리 다음 코스에 대구(Cod) 요리

❹ 비슷한 소스(Sauce)가 중복되어서는 안 된다.

양식의 경우 재료와 만드는 방법이 비슷한 홀런데이즈 소스(Hollandaise Sauce)와 베아르네이즈 소스(Bearnaise Sauce)의 중복되면 안 된다.

❺ 두 가지 요리 이상에 같은 조리방법을 사용하여서는 안 된다.

양식의 경우 Fried Fish 다음 코스에 Fried Chicken이나 Beef Cutlet 등이 나오거나 Fried Fish의 가니쉬(garnish)로 Fried Potato 혹은 디저트에 Apple fritter 등을 서브하여서는 안 된다.

❻ 요리 코스의 균형을 맞추어야 한다.

양식의 경우 전체(Appetizer)에서 수프, 생선요리, 육류요리 및 후식 등의 일련의 코스가 경식으로 끝나도록 배열되어야 한다.

❼ 계절의 감각에 알맞은 메뉴를 작성하여야 한다.

- 봄, 여름, 가을, 겨울에 어울리는 요리
- 계절에 맞는 과일, 야채요리
- 지방특산물 요리

❽ 저녁 메뉴에서는 가급적 견고한 요리를 피한다.

- 저녁식사 후에는 활동이 적다.
- 곧 잠을 청해야 할 시간이다.
- 소화가 잘되는 요리를 제공한다.

❾ 영양배합이 메뉴를 구성해야 한다.

연령별, 성별, 직업별에 알맞은 식품의 양과 질을 배합하여 열량(Calory) 공급을 충족시킨다.

❿ 식품위생을 충분히 고려한다.

- 신선한 식품을 사용한다.
- 유독, 부패, 식중독 등의 위험성이 있는 식품은 주의한다.
- 식품저장방법에 주의한다.

이외에도 창의적인 고안, 경제적인 상품, 기호에 맞는 메뉴, 경영상에 맞는 메뉴가 되어야 하고, 원어로 표기하는 것이 좋다.

4) 읽기 쉽고 매력 있는 메뉴의 형태

정확한 인쇄와 확실한 내용의 전달은 고객에게 보다 읽기 편하게 느껴지며 나아가서 매력 있는 메뉴로 느껴지게 된다. 레스토랑 메뉴의 목적은 제공되는 메뉴의 정확한 요리법과 이름 및 가격에 기본을 두고 있으므로 항상 이점을 유의한다.

메뉴작업은 레스토랑 운영에 있어서 작은 한 부분으로 느껴질지 모른다. 그러나 제공하는 사람과 제공받는 사람의 작은 언어표현에 비해서는 그 중요성은 아무리 강조해도 지나치지 않을 것이다. 물론 수많은 메뉴들은 그 메뉴마다 특색을 갖고 있으나 그 사항들이 너무 세분화되면 좋지 않다. 예를 들면 빵을 먹는데 Jam은 어떤 것으로 하고 샐러드, 음료, 샌드위치 등을 너무 나열하면 손님은 즐기는 것보다 선택하기에 바쁜 경직된 메뉴를 갖게 될 것이다.

인쇄의 종류에도 여러 가지가 있다. 인쇄용 책자에서 선택하면 된다. 그러한 다양한 방법 중에서 우리는 고전적으로 할 것인가, 또는 현대적으로 할 것인가, 아니면 손으로 쓸 것인가에 대해 토의하여야 한다.

일반적으로 메뉴의 인쇄형태는 문자를 대문자나 소문자로 표기한다. 그러나 손님의 기억에 오래 남고 읽기 쉬운 것은 소문자로 표기하는 형태이다. 이것은 규정화되어 있는 것에 익숙해져 있는 고객에게 보기 쉽고 또 줄을 이어 읽기에도 눈이 빠르게 움직일 수 있기 때문이다.

읽기 편하다는 증거의 하나로 일반 신문이나 잡지 등이 내용을 보면 대개가 소문자 형식을 취하고 있다. 그러나 모두 그렇다는 것은 아니다. 제목이나 작은 표제 또는 특별히 강조되어야 할 사항은 대문자 형식을 취하는 것이 가장 효과적이다.

대문자 형식이든 소문자 형식이든 같이 꼭 지켜지고 있는 사항은 일반적 글씨의 형태가 이탤릭체라는 것이다.

다른 글씨의 형태는 높낮이만 다를 뿐 단순한 글씨형태이나, 이탤릭체는 보기에 편한 경사진 부드러운 곡선형식이기 때문이다. 그러나 이것도 전체의 글씨에 쓰지는 않고 강조할 부문이나 악센트를 주는 사항에 이 글씨체를 사용한다. 이 글씨체로 커다란 제목이나 내용 전체에 사용하면 고객이 읽는데 눈의 피로를 느끼기 때문이다.

메뉴에 관한 토의는 의사의 전달이 그 본래의 목적이며 디자인이나 특성, 색상 등과 같이 고려해야 할 사항들은 보다 이해를 돕는데 도움을 주는 요소이다.

두 번째로 착안해야 할 사항은 메뉴의 특성이다. 이 작업에 있어서 첫째로 감안해야 되는 것은 그 레스토랑의 분위기이므로 그 메뉴의 장식이나 특성 등을 고려해야 한다. 만약 레스토랑이 현대적 시설과 기물 등을 보유하고 있으면 그 메뉴 역시 깨끗하고 복잡하지 않은 현대식 메뉴를 준비해서 레스토랑의 전반적 분위기와 잘 조화를 이루어야 한다. 만약 레스토랑이 오래된 영국식, 중국식, 이탈리아식, 그리스식이라면 그 메뉴는 다양하고 폭넓은 메뉴를 갖고 있으므로 요리와 분위기가 잘 어울리도록 해야 할 것이다.

여기에서 주의할 사항은 너무나 색다르고 이국적인 것은 손님들이 잘 이해를 못해서 불평의 요소가 있다는 점이며, 주로 계절별 메뉴를 잘 배열하여 메뉴의 다양함을 더하고 맛을 즐길 수 있도록 한다. 그러나 계절별 메뉴는 그 시기와 관리에 보다 신경을 써야 한다.

메뉴의 색상을 결정할 때에는 단순히 흰색 바탕에 검정 글씨가 아니고 그 메뉴의 비중, 가벼움, 우아함 등을 고려하며 메뉴를 덮었을 때와 펼쳤을 때의 색상에도 신경 써야 한다. 만약 메뉴의 겉표지를 무거운 색상으로 선택했다면 메뉴를 펼쳤을 경우에는 산뜻한 색상을 선택한다.

글씨는 일반적으로 검정색을 흰색 바탕이나 옅은 색(크림색, 상아색, 회색 등)에 글씨를 넣으며 고객이 구별하기 쉽게 '샌드위치', '샐러드', '에피타이저', '음료' 등과 같이 구분해주는 내용은 2차색 즉 일반적인 진회색, 밤색이나 검정 등을 사용하여 고객이 보기 편하게 한다. 그러나 검정색 바탕에 흰색 글씨와 같은 형태는 절대 피하여야 한다.

다음으로 우리가 고려해야 할 사항은 글씨의 크기다. 크기는 형태의 수치를 사용하는데 일반적으로 6point에서 사용하면 8, 10, 12, 14, 16, 18, 24, 28 그리고 72point로 되어 있다. 레스토랑 메뉴에서 가장 중요한 사항은 글씨의 크기가 어떠한 경우에도 12point보다 작아서는 안 된다는 것이다.

일반적으로 나이가 드신 고객들은 글씨가 작으면 읽는데 문제가 있고, 또 안경을 끼는 일반고객들도 공공장소에서는 안경을 벗고 가는 수가 많기 때문에 여러 사람이 보는 레스토랑의 메뉴는 읽기 편할 정도의 크기로 한다.

다음으로 고려할 사항은 글줄 사이의 공간이다. 글줄이 끊어지지 않은 형태의 메뉴는 너무 복잡하여 읽기 어려우므로 줄과 줄 사이는 약 3point를 띄워 간격을 유지하며, 그 사이에는 공백을 남기어 손님이 메뉴를 읽기가 편해야 한다.

이러한 형태의 메뉴구상은 물론 가장 기본적인 사항이다. 그러나 이러한 사항은 메뉴디자인에서 가장 기본적으로 지켜야 할 사항이며, 담당자는 전문가는 아니나 메뉴를 결정하고 교정을 보면서 전체적인 감각을 키워야 한다.

아래의 사항들은 효과적인 메뉴의 작성을 위한 기본적인 사항들이다.

- 12point 아래의 글씨형태는 취하지 말 것
- 읽기 편하게 하기 위하여 소문자 형식을 취할 것
- Head나 작은 표제는 대문자로 표기할 것
- 줄 사이는 3point 이상을 띄울 것
- 레스토랑의 성격을 감안할 것
- 너무 이상하거나 이국적인 메뉴는 피할 것
- 색상의 조화에 신경 쓸 것
- 정반대 색상의 이용에 주의할 것

5) 메뉴는 한 장의 종이

만약 당신이 좋은 재질의 종이를 선택하여 메뉴를 만든다면 보다 오래 이용할 수 있고 품위가 있을 것이다.

메뉴디자인의 시작은 종이재질의 선택에서부터 이루어지며, 이것은 인쇄의 용이함과 나아가서 예술적 작품으로 남길 수도 있을 것이다.

메뉴를 만드는데 소요되는 비용의 1/3은 종이재질에 쓰이며 이러한 재질의 선택은 디자이너와 인쇄업자 및 서비스 담당자들이 토의하여 결정한다.

종이란 무엇인가? 한마디로 무엇을 쓸 수 있는 어떠한 표면을 말한다. 물론 모든 메뉴는 여러 종류의 종이에 인쇄되어 있다. 종이는 거의 통나무 껍질로 만들어지며 기계와 화학산업의 발달을 거쳐 현재와 같은 종이가 만들어지고 있다. 현재의 모든 종이는 인쇄를 위하여 생산되고 있으며 이것은 펄프로 만들어지고 있다.

레스토랑을 위해서 메뉴종이의 선택은 두 가지 기본에 의하여 채택된다.

이러한 종이의 선택은 한번 쓰고 버리는 것과 장기간 보존하는 메뉴의 성격에 의존한다. 매일 바뀌는 메뉴는 가볍고 비용이 적게 드는 재질의 것으로 인쇄하고, 오직 하루만을 쓰기 위한 것이므로 매끈하고 최상의 재질의 것이 아니더라도 관계없으며 신문용지와 같이 얇은 재질의 것도 자주 사용한다.

사실 이러한 종류의 메뉴는 신문인쇄와 같은 방식을 이용하기도 한다.

두 번째 장기간 사용하거나 보관할 메뉴의 종이는 무겁고 내구성이 있으며 코팅한 것을 주로 사용하며 고객들이 계속 사용하여도 오랫동안 사용가능하도록 한다. 이것은 물에 강하도록 만들며 자주 젖은 수건으로 깨끗이 닦아 사용한다. 이러한 종이는 일반적으로 두꺼운 귀비와 질이 좋은 두꺼운 도화지 같은 것을 겹쳐 마들기도 하고 수입지, 플라스틱 등을 이용하여 만들기도 한다.

이렇게 해서 만들어진 메뉴는 고객이 계속적으로 사용하더라도 수십 년 또는 대대로 이어 보관할 수 있는 영구성도 있다.

(1) 작업의 협조

이 메뉴작업의 과정에는 다양성이나 절충안 두 가지 방향에서 이루어지고 있다.

메뉴의 종이는 절대 같은 재질의 것만을 사용하지 아니하며, 장기적으로 사용할 메뉴의 커버는 무거운 재질이나 내피는 가벼운 것을 사용한다. 이것은 항상 장기적이나 단기적 기간에 중점을 두고 만든다.

'음료', '샌드위치', '샐러드' 또는 그 레스토랑의 스페셜과 같은 항목은 무거운 종이 위에 쓰며 반면에 일일메뉴와 같은 사항은 가벼운 종이 위에 인쇄한다.

같은 메뉴에 있어서의 다른 재질의 종이를 사용하는 메뉴는 디자인과 기능상의 목적이 있다. 재질이 다르거나 색상을 달리하는 것은 추가의 상품판매를 목적으로 할 때 주로 이용한다.

메뉴를 위한 종이선택은 레스토랑에서 Silver Ware, Glass Ware 또는 China Ware를 선택하는 것보다 복잡하지는 않다.

첫째로 물질적이나 미적인 사항에서 종이의 강도, 치수, 투명 정도, 잉크 흡수성, 부드러움, 청결성을 고려한다.

종이의 감촉도 조잡한 것부터 최상의 부드러운 것까지 있으며, 손님이 메뉴를 볼 때 메뉴의 내용을 읽음은 물론 손으로 감촉을 느낄 수 있다는 점에서 재질을 선택할 때 신중을 기하여야 한다. 색상은 흰 백색 또는 가장 연한 색에서 진한 색까지 사용함으로써 메뉴의 품위를 높이는데 많은 영향을 줄 것이다.

종이와 메뉴디자인 구성에 있어서 고려해야 할 사항은 다음과 같다.

- 흰 종이 위에 광택은 나지 않으며 투명한 잉크를 사용한다.
- 양각(Embossing)
- 어두운 바탕 위에 밝은 잉크
- 옅은 바탕의 종이 위에 금속성 활자
- 종이의 3가지 치수
- 투명 또는 반투명의 잉크사용
- 질감에 의한 감각적 효과
- 같은 메뉴 속의 종이의 다양함

(2) 인쇄과정이 재질을 결정한다.

비록 메뉴의 마무리 작업의 성공여부는 그 종이 자체의 재질로 결정되기는 하지만 인쇄과정 역시 성공적 메뉴 디자인에 사용될 종이의 질을 나타내기도 한다.

대부분의 메뉴는 석판인쇄나 활판인쇄 형식을 취하는 경우도 있으나, 두 방법을 병행하기도 한다. 메뉴의 커버는 일반적으로 석판인쇄 형식을 취하는 반면에 메뉴의 내지나 매일 가격을 변화시키는 일일 스페셜 메뉴는 활판인쇄 형식을 취한다.

두 가지 인쇄형식을 위한 종이의 선택을 위해서는 아래 사항을 고려한다.

❶ 활판인쇄

- 활자와 선을 종이에 삽입한다.
- 대부분의 종이는 활자와 선을 표면에 삽입하는데 적당하도록 되어 있다.
- 가는 선을 제작자가 늘릴 수가 있다.
- 명판은 부드러운 재질을 요하며, 판금이나 코팅된 재질의 것을 필요로 한다.

❷ 석판인쇄

- 활자를 증가시킬 수 있다.
- 종이의 어떤 특성이나 성질은 없다.
- 유연성이나 직물성 같은 성질이 있다.

추가해서 재미있는 외형을 꾸미기 위해 접을 수 있으며 특별한 모양을 만들 수 있는 직사각형이나 팔각형과 같은 형태를 만들 수도 있다. 이러한 종이접기와 어떤 형태로든 자를 수 있는 것은 재미있는 메뉴디자인을 꾸미는데 이용된다.

4. 메뉴의 종류

1) 식사 내용에 의한 분류

(1) 정식 메뉴(Table D'hote Menu)

이것은 최초의 여행객들이 숙박시설에서 식사를 제공받지 못하여 본인이 직접 식량을 가지고 다녔으나, 빈번한 왕래로 인하여 크게 불편함을 느끼게 됨에 따라, 숙박자의 편의도모와 숙박시설의 영업적인 면이 고려되어 숙박에 식사를 곁들여 제공하는 풀 팡숑(Full Pension : Full Board)에서 생겨났다고 볼 수 있다.

이 메뉴는 아침, 점심, 저녁, 연회 등을 막론하고 어느 때든지 사용될 수 있으며, 미각, 영양, 분량의 균형을 참작한 한 끼분의 식사로 요금도 한 끼분으로 표시되어 있어 고객의 선택이 용이하다. 또한 이 정식 메뉴는 매일 변화 있게 작성하나, 재료의 한계로 반복되는 경우도 많으므로 주기적으로 새로운 메뉴를 작성하여 고객의 기대와 호기심을 충족시켜 주어야만 한다.

일반적인 요리의 순서는 다음과 같다.

- 전채(Hors D'oeuvre Chaud, Froid : Hot, Cold Appetizer)
- 수프(Potage : Soup)
- 생선(Poisson : Fish)
- 야채(Salade : Salad)
- 주 요리(Plat Principale : Main Dish)
- 치즈(Fromage : Cheese)
- 후식(Dessert : Dessert)
- 커피 또는 티(Cafe ou The : Coffee or Tea)

정식 메뉴 판매에는 일품요리 판매보다 다음과 같은 유리한 점이 있다.

- 가격이 저렴하다
- 고객의 선택이 용이하다.
- 원가(Cost)가 낮아진다.
- 매출액이 높다.
- 가격이 고정되어 회계가 쉽다.
- 신속하고 능률적인 서브(Serve)를 할 수 있다.
- 조리과정이 일정하여 인력이 절감된다.

(2) 일품요리 메뉴(A la Carte Menu)

메뉴의 구성은 정식 메뉴의 순으로 되어 있으며, 코스(Course)별로 여러 가지 종류를 나열해 놓고 고객으로 하여금 기호에 맞는 음식을 선택하여 먹을 수 있도록 만들어진 메뉴이다. 이 메뉴는 한번 작성되면 장기간 사용하게 되므로 요리준비나 재료구입 업무에 있어서는 단순화되어 능률적이라 할 수 있으나, 원가상승에 의해 이익이 줄어들 수도 있고, 단골 고객에게는 신선한 매력이나 맛을 느낄 수 없게 되어 판매량이 줄어들 수 있으므로 고객의 호응도를 감안하여 새로운 메뉴계획을 꾸준히 시도해야 한다.

(3) 특별 메뉴(Daily Menu : Carte De Jour)

특별 메뉴는 원칙적으로 매일 시장에서 특별한 재료를 구입하여 주방장이 최고의 기술을 발휘함으로써 고객에게 식욕을 돋우게 하는 메뉴이다.

이것은 기념일이나 명절과 같은 특별한 날이나 계절과 장소에 따라 그 감각에 어울리는 산뜻하고 입맛을 돋우게 하는 메뉴이다.

특별 메뉴를 사용함으로써 다음과 같은 식당운영상의 장점을 가져올 수 있다.

- 날마다 준비된 상품으로 신속한 서비스를 할 수 있다.
- 재료의 재고품 판매를 꾀할 수 있다.
- 고객의 선택을 흥미롭게 할 수 있다.
- 매출액을 증진시킬 수 있다.

계절에 따른 대표적인 요리재료는 다음과 같다.

❶ **Fish and Seafood**(Poisson et Fruits de mer)

- Oyster(Huitres) 굴 9~10월
- Mussels(Moules) 조개 9~10월
- Mackerel(Maquereau) 고등어 4~10월
- Salmon(Saumon) 연어 3~9월
- River Trout(Truite) 송어 4~9월
- Sole(Sole) 혀넙치 1~12월
- Cod(Cabillaud) 대구 1~12월
- Whiting(Merlan) 유럽산 대구 1~12월
- Haddock(Aigrefin) 대구 일종 1~12월
- Herring(Harengs) 청어 1~12월
- Turbot(Turbot) 가자미류 1~12월
- Halibut(Flean) 광어 1~12월

❷ **Poultry**(가금류)

Duck, Chicken, Capon(식용 수탉), Turkey 등 가금류는 연중 어느 때든지 좋으나, Goose(거위)만은 12월이 가장 좋은 계절이다.

❸ **Game**(엽조류)

- Snipe(도요새), Wood Cock 10~3월
- Wild Duck(물오리) 가을, 겨울
- Venison(산새류) 7~2월
- Pheasant(꿩) 10~2월
- Partridges(메추라기류) 9~2월
- Grouse(뇌조류) 8~12월

❹ **기타**

야채류와 과일 종류도 계절에 따라 특별 요리로 내놓을 수 있다.

(4) 뷔페(Buffet)

일정한 요금을 지급하고 기호에 따라 이미 준비된 음식을 먹을 수 있는 Self-Service 식사이다. 그러나 음료나 술은 별도 계산을 하도록 되어 있다. 뷔페는 두 가지로 구분되는데, 일정하게 예약된 인원(연회, 각종 행사)을 위하여 준비된 요리를 제공하는 Closed Buffet와 불특정 다수와 고객(일반 뷔페식당)을 대상으로 준비되는 Open Buffet가 있다.

구체적인 내용을 살펴보면 다음과 같다.

❶ 형태상 분류

- Open Buffet : 일반 뷔페레스토랑에서 취하는 방식으로 기호에 따라 양껏 먹을 수 있고 일정한 금액을 지급한다.
- Closed Buffet : 연회 등의 특정장소에서 계약된 메뉴와 가격 그리고 손님의 수(최소단위 : 50명)에 따라 정해진 양의 음식이 제공된다.

❷ 준비내용에 따른 분류

- 칵테일용 뷔페
  - 안주용으로 준비되며 찬 뷔페, 더운 뷔페, 야채, 디저트가 제공된다.
  - 요리의 내용과 양이 제한되어 있다.
- 스탠딩용 뷔페
  - 식사와 안주겸용으로 준비되며 찬 뷔페, 더운 뷔페, 야채, 디저트, 카빙요리, 특별요리 등이 제공된다.
  - 요리의 내용과 양이 제한되어 있다.
  - 양식코스별로 선택하여 먹을 수 있다.

❸ 뷔페의 특징

- 많은 수의 고객을 유치하고 접대할 수 있다.
- 국적이 다른 여러 나라 고객을 서비스할 수 있다.
- 기호에 따라서 양껏 먹을 수 있다.

- 다양한 음식을 제공할 수 있다.
- 인건비가 절약된다.
- 봉사료의 지불이 필요 없다.
- 신속한 식사를 할 수 있다.

❹ 스모가스보드(Smogasbord)**는 다음과 같다**

- 육류를 비롯해 각종 가니쉬(Garnish), 빵, 버터 등을 식탁 위에 함께 진열한다.
- 식탁을 가운데 두고 향연을 개최하는 것을 뜻하기도 한다.
- 스웨덴에서 유래된 요리이다.
- 식후의 음료는 별도로 계산되어 이익을 올릴 수 있다.
- 외국의 경우에는 전채는 제공되나 육류와 후식 등 그 밖의 것은 메뉴에 따라 별도로 계산되는 곳이 많다.

2) 식사 시간에 의한 구분

(1) 아침식사(Breakfast)

조식은 하루에 처음 제공되는 식사이며, 이 식사서비스가 그날을 즐겁게 또는 기분을 상하게도 할 수 있다는 점에서 세심한 주의를 요한다.

아침 일찍 오시는 고객에게는 특별히 신경 써야 한다. 고객들은 아직 잠에서 덜 깼거나 졸려서 주위의 변화에 둔감할 수 있기 때문이다. 그래서 종업원들은 보다 친절하고 명랑하게 손님을 맞이하여야 하며 훌륭한 레스토랑은 특히 아침 고객을 얼마나 쾌활하고 즐겁게 맞이하는가에 따라서도 평가를 많이 받는다.

❶ 조식 경향(Breakfast Trends)

조식 서비스는 호텔에서 요금지급방법이나 고객의 형태에 따라 영향을 받는다.

빅토리아 시대의 조식은 주음식이 스테이크, 고기다진 것, 뼈가 붙은 고기 등을 제공하였으나, 근간에는 서양에서보다 음식을 간단하게 먹는 경향이 전해져 미국과 영국을 시발점으로 전 세계로 점차 경향이 확대되고 있다.

런던과 같은 도시에서는 호텔요금이 오직 객실요금이나 콘티넨탈조식을 포함한 요금이 성행하고 있으며, 이는 점차 지방으로 확산되고 있으나, 조식은 객실요금과 따로 지급하는 형식이 보다 넓게 이용되고 있다.

❷ 조식 메뉴(Breakfast Menu)

조식의 식사형태는 최근에 들어서 변화되었다. 조식준비를 다양하게 하는 가정의 형태보다는 보다 가벼운 건강식 메뉴를 조식에 준비하여 계속적으로 서비스하는 코스 형식을 배제하고 과일, 시리얼, 계란, 주스, 빵 등을 한두 가지만 선택하는 간단한 메뉴를 준비하고 있다.

❸ 조식 준비(Breakfast Preparation)

호텔에서는 Plain 또는 Continental 조식과 코스, 잉글리시 조식의 두 가지 형태로 나누어져 있다. 플레인 조식은 차나 커피, 롤, 토스트, Croissant, 버터, Marmalade 등만 준비한다.

- 사전 준비(Mise en Place) : 조식 준비는 다른 식사보다 준비하여야 하는 사항이 많다. 그래서 조식의 준비사항은 전날 밤에 대부분 준비하며 상하거나 변하는 음식의 준비는 당일 아침 신선하게 제공한다. 이것은 하루를 시작하는 고객에게 그 호텔의 인상을 깊게 심어주는 경우가 있으므로 각별히 주의한다.

❹ 조식 서비스(Breakfast Service)

조식 메뉴는 접객조장이나 웨이터가 제공하고 주문을 받으며, 커피숍 같은 곳에서는 시간절약을 위하여 미리 테이블에 메뉴를 준비하기도 한다.

조식 서비스는 역시 기본적으로 다른 식사 형태의 서비스와 다양한 고객의 주문에 맞추기 위하여 사이드보드의 준비를 철저히 하고 주문사항과 맞는 음식과 준비를 하였는가를 수시로 점검한다.

최상의 조식 서비스는 은쟁반에 정중하게 서비스하는 것이나 최근 많은 호텔들이 신속성을 기하기 위한 플레이트 서비스에 역점을 두고 있다. 주로 음식은 웨이터가 주방에서 모든 요리가 준비된 접시를 갖고 고객에게 서비스하며, 주방 한쪽에서는 스틸 룸을 준비하여 추가되는 요구를 최대한 수용할 수 있도록 한다.

- 뜨거운 음료 서비스(Hot Beverage Service)

고객은 커피나 홍차 같은 뜨거운 음료를 최대한 빨리 서비스하는 것에 고마움을 느낀다.

- 커피(Coffee)

조식에는 커피 서브 시 두 가지 형식이 있다.

첫째는 전형적인 커피서비스의 방식으로 밀크와 설탕을 테이블에 준비하여 커피를 서브하는 형식이며, 손님은 본인이 원하는 양의 커피에 설탕과 크림을 곁들인다.

한 테이블에 여러 손님이 있을 경우에는 가장 선임자 또는 가장 나이가 많은 여성고객부터 오른쪽으로 서비스한다.

두 번째는 커피를 뽑는 기계를 테이블로 들고 다니며 웨이터 직접 커피를 뽑아 제공하는 방식이다.

- 신선함과 시간(Freshness and Timing)

토스트, 핫롤, Brioche와 Croissant 등은 죽과 시리얼이 같이 준비된다.

조식에서 토스트는 토스트랙에서 구어서 서브하며 절대 너무 태우거나 눅눅하여서는 안 된다. 항상 토스트와 차는 신선하여야 하며, 커피와 밀크는 뜨겁게 제공한다.

고객은 차갑거나 식은 음식을 제공하면 불평하므로 항상 음식이나 차의 신선도를 체크하며 제공한다.

❺ 아침식사의 구성

- 계절과일(Season Fruit) : 포도(Grape), 그레이프후르트(Grapefuiet), 사과(Apple), 프럼(Plum), 오렌지(Orange), 복숭아(Peach) , 살구(Apricot) , 휘그(Fig) 등
- 주스류 : 오렌지 주스, 토마토 주스, 파인애플 주스, 그레이프후르츠 주스, 사과주스, 야채(Vegetable) 주스 등
- 시리얼(Cereal) : 아침식사에만 먹는 곡물 요리로서 핫시리얼(Hot Cereal)과 드라이시리얼(Dry Cereal)의 두 가지로 구분된다.
  - 핫시리얼 : 오트밀(Oatmeal), 크림 휘트(Cream Wheat) 등이며 이런 더운 시리얼은 더운 우유와 설탕을 같이 제공한다.

• 드라이시리얼 : 콘후레이크(Corn Flake), 퍼프드라이스(Puffed Rice), 슈가팝(Sugar Pops), 레이즌브랜(Raisin Bran) 등이다. 일명 콜드시리얼이라 하며 찬 우유와 설탕을 함께 제공한다.

– 계란요리(Eggs to Order)

계란요리는 조리하는데 따라서 그 명칭이 다르다. 그리고 고객도 자기 식성대로 주문하게 된다. 조리형식(Cooking Style)은 다음과 같다.

• 프라이(Fried) : 서니 사이드 업(Sunny Side Up), 오버하드(Over Hard)
• 스크램블(Scrambled) : 휘저어 볶은 계란요리
• 보일드(Boiled) : 삶는 시간에 의해 주문함
• 포치드(Poached) : 껍질 없이 반숙한 계란요리
• 오믈렛(Omelette) : 속에 들어간 내용물에 따라 명칭이 달라진다. 햄 오믈렛, 치즈 오믈렛 등

계란요리에 햄, 베이컨이나 소시지를 곁들여 담으면 햄 에그(Ham and Egg), 베이컨 에그(Bacon Egg) 등으로 명명된다.

이외에도 와플(Waffle), 핫케이크(Hot Cake) , 프렌치 토스트(French Toast) 등 밀가루로 만든 요리를 계란요리 대신에 먹기도 하며 이때에는 시럽이나 버터 꿀 등을 같이 제공한다.

– 빵 종류

아침식사용 빵으로는 토스트(Toast)가 제일 많이 제공되며 그 외에 크로와상(Croissant), 브리오시(Brioche), 기타 스위트 롤(Sweet Roll)종류가 제공되며 버터와 잼 종류가 함께 제공된다.

– 음료(Beverage)

여기에서 음료란 식사음료로 커피, 홍차, 코코아, 밀크 등을 말하며 대개 아침식사 때에는 커피를 주로 마시게 된다. 아침에는 커피를 많이 마시는 경향이 있으므로 포트(Pot) 서비스를 하는 것이 좋다.

이상과 같은 조식에 있어서 최근 호텔에서는 예외 없이 매상을 증진하기 위해서 룸서비스에 많은 노력을 기울이고 있다. 일반적으로 호텔식당에서 조식을 드는 고객은 전

야 숙박객의 반 정도 밖에 되지 않는다고 한다. 이것은 수용능력, 영업시간, 조기출발, 심야도착 등 여러 가지 원인도 있으나 대개의 경우 아침 시간에 식당에서 식사를 하지 않고 객실에서 룸서비스에 시켜서 먹는 경향이 많아지고 있다.

형태별 조식메뉴(예)

1. American Breakfast

계란요리를 중심으로 과일, 주스, 빵 등이 제공되는 아침식사이다.

- Fruit or Juice : Orange, Grapefruit, Melon, Apple, Grape Vegetable, Juice, Pineapple Juice, Orange Juice 등
- Cereal : Oatmeal, Cornflakes, Puffed Rice 등
- Bread : Rye Bread, French Bread, Soft Roll, Muffin, Pan Cake, Toast 등이 Butter나 Jam과 같이 서브된다.
- Eggs
- Beverage : Coffee, Milk, Tea 등

2. 계란요리의 조리방법

- Plan Egg
- Fried Egg : Over Easy, Over Hard, Sunny Side Up
- Boiled Egg : Soft Boiled, Hard Boiled
- Poached Egg : 계란껍질을 깨어 끓는 물에서 익힌 것
- Scrambled Egg : 계란을 깨어 잘 젓고 프라이팬에 버터를 넣은 후 휘저으면서 익힌다.
- Omelet Egg : 계란을 깨어 풀어 섞어 휘젓는다. 여기에 우유를 넣고 프라이팬에 버터를 바른 뒤 익혀 가면서 접는다.

3. Continental Breakfast

유럽에서 성행하고 있는 아침식사로 계란요리가 생략된 Milk Bread, Tea 정도로 식사 내용이 극히 간단하여 시간에 쫓기는 고객이나, 객실에서 룸서비스를 통하여 식사를 제공받는 것이 보통이다.

4. 영국식 조식(English Breakfast)

미국식 조식과 같으나 생선요리가 추가되는 아침식사이다.

5. 비엔나식 조식(Vienna Breakfast)

계란요리와 롤(roll) 정도에 커피가 제공되는 식사를 말한다.

6. 조식 뷔페(Breakfast Buffet)

조식 뷔페는 주스류, 곡물류, 계란요리, 케이크류, 샐러드, 빵 , 과일 , 음료 등으로 구성되어 있다.

7. 브런치(Brunch)

최근 미국의 식당에서 사용되어 왔으며 이것은 아침과 점심의 겸용식사를 의미하는 것이다. 현대생활에 적용하는 경향이 높아가고 있으며, 특히 도시를 방문하는 관광객들이 밤늦게까지 놀다가 늦잠을 자게 되면 점심과 아침을 겸한 식사로 먹게 된다. 브런치 서비스를 하는 식당에는 보통 'Brunch is Available'라는 간판을 거는 것이 상례이다.

8. 점심식사(Lunch, Luncheon)

주식의 명칭이며 영국에서는 간단한 점심을 Tiffin이라 한다. 이것은 대개 정식의 메뉴로 구성되지만 내용적으로는 정찬보다는 간단한 약식식사이다.

9. 오후다과(Afternoon Tea)

전통적인 영국의 음식습관으로 유명한 밀크티(milk tea)와 시나몬 토스트(cinnamon toast)로 간단하게 하며, 지금은 세계 각처의 오후 티타임(tea time)에는 식당에서 이러한 간식을 판매하고 있다.

10. 저녁식사(Dinner)

디너는 내용적으로 충분한 시간을 갖고 질이 좋은 재료로 요리한 식사를 즐기는 것이다. 이러한 경향에 흡족하도록 요리에는 보다 우수한 것, 보다 정성 들여 만든 것을 제공하며 이러한 우아한 정찬 식사에 어울리게 와인이나 알코올 음료를 권하여 적극적인 판매에 임한다.

11. 서퍼(Supper)

서퍼란 원래 격식 높은 정식 만찬이었으나 이것이 점차 변하여 최근 미국에서는 가벼운 소야식의 의미로 사용된다. 그러나 이것은 어디까지나 정찬이었다.

3) 영업장 제공품에 의한 분류

양식당, 한식당, 일식당, 룸서비스, 뷔페식당, 연회장, 라운지 등 각 영업장에서 판매되는 메뉴를 말한다.

4) 제공되는 기간에 의한 구분

일정 기간 메뉴가 바뀌지 않고 반복적으로 판매하는 고정메뉴, 일정한 간격을 두고 주기적으로 판매하는 반복메뉴, 짧은 기간 동안만 판매하는 등 1~2일만에 바뀌는 변화메뉴 등이 있다.

고정메뉴란 일정 기간 같은 아이템을 반복하여 제공하기 때문에 노동력과 재고를 감소할 수 있을 뿐만 아니라 효율적인 통제가 가능한 반면에 메뉴가 권태롭고 계절변화에 따른 융통성이 결여되는 단점도 있다. 이에 반해 변화메뉴는 계절별, 월별, 일별의 변화가 가능하여 메뉴의 권태로움을 제거하는 효과는 있지만, 재고가 증가할 가능성이 높으며, 고도의 숙련된 종업원이 필요로 하는 등 비용증가의 문제점이 있다. 주기적 메뉴는 이들의 단점을 보완해 메뉴로 주로 단체급식인 학교, 병원, 회사의 구내식당에서 많이 이용되고 있는 메뉴이다.

5. 메뉴 용어

1) 프랑스어 메뉴의 기본적인 표기법

- a, la, al, au(a+le), aux(a+les)는 불어의 전치사 a와 남성단수 정관사 le, 여성단수 정관사 la와 복수정관사 les의 축약형으로 요리의 방법, 장식물(Garniture)의 종류 등을 나타낸다.
- 프랑스어의 전치사 de는 영어의 of이다.
- 프랑스어 메뉴의 표기 시 항상 명사, 형용사, 전치사가 남성, 여성과 단수, 복수가 일치하여야 한다.

- 메뉴 표기 시 첫 단어는 주재료의 성과 수에 따라 le, la, les 등의 정관사 오고 다음에 주재료의 명칭, 조리방법, 지명 등이 나온다.
  - Le 〉 남성정관사
  - Fillet de Veau 〉 주재료
  - Grille 〉 조리방법
  - a la Paridirnne 〉 지역적 조리방법의 특성
- a 다음에 국명, 도시명, 지명이 오는 것은 소스(Sauce)나 장식물(Garniture)의 지역적 특성을 나타내는 것이 많다.

  예) a la Florentine : 시금치를 장식한 것을 뜻함

  a la Napolitaine : 토마토를 장식한 것을 뜻함
- 지방의 특색을 강조하는 경우

  예) a l' anglaise : Dudrnrvnddml

  a la Provensale : 플로방스풍의

  a l' espagnole : 스페인풍의
- 각국의 특별요리는 불어가 아닌 그 나라 고유어로 표기한다.

  예) Patage Minestra - Minestra(Minestra는 이탈리아의 지명으로, 이탈리아식 야채수프이다)
- 사람 이름이 올 때는 a, la, au, aux와 같은 관사를 붙이지 않는다.

  예) Tournedos au Rossini 〉 Tournedos Rossini

  Peche a la Melba 〉 Peche Melba

2) 메뉴 용어

A AL(AH LAH) ~풍의, ~식의, ~을 곁들인 것이다.

A LA BROCHE(BROSH) 꼬챙이에 요리를 꿰어 만드는 요리

A LA CARTE(AH-LAH-CART) 일품요리를 말함

A LA KING 풋고추, 피망, 버섯 등을 주부재료로 하여 크림소스로 육류, 가금류 등의 요리를 만드는 것

A LA MODE 각종 파이류에 아이스크림을 위에 얹어 내는 후식

AU JUS(OH-JH) 인공이 아닌 자연식품 그대로의 즙이나 고기전국을 가미하여 내는 소스의 기본이 되는 것

AU NATURA(OH-NAH-TU-REL) Plainly Cooked. 즉 평범하게 요리한다는 것

BILL OF FARE 메뉴란 뜻

BROCHETTE(BRO-SHET) 꼬챙이에 육류나 가금류, 송이, 피망, 양파 등을 꿰어서 요리하는 것

CARTE DU JOUR(KAHET-DU-JOOR) 그날의 메뉴

ENTREE(AHN-TRA) 식사 코스에서 중심이 되는 주식을 말함

EN BROCHETTE(AHN-BROH-SHET) Skwer로써 요리되는 것

EN CASSEROLE 내열성이 강한 접시(용기)에 요리를 담아 오븐이나 Broiler에서 직접 요리를 해서 손님에게 그대로 서브하는 것

ESPAGNOLE(AYS-PAHN-YOHL) Butter+밀가루+고깃국물이 주재료가 되어 만들어진 갈색 소스

FILET MIGNON(FEE-LAY ME-NYON) Beef의 연한 허릿살 부분에 있는 안심을 말함

MAITRE D'HOTEL(MAI-TRE-DOHOTEL) Butter, 레몬주스, 파슬리가 주재료가 되어 만들어진 소스의 일종으로 주로 스테이크 위에 얹어낸다.

PAPILLOTE-PAPER 가금류나 생선류 등을 주로 종이로 덮어(주로 알루미늄 호일) 요리를 하여서 서브할 때 장식 종이로 모양 있게 내는 요리

PIQUANT(PE-KANT) 향미를 곁들인 양념을 많이 가한 요리

POULET(POO-LAY) 닭, 칠면조, 오리 등 가금류의 통칭

PUREE(PU-RAY) 각종 야채를 삶아 걸쭉하게 만든 수프의 일종

RAGOUT 진하고 풍미 있게 양념한 고기 조림

TABLE D'HOTEL(TAHBL-DOHT) 많이 먹든, 적게 먹든 상관없이 가격이 일정하게 정해진 정식

ANCHOVY(AN-CHO-VI) 청어속에 속한 작은 생선, 멸치젓과 유사함

ANTIPASTO(AN-TEE-PAHSTON) 다랑어(Tuna-Fish), 버섯, 피망 등을 곁들여 만든 요리

APPLE STRUDEL 달걀, 버섯, 설탕과 시네몬 파우더를 주재료로 하여 구운 후식

AU GRATIN White Suce, 빵가루, 치즈를 요리에 씌워 오븐에서 갈색이 되게 구워내는 요리 용어

BAKED ALASKA Meringue로 덮어 익힌 케이크나 아이스크림에 Brandy 같은 알코올을 뿌려 불을 붙여 갈색이 되면 즉석에서 손님에게 서브하는 것

BAVARIAN CREAM 젤라틴, 크림과 계란이 주재료가 되어 만들어진 후식

BORDELAISE(BOR-D-LAZ) 양파, 당근, 샐러리, 다임(광대나물과 식물, 백리향), 버터와 월계수 잎사귀를 주재료로 하여 만든 흰색 또는 갈색 소스

BORSCHE(BORCH) Russian Soup의 일종으로 쇠고기 육수, Beets, 토마토, 계란과 설탕 등 각종 야념을 곁들여 만든 수프

BOUILLABAISSE(BWOO-YAH-BACE) 여러 가지 생선과 바다가재, 야채, 올리브유를 넣어 끓인 지중해식 생선 수프

CANAPE(KAN-A-PA) 얇은 빵을 갖가지 모양으로 만들어 그 위에 각종의 가공된 요리물을 얹어 만든 조그마한 풍미를 음식으로 식용 촉진제의 일종

CAVIAR 소금에 절인 철갑상어의 알젓, 즉 생선알젓

CHATEAUBRIAND(SHAN-TOT-BREE-AHN) Parsley를 곁들인 갈색 또는 Spanish Sauce와 함께 서브되는 두터운 허릿살 안심 스테이크

COCKTAIL 여러 가지 양주에 부재료, 향료, 얼음조각을 넣어서 조합한 술

APPETIZER 식전에 식욕촉진제로 내는 음식

CONSOMME(KON-SO-MA) 맑은 고깃국물로 만든 수프

CREPE SUZETTE(KRAPE SU-ZETTE) 얇게 구워진 팬케이크로 영양분 있고 맛 좋은 시럽소스와 제공된다. 보통 술을 약간 넣어 향을 첨가하여 Brown색으로 만든다.

CROQUETTES(KRO-KETS) 잘게 다진 음식물의 혼합물로 밀가루, 계란, 빵가루를 묻혀 기름으로 Fry한 것

CROUTONS(KROU-TONS) 수프와 함께 서브되는 조그마한 정육면체로 구운 빵조각

CURRY 조미료로 가공하여 사용하는 양념을 많이 한 노란가루 제품

CUTLER Broil이나 Fry하기 위해 돼지, 쇠고기, 양고기 뒷다리 부분의 살에서 얇게 저민 고기조각이나 생선을 밀가루, 계란 빵가루를 묻혀 만든 요리

DEMITASSE 크림이나 설탕을 넣지 않은 채 서브되는 적은 양의 강한 블랙커피

ECLAIR(E-KLAR) Custard(우유, 계란에 설탕, 밀가루, 향료 등을 넣어서 구운 과자)나 Whipped Cream이나 얼음으로 채운 조그마한 장방형의 밀가루 반죽으로 구운 과자

HOLLANDAISE SAUCE 계란 노른자, 버터, 레몬주스로 만든 노란색의 소스

HORS D'OEUVRES(OR-DUVR') 크래커나 엔초비, 캐비어, 헤링버섯, 부추, 정어리 등 각종 식품을 가공하여 만든 식욕촉진용 요리

JARDINIERE(SHAR-DEENE-AIR') 같은 모형의 길이, 넓이를 가장 얇게 자른 것으로 수프 건더기나 소스 등에 넣는 형태

LA NEWBURG 계란 노른자, 크림, 와인 등으로 만든 소스(새우를 넣을 때는 계란 노른자를 넣기 전에 넣음)

MULLIGA TAWNY SOUP(MULL-EE-GA-TAW-NEE) 송아지고기, 양파, 당근, 토마토, 피망 카레분을 주재료로 하여 만든 수프

PARFAIT(PAR-FAY) 과일 시럽과 계란, 크림을 휘핑하여 만든 풍미 있는 Frozen 후식

PETITS FOURS(PE-TEE-FOOR') 작은 케이크

ROQUEFORT CHEESE(ROKE-FURT) Semi-Hard, White Crum-bly 형태로 된 것

TARTAR SAUCE 마요네즈에다 양파, Chives, 피클 등을 다져 혼합하여 만든 생선요리에 내는 소스

VICHYSSOISE 진한 감자 수프에 Chives를 쳐서 뜨겁게 또는 차게 하여 서브함

BAKING 보통 오븐에서 Dry Heat로 요리한 것, 때로는 뜨거운 철판 위에다 요리하는 경우도 포함. 그러나 이 용어는 뚜껑이 없는 용기에 육류를 요리할 때는 Roasting이란 용어와 서로 바꿔 쓸 때가 있다.

BEATING 민활하고 규칙적인 반복운동으로 혼합물을 부풀게 하여 공기를 끌어들여 부드럽게 하는 것

BLENDING 두 개 이상의 성분(요리재료)을 철저히 믹싱하는 것

GRACE 설탕을 졸여 글라스 형태로 투명하게 보일 수 있도록 하는 것

BOILING 물에 끓여 물에서 거품이 나고 수증기가 증발하는 상태. 물의 끓는 점(비점)은 바다 높이의 고도에서 보통 섭씨 100도이고, 1,000피트씩 위도가 높아질 때마다 약 섭씨 2도씩 비점이 낮아진다. 그리고 비점은 물속에 있는 물질의 용해도에 따라 증가되기도 한다.

BRAISING 소량의 액체를 넣고 뚜껑이 없는 용기 속에서 서서히 끓이는 요리방법. 고기국물, 물, 우유, 크림 등이 그 액체로 쓰이게 된다.

BREADING 계란과 밀크 혼합물에 음식물을 담그고 나서 마른 빵가루에 넣는다.

BROILING 깨끗한 불꽃 위에다 음식물을 담그고 나서 마른 빵가루에 넣는다.

CARAMELIZING 설탕을 많이 넣은 음식물을 갈색으로 변할 때까지 뜨겁게 열을 가해 특유의 향내가 나오게 한다.

CHOPPING 칼이나 예리한 도구로 음식물을 잘게 하는 것

CREAMING 음식을 부드럽게 크림화함

CRISPING 너무 많은 습기를 제거하기 위해 크래커나 Creal같은 음식에 열을 가함

DICING 입방체의 형태로 자름

DRAWN BUTTER Roasting Meat를 말함

DRIPPING Roasting Meat에서 떨어지는 기름이나 국물을 말함

DOUCH 물, 밀가루, 설탕, 밀크 등을 가해 혼합하여 반죽하는 것

DEVIL 후추나 그밖에 다른 매운 양념을 섞는 것

DEACANTER 액체류를 담은 그릇(병)을 기울여 맑은 윗물을 다른 용기에 옮기는 것

DUMPLING 밀가루나 삶은 달걀에 기름이나 양념을 배합하여 끓는 물에서 만들어 내는 요리

DUSTING 밀가루나 설탕을 뿌리는 행위

EGG AND CRUMBING 용해되거나 Beat된 계란에 음식물을 담그고 빵가루를 뿌린다.

PRICASSEING 닭, 송아지, 토끼 따위의 가늘게 썬 고기를 Stew 또는 Fry한 프랑스 요리

FRYING 뜨거운 기름에 튀기는 것, 소량의 기름으로 요리할 때는 Pan Frying, 기름을 많이 넣고 요리할 때는 Deep-Fan Frying

GRILLING 전도열로 요리하는 것

GRIDING 음식물을 갈아 가루로 만든다.

MELTING 열을 가해 용해시키는 것

MINCING 식품을 다져서 Grinding보다는 크고 Chopping보다는 잘게 한 것

MIXING 두 개 이상의 요리재료를 섞은 것

PAN-BROILING 뜨거운 팬 위에 뚜껑을 덮지 않은 채 요리한다. 기름은 제거되고 다른 액체는 추가되지 않음

PAR BOILING 물에 끓여 부분적으로 요리하고, 다른 방법에 의해 완전히 요리하는 방법

PEELING 껍질을 벗긴다는 뜻

POACHING 원형을 상하지 않은 채 뜨거운 물에 서서히 익히는 방법

POT-ROASTING 큼직하게 자른 고기를 Braising으로 요리하는 것

SAUTING 소량의 기름에 요리하는 것

SIMMERING Poaching과 Boiling의 혼합 조리방법으로 95~98℃에서 조리한다.

STEMING 스팀 속에서 압력을 넣거나 압력 없이 요리, 스팀을 직접 음식물에 접촉시키거나 용기 속에 음식물을 넣고 간접적으로 스팀하는 경우가 있다.

SKEWERING 요리하는 과정에서 육류나 가금류를 다른 부재료와 함께 기다란 핀에 고착시킨다.

STIRRING 음식물을 원형으로 빙빙 돌려 고루 섞이게 하는 것

TOASTING 음식 표면이 갈색으로 변할 때까지 열을 가함

WHIPPING 빠른 동작으로 Beating하여 공기를 넣어 부풀게 한다.

CRUMPETS Meat나 가금류를 통째로 소스를 발라 가면서 굽는 요리

CHARLOTTE 젤라틴을 쓴 디저트

SCALDING 비등점에 오르지 않게 가열하여 밀크를 데우는 것

STUFFING 계란, 가금류, 생선류 등의 내부에 다른 부재료를 넣어 조리하는 것

ASPIC 투명한 젤리와 같고 보통 육류즙으로 만듦

CHICORY 식물의 뿌리를 얇게 썰어서 말려 볶는 것이며 잎은 주로 샐러드에 씀

COMPOTE 맑게 만든 숙실과

PATTY SHELL 파이 껍질로 만든 패류형에 생선류로 된 조리물을 넣어 오븐에서 구워내는 것

FUNJUE 버터, 치즈, 설탕, 빵가루 등으로 만든 수플레같이 만들어 오븐에서 구워내는 것

FROASTING 설탕을 주재료로 하여 케이크 외부에 바르는 장식

CARRY OVER COOKING 뜸들이기

6. 영업장별 메뉴(사례)

– BREAKFAST

• 조식뷔페/BREAKFAST BUFFET

주스류 CHILLED JUICE

오렌지 주스 Orange Juice

토마토 주스 Tomato Juice

그레이프후르츠 주스 Grapefruit Juice

파인애플 주스 Pineapple Juice

과일찜 STWED FRUIT

서양자두 Prunes

복숭아 Peaches

오렌지 Oranges

곡류 CEREAL

콘플레이크와 라이스 크리스피 Con Flakes and Rice Crisies

고기류 MEAT

햄 Grilled Ham

베이컨 Bacon

소시지 Sausage

계란 EGGS

스크램블 Scrambled

후라이 Fried

감자요리 POTATOES

볶은 감자 Hashed-Brown Potatoes

샐러드 SALAD

신선한 야채샐러드 Mixed Green Salad

빵류 BREAD

크로와상 Croissant

덴마크풍의 빵 Danish Pastry

토스트 Toast

잼과 버터 Butter&Jam

과일 FRUIT

신선한 계절과일 Fresh Fruit in Season

음료 BEVERAGE

커피와 홍차 Coffee and Tea

신선한 우유 Fresh Milk

요구르트 Yogurt

한조정식 KOREAN BREAKFAST

기본찬 3가지 3 Standard Side Dishes

진지와 북어탕 또는 진지와 탕류) Steamed Rice and Pollack Soup

계절과일 Fresh Fruit in Season

인삼차 또는 커피 Ginseng Tea or Coffee

일조정식/JAPANESE BREAKFAST

고객이 선택하는 쥬스 Choice of Chilled Juice

(오렌지, 토마토, 또는 그레이프 후르츠) (Orange, Tomato, or Grapefruit)

계란말이 Japanese-Style Egg Roll

흰생선 된장구이 Grilled White Fish with Soybean Paste Soup

병어 조림 Preserved Smelt

순무초 무침 Marinated Turnip Slices

우엉 조림 Braised Julienne Burdock

김구이 Preserved Seaweed

매실 절임 Pickled Plums

조림(쇠고기, 무, 새우, 야채) Braised Meat, Prawns, and Assorted Vegetables

밥 Steamed Rice

장국 Soybean Soup

야채절임 Pickles

계절과일 Fresh Fruit in Season

• **WESTERN**

A

닭고기 크림스프 Cream of Chicken Soup

햄버거스테이크와 양송이 소스 Hamburger Steak w/Chasseure Sauce

감자튀김 French Fried Potatoes

여러 가지 더운 야채 Mixed Hot Vegetables

양상추 샐러드 Tossed Salad

아이스크림 Ice Cream

커피 또는 홍차 Coffee or Tea

B

이탈리식 야채스프 Minestrone Soup

안심스테이크와 양송이 그라탕

Fillet Mignon Steak w/Mushroom & Bearnaise Gratin

감자구이 Baked Potatoes

모란채 버터볶음 Buttered Broccoli

토마토 구이 Grilled Tomato

계절 샐러드 Salad in Season

레몬 샤베트 Lemon Sherbet

커피 또는 홍차 Coffee or Tea

C

새우칵테일에 딸기소스 Shrimp Cocktail W/Strawberry Sauce

고급 야채 크림스프 Cream of Vegetable Soup

소안심 스테이크와 양대추 소스 Fillet Mignon Steak W/Prunes

알몬드 묻힌 감자튀김 샐러리 조림 Berny Potatoes, Braised Celery

옥수수순과 크림 Cream of Baby Corn

안나식 샐러드 Salad Anna

나폴리식 아이스크림 Cassata Napolitana

커피 또는 홍차 Coffee or Tea

D

크레프로 싼 훈제연어와 크림소스 Crepe and smoked Salmon W/Wine Sauce

쉐리주를 넣은 소꼬리 콘소메스프 Oxtail Consomme W/sherry

마늘향기 볶음밥을 곁들인 새우 양념구이

Sauteed Shrimps w/Garlic and Butter Rice

또는 or

소등심 로스구이와 통후추 소스 Roast Striploin of Beef w/Pepper Corn Sauce

프랑스식 감자튀김 Fried Parisienne Potatoes

고급 더운 야채 모듬 Bouquetiere of Vegetables

아스파라거스를 곁들인 동양상추 샐러드 Heart of Lettuce Salad W/Asparagus

(각종 드레싱 선택) (Choice of Dressing)

프랑스식 생오렌지를 가미한 팬케이크 후람배 Crepes Suzettes

커피 또는 홍차 Coffee or Tea

후식 과자 Petits Fours

E

달팽이 요리에 시금치 소스 Snail W/Spinach Cream Sauce

바다가재 크림스프 Lobster Bisque

관자살구이와 샤프론향 버터소스 Grilled Scallopes W/Saffron Sauce

샴페인 샤베트 Champagne Sherbet

마데이라와인 소스를 곁들인 최상급 소등심 로스구이

Roasted Prime Rib W/Maderia Sauce

안나식 감자튀김, 모란채 버터볶음 Fried Anna Potatoes, Buttered Brocolli

표고버섯 와인 조림 Crpes Bordelaise

루즈벨트 샐러드 Sald Roosevelt

사과와 얇은 팬 케이크 Crepes Normandes

커피 또는 홍차 Coffee or Tea

후식 고급 생과자 Petits Fours

F

훈제연어 Smoked Salmon w/Cucumber

찬 감자 스프 Cold Potato Soup

왕새우 구이와 레몬버터 소스 Grilled King Prawns W/Lemon Butter Sauce

과일 샤베트 Fruit Sherbet

안심스테이크에 양파소스 Sauteed Tender-Loin Steak W/Sauce Bercy

(더운 야채) (Hot Vegetables)

루즈벨트 샐러드 Salad Roosevelt

베이크드 알라스카 Baked Alaska

커피 또는 홍차 Coffee or Tea

후식 고급 생과자 Petits Fours

• KOREAN MENU

A

호박죽 Pumpkin Porridge

냉채 Korean-Style Cold Dishes

녹두지짐 Sauteed Green-Bean Pancakes

생선구이(덕쟁이) Broiled Seasonal Fish(Koren Panfet)

갈비찜 Stewed Beef Ribs

진지와 맑은 탕 Steamed Rice and Beef Soup

생과일 Fresh Fruit in Season

식혜 Rice Nectar

B

밀쌈말이 Nine Typical Korean Foods with Pancake Rolls

영양잣죽 Pine-Nut Porridge with Abalone, Shrimp, and Ginkgo Nuts

인삼냉채, 새우냉채 Stewed Shrimp and Fresh Ginseng with Fresh Vegetables

녹두지짐 Sauteed Green-Bean Pancakes

신선로 Meat, Fish, and Vegetable Casserole (Shinsunlro)

덕쟁이 양념구이 Broiled Korean Panfret with a Spicy Sauce

갈비구이와 생야채 Broiled Beef Ribs and Fresh Vegetables

진지와 맑은탕 Steamed Rice and Beef Soup

계절과일 Fresh Fruit in Season

식혜 Rice Nectar

C

인삼, 대추, 유자무침 Seasonal Ginseng with Jujube and Citron

해파리, 대하냉채 Stewed Prawns and Jellyfish with Mustard Sauce

황률죽 Chestnut Porridge

전복구이 Broiled Fresh Abalone

신선로 Meat, Fish and Vegetable Casserole

덕쟁이 양념구이 Broiled Korean Panfret with a Spicy Sauce

갈비구이와 숙채 Broiled Beef Ribs and Hot Vegetables

생야채 Fresh Vegetables with a Spicy Sauce

진지와 삼계탕 또는 만둣국

Steamed Rice and Ginseng-Chicken Soup or Dumpling Soup

계절과일 Fresh Fruit in Season

수정과 Persimmon Punch

• CHINESE MENU

A

4가지 냉채 Cold Combination Dish

샥스핀 스프 Shark' s Fin Soup

춘권 튀김 Spring Rolls

닭고기 고추 볶음 Sauteed Assorted Seafood W/Vegetable

팔보채 Sauteed Diced Chicken W/Hot Sauce

유산슬 Braised Sea Cucumber S/Shrimp and Beef

탕수생선 Sweet and Sour Fish

기스면 Noodle Soup W/Shredded Chicken

찹쌀떡 Chinese Rice Balls

향인두부 Cold Almond Jelly W/Fruits Cocktail

B

5가지 냉채 Cold Combination Dish

전복, 송이, 샥스핀 스프 Shark's Fin Soup w/Abalone, Pine Mushroom

관자 튀김 Fried Scallops

해삼 돼지고기 Braised Sea cucumber & Pork Belly

왕새우 마늘소스 Braised shrimp W/Garlic Sauce

야채모듬 Braised Assorted Vegetable

광동식 탕수육 Sweet And Sour Pork

기스면 Noodle Soup w/Shredded Chicken

찹쌀떡 Chinese Rice Balls

용안두부 Iced Almond Jelly w/longans

C

6가지 냉채 Cold Combination Dish

샥스핀 게살스프 Shark's Fin Soup W/Crab Egg

관자 튀김 Fried Scallops

해삼, 전복:Braised Sea cucumber, Abalone

왕새우 칠리소스 Braised Prawn W/Chili Sauce

닭고기 캐슈너츠 Sauteed Diced Chicken W/Cashew Nuts

야채 쇠고기볶음 Sauteed Beef W/Vegetable

기스면 Noodle Soup w/Shredded Chicken

찹쌀떡 Chinese Rice Balls

용안두부 Iced Almond Jelly W/longans

• **TEA**

A

커피 Coffee

쿠키 Cookies

B

커피 Coffee

쿠키 Cookies

생과자 Pasties

후르츠펀치 Fruit Punch

C

커피 Coffee

쿠키 Cookies

생과자 Pasties

케이크 Cakes

파이 Pie

프루츠 펀치 Fruit Punch

D

커피 Coffee

쿠키 Cookies

생과자 Pasties

케이크 Cakes

파이 Pie

프루츠 펀치 Fruit Punch

작은 샌드위치 Small Sandwiches

과일 Fruits

주스 Juice

E

여러 가지 케이크 Assorted Small Cakes

모듬 생과자 Assorted Pastries

모듬 샌드위치 Assorted Sandwiches

엔쵸비와 크로와상 Assorted Croissants

참치말이 샌드위치 Rolled Tuna Sandwiches

모듬 파이 Assorted Small Pies

모듬 떡 Assorted Rice Cakes

약식 Caramelized Rice Cakes with Chestnuts

한과 Korean Rice Cookies

식혜 Rice Nectar

계절과일 Seasonal Fresh Fruit

커피 또는 홍차 Coffee or Tea

• COCKTAIL A

전채류 APPETIZERS

새우 또는 신선한 굴 칵테일

Shrimp Cocktail or Fresh Oysters on the Half Shell

콩류 안주와 스넥 Mixed Nuts and Dry Snacks

여러 가지 카나페 Variety of Canapes

야채안주와 올리브 Relishes and Olives

찬 요리류 COLD

훈제연어와 레몬 Smoked Salmon W/Lemon

생선튀김 Fried Seasonal Fish

멜론과 생햄 Melon W/Raw Ham

거위간과 타르트 Goose Liver Mousse W/Tart

샌드위치 말이(연어, 토마토, 닭)

Assorted Sandwiches (Salmon, Tomato, Chicken)

여러 가지 찬고기 모듬 Assorted Cold Cuts

치즈와 크래커 Cheese on Crackers

동양식류 ORIENTAL

김치 Kimchi

김밥 Seaweed and Rice Rolls

특별선택 요리류 CHOICE OF SPECIAL CARVED ITEMS

소고기 등심 로스트 Roast Sirloin of Beef

민트소스를 곁들인 양다리 로스트 Roast Leg of Lamb w/Mint Sauce

더운 요리류 HOT

중국식 만두 요리 Chinese Meat Dumplings

베이컨으로 싼 새우 Jumbo Shrimp Wrapped W/Bacon

광어구이와 소스 Sauteed Fillet of Halibut w/Sauce

마가레트 피자 Pizza "Margherita" with Tomatoes and Mozzarella Cheese

새우파이 Shrimp Quiche

후식류 DESSERTS

신선한 계절과일 Seasonal Fresh Fruit

불란서식 생과자류 French Pastries

체리 타르트 Cherry Tart

호두 타르트 Walnut Tart

감귤 케이크 Mandarin Cake

파인애플 파이 Pineapple Pie

• COCKTAIL B

전채류 APPETIZERS

새우 또는 신선한 굴 칵테일

Shrimp Cocktail or Fresh Oysters on the Half Shell

카나페 Canapes

각종 모듬 안주 Hors d' Oeuvres

마른안주 Dry Snacks

치즈스틱 Cheese Sticks

찬 요리류 COLD

호밀빵 위에 훈제연어 Smoked Salmon on Rye Bread

황새우 찜과 젤리 Poached Prawns with Jelly

간 무스 또는 캐비어를 넣은 타트렛트 Small Tatelettes Mousse or Caviar

채소와 크림 치즈 Cream Cheese on Vegetable Leaves

웰링톤식 쇠고기 요리 Small Fillet of Beef Wellington

오픈 샌드위치 Open-faced Sandwiches

훈제한 오리 가슴살과 겨자 소스 Smoked Duck Breast W/Mustard Sauce

연어찜에 향신료 마요네즈 Steamed Salmon with Herb Mayonnaise

여러 가지 작은 샌드위치 Mixed Finger Sandwiches

여러 가지 치즈와 크래커 International Cheese on Crackers

동양식류 ORIENTAL

김치 Kimchi

김밥 Sea Weed and Rice Rolls

모듬 생선초밥 Assorted Sushi

특별선택 요리류 CHOICE OF SPECIAL CARVED ITEMS

쇠고기와 해산물 즉석튀김 Beef and Seafood Fondue

쇠고기 안심 로스트 즉석카빙 Roast Tenderloin of Beef

더운 요리류 HOT

아메리칸식 새우 버터구이 Shrimp Newburg

난투아 소스를 곁들인 광어 요리 Sauteed Fillet of Halibut with Nantua Sauce

캐나다풍의 작은 파이 Petite Quiche Canadian

후추소스의 작은 스테이크 Small Steak W/Green Pepper Sauce

홀란데이즈 소스와 식용 달팽이 Snails with Hoaaldaise Sauce In a Demitasse

쇠고기와 야채 꼬치구이 A Skewer of Beef and Vegetables

후식류 DESSERTS

모둠 초콜릿 Assorted Chocolates

프랑스식 양과자류와 쿠키 French Pastries and Cookies

신선한 계절과일 Seasonal Fresh Fruit

젤리 Jello

푸딩 Pudding

한과 Korean Cookies

떡 Korean Cake

• BUFFET A

냉요리 COLD

얼음조각위의 신선한 생굴 Fresh Oyster on Ice Socle

훈제연어와 혼스레디쉬 크림 Smoked salmon W/Horseradish Cream

양념한 닭고기말이 찜 Chicken Galantine

소등심구이와 양념 Roast Sirloin Beef W/Garnish

소라양념절임(참치회) Marinated Top Shell (Fresh Tuna)

훈제한 돼지고기 Smoked Porkloin w/Pickle

게살로 속 채운 토마토 Stuffed Tomato with Crab Meat

부처 마스터 Our Butcher Master

생야채와 올리브 Assorted Relish Olives

모듬 해파리 냉채 Jelly Fish W/Mustard Sauce

샐러드류 SALAD

신선한 상추와 치커리 Lettuce, Chicory

토마토, 오이, 마카로니 Tomato, Cucumber, Macaroni

냉육, 양배추, 옥수수 Mixed Meat, Cole Slaw, Corn

동양식 ORIENTAL FOOD

김치와 나물 3가지 Kimchi & 3Kinds of Namul

김초밥 Japanese Norimaki

중국식 모듬 냉육 Chinese Assorted Cold Cut

더운 요리 HOT

바다장어 데리야끼 구이 Sea Eel, W/Deriyaki Sauce

갈비찜 Kal Bi Jim

폴리네시안식 후라이 치킨 Polynesian Fried Chicken

돼지 등심구이 바비큐 Roast Porkloin W/Barbecue Sauce

중국식 탕수육 Chinese Sweet & Sour Pork

볶음밥 Fried Rice Oriental

생선전 Fish Milannaise

더운 야채 Hot Mixed Vegetables

디저트류 DESSERT

불란서식 생과자 Variety of French Pastries

여러 가지 케이크와 파이 Assorted Cake & Pie

계절과일과 과일펀치 French Fruits & Punch

빵과 버터 Bread & Butter

커피 또는 홍차 Coffee or Tea

• BUFFET B

냉요리 COLD

새우 또는 신선한 굴 칵테일

Shrimp Cocktail or Fresh Oysters on the Half Shell

야채 스틱과 올리브 Fresh Vegetable Sticks and Olives

훈제연어와 곁들임 Smoked salmon W/Condiment

바다가재 Medaillon of Lobster

미국식 칠면조 구이 Roast Tomato Crabmeat W/Waldorf Salad

소등심구이와 아스파라거스 Roast Beef Rolls W/Asparagus

부처 마스터 Our Butcher Master

치즈 모듬 Assorted Cheese Plate

해파리 냉채 모듬 Chinese Jelly Fish w/Mustard Sauce

샐러드류 SALAD

양상치 사라다 Green Lettuce Salad

서양꽃배추, 마카로니, 토마토 Califlower, Macaroni, Tomato

사탕무, 강낭콩, 오이, Beet, Kidney Beans, Cucumber

동양식 ORIENTAL FOOD

배추김치 Korean Kim Chi

오이김치, 나물 3가지 Cucumber Kim Chi, 3 Kinds of Namul

스시와 김초밥 Japanese Sushi & Norimaki

즉석요리 CARVING

소등심구이 Roast Rib-Eye Roll (Wagon Service)

더운 요리 HOT

갈비찜 Gal Bi Jim

바다장어와 데리야끼 소스 Sea Eel, Deriyaki

간쇼와 새우 Sauteed shrimps in Chilli Sauce

닭고기와 고추볶음 Sauteed Dice Chicken with Red Pepper

어린양 다리 구이 Roast Lamb Leg W/Mint Sauce

크림소스에 익힌 달고기 Sauteed Chicken A La King

밥 Steamed Rice

여러 가지 섞은 더운 야채 Mixed Vegetable

디저트류 DESSERT

신선한 계절과일 Fresh Fruits in Season

여러 가지 후식 Assorted Dessert

과일펀치 Fruit Punch

빵과 버터 Bread & Butter

커피 또는 홍차 Coffee or Tea

• **BUFFET C**

냉요리 COLD

새우 또는 신선한 굴 칵테일 Shrimp Cocktail, or Fresh Oyster

훈제연어 Home Made Smoked Salmon

야채스틱과 올리브 Vegetable Stick and Olive

계란 위에 철갑상어알 Stuffed Egg W/Black Caviar

바다가재 모듬 Lobster Parisienne

리베라식 파테 Home Made Veal Pate

햄 모듬 Jambon d' York Mimosa

연어찜 모자이크 Steamed Whole Salmon Mosaique

더운 요리 HOT

불갈비 Bul Kal Bi

오리로스구이와 오렌지소스 Roasted Duck W/Orange Sauce

마늘향을 가미한 불란서식 달팽이 요리 French Vineyard Snails w/Garlic Butter

헝가리식 소고기 조림 Hungarian Beef Goulash

관자살 튀김 Fried Sea Scallps W/Tartar Sauce

볶음밥 Italian Buttered Rice

더운 야채 Mixed Hot Vegetable

즉석요리 CARVING

소등심 로스구이 Roasted Sirloin of Beef W/Horseradish

양다리 로스구이 Roast Lamb-Leg

동양식 ORIENTAL FOOD

한국식 갈비구이 Barbecued spare Ribs Korean Style

김치와 3가지 나물 Korean Kim Chi & 3 Kinds of Namul

생선초밥, 김밥, 사시미 Japanese Sushi, Norimaki and Sashimi

메밀국수 Soba

해파리냉채 Cold Jelly Fish

오향장육 Cold Roast Beef w/Soy Sauce

소고기 탕수육 Chinese Sweet and Sour Beef

해삼탕 Braised Sea Cucumber w/Brown Sauce

샐러드 SALAD

상추와 치커리 Lettuce and Chicory Salad

사과샐러드 또는 샐러리 Waldof Salad

강낭콩 샐러드 토마토 샐러드 Fresh Tomato & Kidney Beans Salad

모란채 베이컨 샐러드 Brocoli and Bacon Salad

디저트류 DESSERT

과일펀치 Fruit Punch

여러 가지 후식 Assorted Dessert

빵과 버터 Bread & Butter

커피 또는 홍차 Coffee or Tea

• LUNCH BOXES

유럽식 도시락 REGULAR

훈제연어 샌드위치 Smoked Salmon Sandwich

로스트 비프 샌드위치 Roast beef Sandwich

햄, 치즈 샌드위치 Ham and Cheese Sandwich

잉글리쉬 과일 케이크 English Fruitcake

신선한 과일 Fresh Fruit

사과 또는 오렌지 주스 Choice of Can Juice (Apple or O range)

피크닉 도시락 THE PICNIC

새우 샐러드 Shrimps Salad

감자 샐러드 Potato Salad

통닭구이 반쪽 1/2 Roast

치즈와 크래커 Cheese with Crackers

삶은 계란과 오이피클 Boiled Egg and Pickles

마블 케이크 Marble Cake

신선한 과일 Fresh Fruit

빵과 버터 Roll and Butter

사과 또는 오렌지 쥬스 Choice of Can Juice (Apple or Orange)

일본식 도시락 JAPANESE

생선구이와 계란말이 Broiled Fish, Egg Roll

어묵, 우엉 Fish Paste, Burdock

당근, 감자조림 Carrot, Potato

닭튀김과 장어요리 Fried Chicken, Sea-Eel

새우와 양송이 Prawn, Mushroom

레몬, 죽순 Bamboo shoot Slice of Lemon, Arum Root

쌀밥 Steamed Rice

일본식 피클 Japanese Pickles

• CARVERY SELECTION

최소 50인 이상 Minimum 50persons

스탠딩 뷔페나 정찬 뷔페 시 연회의 질을 높이기 위해 양질의 카빙을 준비하고 손님께서 직접 선택할 수 있다. To upgrade your event on any-standing buffet or sit down buffet we recommend the following carveries for your choice

돼지다리 구이와 애플소스 Roast Leg of Pork with Apple Sauce
통 칠면조구이와 지부렛 소스, 레드커렌트 젤리
Whole Roast Turkey with Giblet Sauce, Red Curant Jelly
특제 미국산 쇠고기 등심 갈비구이와 머스타드 및 호스레디쉬 크림
U.S. Rib Eye with Horseradish cream mustard
멧돼지구이와 그레비 및 크린베리소스(100인 이상)
Wild Boar with Gravy, Cranberry Sauce (Minimum 100persons)
통돼지 바비큐 Barbecued Whole Baby Pork
어린 양고기 바비큐 whole Baby Lamb with Saffron Rice
이탈리아 파스타 코너 A Selection of Italian Pastas
일본 정통 튀김 코너 Japanese Tempura
생선초밥 Assorted Sushi
모듬생선회 Assorted Sashimi

■Service Process Map(S호텔사례)

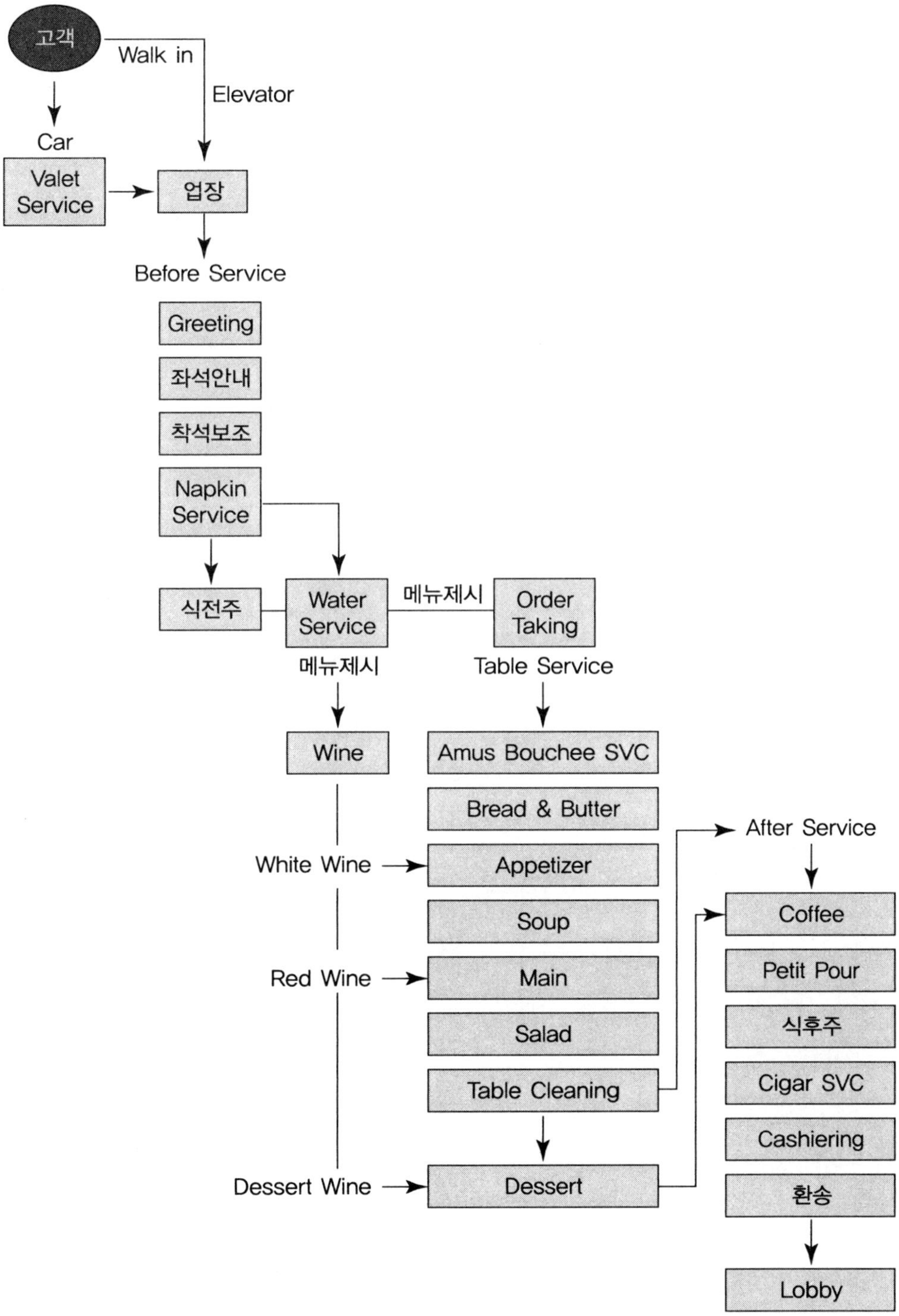

Part Ⅱ 실무편

제7장 • 서비스 기본 사이클

제8장 • 업장별 운영실제

제7장

서비스 기본 사이클

1. 전화예약 및 응대요령

전화는 고객과의 빼놓을 수 없는 의사소통의 수단이며 고객접점의 중요한 매개체이다. 전화응대 하나가 업장에 지대한 영향을 미치며 잘못된 전화응대는 매출감소는 물론 업장 전체의 이미지에 결정적인 영향을 미치게 된다.

전화는 고객의 얼굴을 직접 보지 못하고 대화하기 때문에 자칫하면 소홀히 응대하기 쉽고 오해가 발생할 소지가 많으므로 각별히 주의를 기울이고 더 세심하게 응대할 수 있도록 하여야 한다.

1) 전화응대의 기본예절

- 전화기에 얘기하는 것이 아니고 고객과 얘기하고 있다는 것을 항상 명심한다.
- 바른 자세와 밝은 음성으로 객에게 호감과 만족을 줄 수 있도록 한다.
- 음성은 "솔"음 정도의 톤으로 밝고 명랑하게 말하며 어조를 너무 낮추지 않는다.
- 잘 듣고 있다는 것을 고객에게 전하기 위하여 적절히 맞대응을 한다.
- 고객이 감정적으로 되어도 결코 이쪽의 감정을 나타내서 언쟁이 일어나지 않도록 한다.

- 고객이 이해 못하는 전문용어, 외래어 등을 피하고 알아듣기 쉬운 말로 말한다.
- 고객의 말을 주의 깊게 잘 들어서 반복해서 말하지 않게 하며 지레짐작의 응답은 피한다.

2) 전화예약 요령

(1) 초기응대 시

- 전화는 Bell이 3번 이상 울리기 전에 받으며 인사말, 업장명, 자신의 이름을 말한다.
- 전화 Bell이 3번 이상 울린 후 받았을 경우에 반드시 "기다리게 해서 죄송합니다." 라고 말한 후 업장명과 이름을 말한다.
- 초기응대어(인사말, 업장명, 자신의 이름)는 고객이 알아들을 수 있도록 명확하게 말한다.
- 고객의 말이 잘 들리지 않거나 혼선의 경우에는 "전화상태가 좋지 않은 것 같으니 죄송하지만 다시 한 번 걸어주시면 고맙겠습니다."라고 양해의 말을 구한다.

(2) 용건청취 시

- 왼손으로 송수화기를 잡고 오른손으로 메모를 하면서 통화한다.
- 대화 중에 고객의 직함, 외국인의 경우에는 이름을 자주 불러준다.
- 고객의 말을 잘못 들었거나 이해가 가지 않을 경우에는 "네?"라고 하지 말고 "제가 잘못 들었는데 죄송하지만 다시 한 번 말씀해 주시겠습니까?"라고 정중히 부탁한다.
- 고객을 기다리게 할 경우에는 "잠시만 기다려 주시겠습니까?"라고 양해를 구한 후 보류버튼을 작동하여 잡음이 들리지 않도록 한다.
- 고객이 요구하는 사항이 무엇인지를 빨리 파악하여 고객의 요구를 해결해줄 수 있는 쪽으로 대화를 진행시키며 가능한 한 "안 됩니다", "없습니다" 등의 부정적인 어휘는 피한다.
- 일시, 금액, 장소, 인원 등 중요한 사항은 메모하며 복창하여 고객에게 신뢰감을 줄 수 있도록 한다.
- 가능한 한 고객의 지방에서 전화통화를 하며 너무 이쪽의 상황을 내세우지 않는다.

(3) 종료 시

- 통화내용을 요약, 복창하여 이상이 없는지를 확인한다.
- "전화 주셔서 감사합니다." 또는 "최선을 다해 준비해 놓겠습니다."라고 마무리 인사를 하여 고객이 기분 좋게 전화를 끊을 수 있도록 한다.

(4) 전화연결 시

- '누구로부터 누구에게' 인가를 확인하여 지명인에게 정확히 연결해준다
- 자신의 담장이 아닌 내용을 상대가 이야기하면 적정한 시점에서 "제가 담당자를 연결해 드리겠습니다. 혹시 전화가 끊어지면 ○○○○번으로 다시 해주십시오." 라고 말한 후 연결을 해준다.
- 담당자에게 전화를 연결할 때는 누구로부터의 전화인가를 말하고 고객이 말한 용건은 되풀이하지 않도록 자세히 말한다.
- 연결을 받은 담당자는 중개인이 말해 준 내용을 고객에게 먼저 확인하여 고객이 용건을 다시 말하지 않도록 한다.
- 지명인이 전화를 받기가 어렵거나 시간이 걸릴 경우에는 고객에게 상황을 말해주고 지명인이 전화를 걸도록 하겠다고 양해의 말을 구한다.

2. Greeting(환영인사)

정중하고 예의바른 인사는 누구에게나 호감을 주게 되며, 대화를 원만하게 해주고 서로의 관계를 친밀하게 해준다. 더욱이 인사를 함으로써 표정도 밝고 부드러워지게 할 수 있다. 특히 종업원의 첫인상은 고객의 기분을 좌우하기 때문에 따뜻하고 친절한 미소로 고객을 대해야 한다.

1) 기본 순서

(1) 인사하기

- 적당한 인사말을 한다.
- 가능하면 고객의 직함(성함)을 이용한다.
- "안녕하십니까. 박사장님 어서 오십시오."
  "Good Morning President Park."

(2) 안내하기

- 고객의 인원수 및 예약여부를 확인한다.
- 적당한 좌석으로(최선의 자리) 안내한다.
  "두 분이시죠? 좌석으로 안내하겠습니다."
  "Table for two? This way please."

(3) 소개하기

- 담당 종업원을 소개한다(본인인 경우 본인소개).
  "오늘 저녁 모시게 된 담당자 미스터 김입니다."
  "This is waiter Mr. Kim have nice night."

2) 주의사항

- 바른 자세와 여유 있는 움직임을 가지도록 한다.
- 고객을 주시하여 필요시 미리 대처하도록 한다.
- 고객의 응대에 즉시 대답하고 바쁠 때에는 몇 분 후에 돌아온다고 명확히 알리도록 한다.

3. Escorting(안내)

자연스런 안내로 고객의 어려움을 해소하고 레스토랑의 질서를 유지하는데 그 목적이 있다.

1) 기본 순서

(1) 안내하기

- 지정되어 있는 좌석이 있는지 확인한다.
- 복잡하지 않은 동선을 이용한다.
- 고객을 살피고 2보 앞에서 유도한다.

  "이쪽으로 모시겠습니다. 저를 따라오십시오."

  "This way please. Follow me please."

(2) 착석하기

- 어린이, 노인, 여성의 착석을 돕는다.
- 편안히 착석됐는지 확인한다.
- 착석 후에 인사한다.

  "즐거운 시간 되십시오."
- 담당종업원이 없을 경우

  "곧 담당 종업원이 올 겁니다. 잠깐만 기다려 주십시오."

  "This waiter will be here soon. Thank you."

2) 주의사항

- 금연석을 확인하여 안내한다.
- 고객의 취향을 파악하여 적합한 좌석을 안내한다.
- 좌석을 정확히 몰라 우왕좌왕 하지 않도록 한다.
- 준비가 되어 있지 않은 좌석엔 안내치 말고 고객의 양해를 구하여 기다리게 한다.

좌석 안내

1. 고객이 도착 시 4~5보 전에 Eye Contact을 하며 밝은 표정으로 인사말과 함께 45도로 인사한다(고객 웨이팅 시 15도 인사한 후 안내한다).
   내국인 1st : "안녕하십니까? 어서 오십시오."
   Repeat 고객 : Small Talking과 함께 고객의 성함을 불러드리면서 인사한다.
   외국인 : 남자는 Sir, 여자는 Madam이나 Mam하면서 인사한다.
2. 예약을 확인한다.
   1st : "예약하셨습니까?"(예약을 안 한 경우 흡연 여부를 여쭌 후)
   "제가 안내해 드리겠습니다."
   Repeat Guest : 바로 예약석에 안내
3. Eye Contact을 하며 인사말과 함께 손끝을 모으고 손바닥을 45도 위로 향하게 하여 손바닥 전체로 안내하는 곳을 가리킨다.
   (가까운 곳은 팔꿈치를 구부리고 먼 곳을 팔꿈치를 펴서 가리킨다.)
   "제가 안내해 드리겠습니다."
4. 안내 시 15도 목례하면서 고객의 2~3보 앞 왼쪽에서 고객과 보조를 맞추며 안내한다.

■빈 좌석이 없을 때

1. 고객에게 최선을 다하고 있다는 느낌을 주도록 한다.
   "잠시만 기다려 주십시오. 제가 가능한지 확인해 보겠습니다."
2. 예상 소요시간을 알려 드리고 기다릴 수 있는 장소로 안내하여 드린다.
   "준비해 보겠습니다만, 예약이 많아서 Lounge에서 잠시만 기다려 주십시오. 곧 바로 마련해 보겠습니다."
3. 기다리신 고객이 식사 테이블에 착석하면 다른 고객보다 신속하게 서브해야 한다. 타 업장을 원할 시 업장 확인 후 직접 업장까지 안내해 드린다.

■Paging Service

1. 전화로 찾을 때
   ❶ 예약자 또는 모임명, 성명, 인상착의를 확인 후 고객에게 소요시간을 알려드리면서 Holding Button을 누른다.
   "바로 확인해 보겠습니다. ○분 정도 걸릴 예정이오니 잠시만 기다려 주시겠습니까?" 전화받은 사람은 찾는 사람에게 정확하게 전달한다.

❷ 전화 찾는 고객이 있을 경우 Holding을 푼 후 인사말과 함께 전화기를 두 손으로 드린다. "오래 기다리셨습니다. ○사장님 연결해 드리겠습니다."

2. 내방고객이 찾을 때

❶ 예약자명 또는 모임명, 성명, 인상착의를 확인 후 대기 장소로 안내하여 드린다. "이쪽에서 잠시만 기다려 주시겠습니까? 바로 확인해 드리겠습니다."

❷ 모임명이나 예약자명을 알 때

- Room일 경우 : 서비스 담당자가 호스트의 오른쪽에서 인사말과 함께 메모 양식으로 전달한다.
- Hall일 경우 : 대화에 방해되지 않게 메모양식에 의거, 고객 오른쪽에서 인상착의가 비슷한 분에게 확인 요청한다. "실례합니다. 메모 있습니다."

❸ 성명과 인상착의만 알고 고객이 급한 일로 원할 때 인상착의를 묻고 찾아 드린다.

4. Seating(착석)

편안한 식사분위기를 즐길 수 있도록 노약자, 어린이, 여성 순으로 착석을 도와주는 업무를 주로 행한다.

1) 기본 순서

- 노약자, 어린이, 여성 순으로 앉을 자리를 권한다.
- 주빈의자 1보 뒤에 똑바로 서서 고객이 의자 앞에 충분히 설 수 있도록 의자를 뺀다.
- 의자가 고객의 무릎 접히는 부분에 닿게 살짝 민다.
- 오른쪽 무릎을 의자 등받이에 대고 가볍게 민다.
- 고객이 다시 한 번 자리를 고쳐 앉을 때까지 의자를 잡고서 도와준다.

2) 주의사항

-상황에 따라 상석을 정하고 우선 착석을 유도한다.

- 고객이 완전히 앉기 전까지는 자리를 뜨지 않는다.
- 시선은 항상 앉히는 고객을 주시한다.

5. Water Service(물 서비스)

Water Pitcher로 고객에게 물을 서브하는데 주로 차가운 물을 서브한다. 그러나 고객의 요청에 따라 더운물, 보리차 등을 서브하는 경우도 있다.

1) 기본 순서

(1) Water Pitcher의 준비

- Water Pitcher는 깨끗하고 상태가 좋아야 한다.
- Water Pitcher에 얼음과 물을 가득 채운다.
- Service Station에 둔다.

(2) 물을 잔에 따를 때

- 물은 칵테일 다음에 서브한다.
- 손님 오른쪽에서 서서 오른손으로 물을 따른다.
- 손님에게 물을 제의한다.
  "지금 물을 따라드릴까요?"
- 물을 따를 때는 Pitcher를 잔에서 약 1인치 위로 잡는다. Pitcher가 잔에 닿지 않도록 하며, 또 너무 높아서 물이 튀지 않도록 한다. 물이 넘거나 흘러내리지 않도록 한다.

2) 주의사항

- 여성고객에게 먼저 서브한다.
- 고객이 원하는 물의 양을 알도록 한다. 물이 1/3밖에 없으면 잔을 다시 채우도록 한다.
- 물잔 위치는 테이블에서 바꾸지 않도록 한다. 필요한 경우엔 물잔을 앞으로 가까이 가져와서 물을 따르고 원위치로 갖다 놓는다(Water Pitcher가 잔에 닿지 않을 때).
- 고객 앞을 가로 막거나 테이블 반대편에서 서브하지 않도록 한다.
- 물어보지 않고 먼저 물을 따르지 않도록 한다.

물수건 서비스

- 물수건을 찬물에 적신 후 탈수해서 반으로 접어 동그랗게 말아 Hot Box(60℃)에 보관한다. 하절기에는 찬 물수건(5~7℃)을 준비하여 원하는 고객에게 서비스 한다. 일본인의 경우는 하절기에도 더운 물수건을 선호한다.
- 고객이 테이블에 착석 후 1분 이내에 고객의 오른쪽에서 세팅된 수저 오른쪽에 2cm 간격을 두고 우측 상단에 일자로 물수건의 접힌 면이 반대편 고객 쪽으로 향하게 서브한다.
- 음식 서브 후 사용한 물수건을 치우며 Main 식사가 끝난 다음 고객이 땀을 많이 흘릴 경우 추가 서비스한다.

냅킨 서비스

- 물 서비스 후 1분 이내에 고객의 오른쪽에서 Eye Contact을 하며 밝은 표정으로 인사말과 함께 다가간다.
  "냅킨을 펴 드리겠습니다."
- 오른발 반보 앞으로 나아가 냅킨을 잡고 뒤로 반보 물러선 후 양손으로 냅킨을 반만 편다.
- 고객의 오른쪽에서 접혀 나뉜 부분을 양손으로 잡고 오른손이 고객의 왼쪽 무릎으로 향하게 하여 고객의 가슴 부분이 닿지 않게 조심스럽게 펴 드리도록 한다.

6. Beverage Sale & Taking Order(음료판매 및 주문)

1) 음료판매

식사와 함께 고객의 취향에 맞는 음료를 권하여 판매하기 위한 전문지식과 효과적인 판매기법의 개발은 레스토랑 수입의 보이지 않는 일익을 담당하고 있기 때문에 세심한 주의가 필요하다.

(1) 기본 순서

- 음료에 대한 지식을 갖춘다.
  - 제공되는 모든 음료의 제조방법, 맛, 사용방법 등을 숙지한다.
  - 서브 방법과 가격을 숙지한다.
- 고객의 취향을 잘 파악하여 적당한 종류로 권고 판매한다.
- 판매기법을 익힌다.

  "식사 전에 식욕촉진용 음료 한 잔 하시겠습니까? 쉐리, 칵테일, 캄파리 등이 있습니다."

  "주문하신 식사와 잘 어울리는 와인이 있습니다. 제가 추천을 해드려도 될까요?"

  "이 디저트는 한 잔의 꼬냑과 잘 어울립니다."

(2) 주의사항

- 맛과 성분, 제공 방법을 잘 숙지해야 한다.
- 고객의 취향을 우선으로 제공하여야 한다.
- 추가 권고 시 타이밍을 잘 잡아야 한다.

2) 음료주문

고객의 취향에 완전히 응할 수 있도록 제품을 확보하고 주문된 제품을 고객에게 정확히 서브하는 것만이 매출증진에 기여하게 된다.

(1) 기본 순서

- 제품의 종류를 숙지한다.
- 음료의 제공방법과 확보생태를 숙지한다.
- 음료의 주문표지방법(약어)을 숙지한다.
- 주문을 받는다.
  - Host 또는 연장자부터 시작하여 시계방향으로 주문을 받는다.
  - "Would you like some drinks before your meal Sir/Madam?"
  - 주문된 품목을 복창한다.
  - 특별 요구사항이 있는지 확인한다.
- 주문에 대한 감사인사를 한다.

(2) 주의사항

- 적은 인원의 주문이라도 메모하면서 주문받는 습관을 갖도록 하며 늦지 않게 제공해야 한다.
- 판매 추천은 매출액 증대를 목적으로 함을 잊지 않아야 한다.

Order Taking

1. 메뉴 상태를 확인한 후 Eye Contact을 하며 밝은 표정으로 인사말과 함께 메뉴를 왼손에 끼고 오른손으로 고객의 우측에서 업장로고가 보이도록 드린다. 메뉴가 한 장일 때 두 손으로 드린다.
   "안녕하십니까? 메뉴 드리겠습니다."
2. 메뉴 제공 후 메뉴를 테이블 위에 접어두고 있거나 3분 이내에 호스트의 의향을 확인하고 상석부터 다가가 Eye Contact을 하며 인사말과 함께 주문을 받는다.
   "주문을 하시겠습니까?"
   "제가 주문을 받아도 되겠습니까?"

3. 당일 스페셜 메뉴를 설명하며 메인 음식을 맞게 추천하여 주문을 받는다. 주문 시 Meat의 익히는 정도, 코스 조절 등을 물어본 다음 조리 소요시간을 얘기한다. 고객이 외국인인 경우는 Bill 분류방법을 확인한다.
4. 주문받은 음식내용을 재확인하고 인사말과 함께 가벼운 목례를 하며 물러 나온다. "식사를 준비해 드리겠습니다. 감사합니다."
5. Special Menu 중 일부는 Item 교체를 의뢰할 때 Cost가 동일한 수준의 요리 의뢰 시는 즉시 교체해 드리고 추가 Cost가 드는 요리 의뢰 시는 추가비용을 설명하며 고객의 의향을 확인한 후 교체한다.
6. 고객이 메뉴에 없는 요리를 주문할 때 주방에 확인하여 준비가 불가능할 경우 상황 설명과 함께 고객이 주문한 음식과 유사한 요리를 추천한다.
   "주방에 재료가 준비되지 않아 원하시는 음식을 만들어 드리지 못해 죄송합니다."

7. Beverage Service(음료서비스)

주문된 음료는 어떤 경우이든 정확하게 정해진 방법대로 제공되어야 한다.

1) 기본 순서

- 주문된 정확한 품목을 Pick Up한다. 정해진 대로 장식됐는지, 첨부될 도구는 확실한지 확인한다.
- 칵테일 트레이를 이용하여 운반한다.
- 제공하면서 품목을 설명한다.
- 고객의 오른쪽 시계방향으로 돌면서 제공한다.
- 즐겁게 드시도록 인사한다.

2) 주의사항

- 글라스의 아래부문이나 스템을 잡고서 제공한다.
- 반드시 트레이를 사용하여 운반한다.

음료 서비스

1. Coke나 Cider 서브 시 Tall High Ball Glass에 Cube Ice 3~4개와 Lemon Slice 한쪽을 넣고 고객 오른쪽에서 8부 정도 따른다(단, Coke에만 레몬을 넣음). "실례합니다. 주문하신 Coke 드리겠습니다."
2. Fresh Juice는 Fresh Orange를 1/2로 자른 다음 직접 짜서 만든 주스로, Tall High Ball Glass에 Fresh Orange Juice를 8부 담아 Straw와 함께 서브한다. 일반 Can에 들어 있는 주스는 10oz Tumbler에 8부 정도 담아 서브하고 토마토 주스는 Lemon을 한쪽 넣어 서브한다.
3. Perrier 서비스 시는 Lemon, Lime, Plain 등을 Tray에 담아 고객 오른쪽에서 Goblet에 약 8부 정도 따르고 남은 병은 옆에 놓는다. 고객이 Sliced Lime을 원할 시 Lime 대신 Lime Juice를 몇 방울 떨어뜨리겠다고 의향을 여쭤본다.

8. Wine(와인)

1) 와인판매(Taking Wine Order)

식사와 함께 와인은 고객에게 즐거움을 안겨주고 판매를 증진시킬 수 있는 절호의 기회다. 제품의 기준을 충분히 익히고 제공방법을 기준화시켜 자신 있게 추천할 수 있어야 한다.

(1) 기본 순서

- 보유한 와인의 특성, 생산방법, 제공방법을 충분히 숙지한다.
- wine list를 고객에게 제공한다(품절 품목이 3개 이하이어야 한다).
- 주문한 음식과 어울리는 와인을 추천한다.
  "드실 와인을 결정하시겠습니까? 제가 몇 가지 추천해 드려도 되겠습니까?"
- 언제 서브할지를 확인한다. French Red Wine의 경우 드시기 최소 한 시간 전에 따 놓아야 하는 경우도 있다. 공기와의 접촉과정을 거치면서 향을 더욱 낼 수 있기 때문이다.

(2) 주의사항

- 와인 용어 및 이름의 발음을 잘 연습하여 부드럽게 말한다.
- 고객이 사용한 이름을 정정하지 않는다.
- 서브방법을 고객이 원하는 방향으로 한다.
- 추가 주문의 경우를 생각해서 몇 병이 있는지 알고 있어야 한다.

■식사와 와인의 상관관계

Food	Beverage
카나페, 치즈, 오드볼, 크래커, 래리쉬	드라이셰리와인, 칵테일, 샴페인와인, 마데이라
수프	드라이셰리와인, 칵테일, 마데이라
생선	화이트와인
dark or fatty fish(생선)	로즈와인, 라이트레드와인
fowl 조류	드라이화이트와인, 로즈와인, 라이트레드와인
meat 육류	레드와인, 로즈와인
nut, 디저트, 과일, 케이크	토가이, 포트, 크림셰리와인, 샴페인, 머스커텔
치즈	레드와인, 포트와인
coffee	리퀴드류, 코냑

2) 와인 서비스(Wine Service)

- 메뉴 상태 확인 후 Eye Contact을 하며 밝은 표정으로 인사말과 함께 양손으로 메뉴를 펴서 Host 오른쪽에서 제시한다.
  "식사와 함께 Wine을 드시겠습니까?"
- Wine은 원산지와 맛을 설명하면서 1인 식사 가격대로 추천하며 주문받은 내용은 복창한다.
- 주문받은 후 2분 이내
  - White Wine : Wine Cooler(7~10℃)
  - Red Wine : Wine Basket(18~22℃)에 담아서 와인이 흔들리지 않게 운반한 후 Host 우측에서 Wine의 밑 부분을 냅킨으로 싼 후 설명(생산연도, 원산지, Wine명)과 함께 두 손으로 상표가 잘 보이도록 확인시킨다.

"1996년도 보르도산 샤또 딸보 Wine입니다."

• 서비스 시점은 White Wine : 식사 전

Red Wine : Meat 전

- 코르크 놓을 수 있는 냅킨을 Host 오른쪽 옆에 세팅한다.
- 고객이 보는 앞에서 병 입구 약 1cm 아래 부분으로 칼로 자르고 호일을 벗긴 후 Wine을 Open한다.
- 코르크 마개를 냅킨 위에 놓고 냅킨으로 병 입구를 닦은 다음 Host Wine잔에 1.5oz 따른다.
- 여성고객부터 시계방향으로 돌면서 반잔씩 따르며, 맨 나중에 Host에게 서브한다.
- Refill 서비스는 고객의 의향을 확인한 후 잔에 1/2이 남았을 때 실시한다.

■Measurement of Bottle

구분/용량	1liter(32oz) 1quart	750ml(25oz) 4/5quart	700ml(24oz) 3/4quart	1 shot
Scotch Bourbon Canadian Blended Irish Gin Vodka Rum Brandy	32	25	24	1oz
Spirits Liquer	32	25	24	1oz
Cognac			24	1oz
Aperitifs	16	12		2oz
Sherry	11	8		3oz
Vermouth	16	12		2oz
House Wine			5	5oz
Local Whiskey Local Brandy Local Gin Local Vodka Local Rum			24	1oz

3) 와인병 따는 요령(Opening Wine Bottle)

와인병을 오픈하는 방법을 올바르게 익힌 다음에 고객의 테이블에서 Corkscrew를 사용하여 병을 기술적으로 오픈한다.

(1) 기본 순서

■와인 스토리셀링하기

■와인 오픈하기

- 병 입구 끝까지 foil을 뜯는다(약 1cm).
- Foil을 제거한다.
- 병 입구를 닦는다.
- Corkscrew를 오른쪽 각도로 끼우고 Corkscrew가 가운데로 잘 들어가도록 바르게 세운다.
- Corkscrew 나선형 굽이 2개 정도 남아 있을 정도로 Corkscrew를 돌려 넣는다.
- Corkscrew레버를 병 입구에 건다.
- 병을 왼손으로 잡고 Corkscrew를 오른손으로 똑바로 잡아 당긴다. Cork를 휘게 해서는 안 된다.
- 레버를 풀고 Cork를 두급 정도 남기고 돌린다.
- Cork를 계속 잡아당긴다.
- Cork를 '뻥' 하는 소리를 내지 않게 천천히 손으로 잡고 돌리면서 뺀다.
- Cork에 식초, 유황 혹은 곰팡이 냄새가 나는지 맡아본다(냄새가 나면 즉시 다른 와인으로 교체한다).
- Corkscrew에서 Cork를 뽑아서 B.B Plate에 놓아 Host에게 확인하도록 한다.

(2) 주의사항

- Champagne, White Wine은 Cooler에 넣어진 상태에서 Open한다. Red Wine은 Basket에 넣어진 상태에서 병을 딴다.

- Cork의 크기에 따라 틀어넣는 Screw를 조절해야 한다.
- 처음에는 Cork를 조금 밀어 넣은 다음 끌어 올린다.

9. Menu Study and Taking Food Order(메뉴연구 및 음식주문)

1) 메뉴 연구

판매될 모든 메뉴를 잘 이해하여 고객에게 만족스러운 서비스를 제공하는데 그 목적이 있다. 모든 종업원은 고개의 주문을 정확하게 접수 처리하여 고객의 불안감을 해소하는데 노력해야 한다.

(1) 기본 순서

■고객에게 메뉴판 제공

- 레스토랑의 메뉴를 확보한다.
- 메뉴 내용과 제공되는 품목을 확인한다.
- 이름을 익히고 제조방법, 제조시간을 숙지한다.
- 서브방법(Method of Service)을 익힌다.
- 함께 제공되는 소스(Sauce)을 숙지한다.
- 어떤 품목이 전략적 상품인지, 원가개념에서 유리한지, 주방장의 추천 품목인지 숙지하여 추천 판매한다.
- 품목의 영양적 특성(칼로리, 콜레스테롤, 지방 등)을 숙지한다.
- 메뉴에 없으면서 제공 가능한 품목, 품절된 품목을 숙지한다.
- set menu의 코스와 구성을 익힌다.
- 음료, 와인 등과 잘 어울리는 관계를 숙지한다.

(2) 주의사항

- 고객에게 설명 시 정확한 표현이 되도록 노력하고 설명과 실제 품목이 일치되어야 한다.
- 판매 증진에 대비한 연구를 해야 한다.

2) 음식주문

원하는 품목을 정확히 주문받고 망설이는 고객에게 적절히 추천하여 상품판매량을 증가시키는데 그 목적이 있다. 그 목적을 달성하기 위해서는 모든 메뉴를 잘 이해하여 어떤 경우에도 처리할 수 있도록 전문화해야 한다.

(1) 기본 순서

■메뉴 오더 받기

- 메뉴를 제공한다.
- 주문할 준비가 되도록 약간의 시간이 지난 뒤 다가간다.
  "주문하시겠습니까? 제가 몇 가지 특별메뉴를 추천해도 괜찮겠습니까?"
- Main Course를 먼저 결정토록 유도한 뒤 Appetizer, Soup, 샐러드, 와인 등을 자연스럽게 결정하여 메모한다.
- 특별요청이 있는지 확인하고 같이 제공되는 품목과 소스, 요리시간을 설명한다.
- 주문내용을 반복한다.
- 디저트의 주문은 Main Course가 종료된 후 다시 메뉴를 제공하고 주문한다.
- 주문은 Host부터 시작하여 시계방향으로 하고 Host가 정확하지 않은 경우 Senior Lady부터 한다.
- 더 필요한 것이 있는지 확인한다.

(2) 주의사항

- 추천판매 시 제품설명은 간결하면서도 고객의 머릿속에 쉽게 이해가 가도록 표현한다.
- 메모를 하면서 정확히 주문받고 반복하여 주문이 확실히 된 것을 확인한다.
- 약속된 약어 표시를 정확히 한다.
- 주문 시 많은 Magic Word를 사용한다.

추천요령

- 상품 추천을 하기 전에 가능한 한 고객의 유형을 신속히 파악하여 고객으로 하여금 구매의욕을 최대한 유발할 수 있도록 자신의 능력을 최대한 발휘해야 한다.
- 고객의 주문 여하에 따라서 그날의 매상이 결정된다는 생각으로 사전에 추천하기로 결정한 상품을 집중적이고 효과적으로 설명하여 이윤증대에 기여해야 한다.
- 고객에게 고가품을 강매하는 인상을 주어서는 안 되므로, 항상 고객의 입장과 식당의 매상을 유념하여 합리적인 주문이 이루어지도록 추천해야 한다.
- 추천상품은 주로 그날의 특별요리, 새로 입하된 식자재, 수익성이 높고 재고가 풍부한 상품, 특별행사 메뉴 등이 주종을 이루며 이런 상품들이 수익증대에 크게 기여한다.
- 단골 고객인 경우 사전에 기호를 암기하여 고객의 기호에 맞는 추천으로 고정고객과의 호의적인 관계 유지를 돈독히 한다. 또한 고객관리 자료카드를 기록 유지하여 고객 이용 시 항상 만족한 서비스가 이루어지도록 한다.
- 음료 주문과 추가 주문은 매출증진에 많은 비중을 차지함으로 적극적인 자세로 추천 판매하도록 한다.

10. 주방에 음식 주문하기

주방에 주문한 음식은 고객의 요청에 따르되 서비스제공자는 기본 절차에 따라 주방에 음식을 주문해야 한다.

1) 기본 순서

- 고객의 식사가 신속히 서브될 수 있도록 주문시간을 잘 지킨다.
- 주방 Lay Out 및 주방에서의 음식 주문절차를 알아야 한다.
- 음식 주문을 구두 혹은 문서로 한다(혹은 Computer 자동시스템).

(1) 문서로 된 주문

- Check가 없으면 음식이 없는 원칙을 적용한다.
- 정확한 약어를 사용한다.
- 가능하면 같은 음식을 동시에 주문한다.
- 글씨는 알아볼 수 있게 쓴다.
- 음식을 가져갈 때 문서화된 주문을 가져간다.

(2) 구두 주문

- 주방장에게 직접 말한다. 주방장이 들을 수 있도록 '주문' 이라고 말한다.
- 주문을 확실히 받았는지 확인한다.
- 주문을 한 사람씩 준다.
- 정확하게 주문한다. 육류 굽는 상태, 특별한 요청사항, a la carte 및 table d'hote 그리고 제공시간 등을 구체적으로 말한다.

2) 주의사항

- 서비스제공자는 절대로 주방 근처에서 어슬렁거리면서 음식을 기다리고 있으면 안 된다.
- 음식이 나오는 대로 가져간다.
- 요리사가 당신의 주문에 대해 잘 알고 있는지 확인한다. 멀리서 소리를 크게 지르거나 주방장 등을 보고 주문을 말해서는 안 된다.
- 주문된 모든 음식은 Check에 기록돼야 한다.
- 주방에 주문할 때에는 은어사용을 피하도록 한다.

11. Food Service(음식 서비스)

서비스 기준에 적합하게 정해진 절차에 따라 제공함은 물론 레스토랑의 품위에 맞게 정해진 서비스의 수준을 항상 유지해야 한다.

1) 기본 순서

- Cutlery, Plate 등 Table Setting을 한다.
- 주문된 품목을 순서에 따라 제공한다.
  - Bread and Butter
  - Appetizer
  - Soup
  - Salad
  - Main Course
  - Dessert
  - Coffee or Tea
- 서비스의 일반 규정
  - 찬 음식은 찬 접시에, 뜨거운 음식은 뜨거운 접시에 제공한다.
  - 음식은 오른손으로 고객의 오른쪽에서 제공하고 치울 때도 같은 방식으로 한다. 단, 빵이나 샐러드 등 왼쪽으로 제공하는 품목은 왼쪽으로만 제공한다.
  - 서브 시의 품목을 말하고 "맛있게 드십시오."를 반복한다.
  - 빵과 버터는 메인 코스가 끝날 때까지 계속 제공한다.
  - 테이블 소스 제공 시는 마개를 열어 청결하게 한다.
  - 일행의 음식은 동시에 제공되어 기다리지 않게 한다. 치울 때도 모든 일행의 식사가 끝날 때까지 기다려서 같이 치워야 한다.
  - 주문된 음식은 서브 전에 완전한지를 확인한 뒤에 제공한다.
- 식사 중에는 주위에 대기하여 필요한 사항이 생기는지 확인하고 즉시 처리한다.

– 지배인은 식사 중 추가 필요사항이 있는지 점검한다.

"더 필요하시거나 도와드릴 일은 없으신가요?"

"is there anything can I help you?"

– 주 요리가 끝나면 테이블을 깨끗이 치우고(글라스류 제외) 후식을 주문하여 제공한다.

– 고객의 식사 종료 후 요청이 있을 때까지 계산서를 제공치 않고 기다린다(커피숍 등 일부업장 제외).

– 계산을 종료하고 떠날 때 감사 인사를 한다.

음식 서비스 시 주의사항

■핑거볼 서비스

– 양갈비 요리, 껍질째 나오는 요리, 뼈가 붙어서 나오는 요리 시 고객이 테이블에서 손으로 잡고 드시는 경우에 제공되는 서비스이다.

– 음식 서브 후 용기의 청결 여부를 확인 한 다음 핑거볼에 미지근한 물(30~50℃)을 5부 정도 채운 후 레몬 조각이나 꽃잎을 띄운다.

– Bread & Butter접시에 냅킨을 깔고 핑거볼을 올려 고객의 오른쪽에서 음식접시 오른쪽 상단에 밝은 표정으로 인사말과 함께 서비스한다. "실례합니다. Finger Bowl을 올려 드리겠습니다."라고 한 다음 핑거볼은 손가락 닦는 물이라고 반드시 말한다.

■음식에 이상이 있을 때

– 담당자가 사과한 후 업장 책임자에게 즉시 보고하고, 업장 책임자는 고객의 Comment를 경청하여 기록한다.

"네, 알겠습니다. 곧 다시 준비하겠습니다."

– 요리시간이 많이 걸리는 음식이나 다시 준비할 수 없는 경우 "손님 정말 죄송합니다만, 이 음식을 다시 준비하려면 시간이 많이 걸리므로 다른 음식을 준비해 드려도 되겠는지요?", 고객이 다른 음식으로 주문할 때에는 "양해해 주셔서 감사합니다. 곧 준비해 오겠습니다."라고 한다.

– 고객이 식사를 반 이상 드셨을 경우는 고객의 의향을 확인한 후 Dessert, 과일, 음료 등을 서비스로 제공하고 업장 책임자가 사과한다.

"다음에는 이런 일이 없도록 하겠으며 더 좋은 요리로 모시겠습니다."

■음식이 늦게 나왔을 때

- 담당자가 사과한 후 Bill 상단에 주문시간을 체크하고 주방에 확인한 다음 주방장에게 음식이 늦다는 사실을 전하고 재촉한다.
- 주문한 음식이 나오면 업장 책임자가 점점 Pick Up하여 인사말과 함께 서브한다. "오래 기다리시게 해서 정말 죄송합니다. 더 필요한 것 있으시면 바로 올리겠습니다. 즐거운 시간되십시오."
- 음식의 요리시간이 더 지연될 경우 시간이 지연되는 이유와 추가소요 시간을 설명하고 고객을 안심시킨 다음, 고객 의향을 확인 후 수프나 Bread 및 Coffee refill 등을 해 드린다. 지배인이 고객의 주문을 직접 Pick Up하고 가니쉬의 상태를 확인한 후 서브한다.
- 담당접객조장에게 두 번 실수하지 않도록 당부하여 고객이 떠날 때까지 환송하고 한 번 더 사과의 말을 전한다.

■메뉴에 없는 음식을 원할 때

- 주문 담당자는 고객에게 양해를 구하고 주방에서 요리가 가능한 지 확인한다. "잠시만 기다려 주십시오. 제가 주방에 가서 준비가 가능한지 확인하겠습니다."
- 주방에서 요리가 제공되지 못할 경우 주문 담당자는 업장담당 지배인에게 즉시 보고한다.
- 업장 지배인은 고객에게 사과한 후 유사한 타 메뉴를 추천하여 드린다.
- "지금 손님께서 주문하신 메뉴는 식자재가 품절되어 제공해 드리지 못해 진심으로 사과드립니다. 불편하시겠지만 다른 메뉴로 정성을 다해 모시겠습니다."

■주문한 내용과 음식이 다를 때

- 주문한 내용과 주방에서 나온 음식을 확인하고, 직접 고객에게 사과한다. "대단히 죄송합니다. 제가 즉시 확인해서 올리겠습니다."
- 사과 말씀드린 후 음식이 신속하게 제공될 수 있도록 행동 조치한다. 요리시간이 많이 걸리는 음식은 주방과 협의하여 빠른 시간 내에 서브할 수 있도록 한다.
- 고객이 기다리는 동안 기본 잔 및 Water 등을 Refill 해 드리고 간단한 음식을 서비스로 제공해 식사 보조를 맞추어 준다.
- 업장 책임자에게 즉시 보고하고 책임자가 사과한 후 책임자 판단 하에 계산에서 빼드리며 고객이 떠날 때 환송하고 한 번 더 사과의 말을 전한다.

■Stand By(고객집중과 응대)

- 서브 후 밝은 표정을 지으며 Hall 전체를 볼 수 있는 벽 쪽 또는 홀 구석 및 기둥이 있는 곳에서 즉시 다가갈 수 있는 자세로 대기한다.
  - 남자 : 발뒤꿈치를 붙이고 발끝을 60도로 벌리고 손을 달걀을 살짝 감싸는 듯한 기분으로 쥐어 왼손을 오른손 위에 겹쳐서 선다.
  - 여자 : 한쪽 발을 반보 정도 내밀고 앞발 뒤꿈치에 힘을 주고 손을 자연스럽게 내린다. 또는 발뒤꿈치를 붙이며 발끝을 30도로 벌리고 오른손을 왼손위에 겹쳐서 배꼽 부위 조금 아래에 살짝 갖다 댄다.
- 주시 요소
  - 재떨이에 꽁초가 1개 이상 있을 때 재가 날리지 않게 즉시 교체한다.
  - 물, 와인, 차는 잔에 1/2 이하로 남았을 때 고객에게 여쭌 다음 따라드린다.
  - 식사 중 고객에게 더 필요한 것은 없는지, 음식 맛은 괜찮은지 등을 물어 만족을 유도한다.
- 룸일 때

  룸 온도와 B.G.M을 확인하고 Host에게 Easy Call사용법을 말씀드린 후 자연스러운 자세로 대기한다.

12. coffee service(커피 서비스)

커피는 항상 뜨겁게 서브되어야 하며 고객의 요청이 있을 경우에 서브하고 떨어지면 즉시 공급해야 한다.

1) 기본 순서

- 고객이 커피를 원하는지 묻는다.
- 고객이 크림을 원하는지 묻는다.
- Cup과 Saucer를 Cover 오른쪽으로 놓는다. 손잡이는 5시 방향을 가리키도록 한다.
- 고객 오른쪽에 서서 오른손으로 커피를 따른다.

- 커피 Server의 주둥이를 컵보다 1 inch 위로 잡는다.
- Coffee Cup을 3/4 채운다.
- 왼손은 뒤로 한다(L형으로).

2) 주의사항

- 항상 Cup과 Saucer를 같이 들고 간다. 따로 가져가지 않도록 한다.
- 고객에게 먼저 묻고 잔을 다시 채운다. 짐작으로 해선 안 된다.
- 여성고객에게 먼저 서브한다.
- 커피는 뜨겁고 바로 끓인 것이어야 한다.
- Coffee Cup은 항상 뜨겁게 보관한다.

Refill Service

- 물 또는 오차, 커피 등이 잔에 1/2 이하로 남았을 때, Eye Contact을 하며 밝은 표정으로 인사말과 함께 고객의 우측에서 Arm Towel로 Pitcher를 받쳐 들고 고객의 의향을 확인한다.
  "실례하겠습니다. (물, 오차, 커피)조금 더 드시겠습니까?"
- Table 위에 놓인 잔에 8부가 되도록 Refill하며 고객의 취향에 맞는 위치에 놓는다. 따르기 힘든 좌석은 잔을 들고 따른다.
- 한번 Refill한 고객이 한 번 더 Refill을 원할 시 고객의 의향을 확인하고 새로운 잔으로 교체하여 서브한다.

13. Crumbing a Table(부스러기 치우기)

고객에게 불편을 주지 않고 테이블에서 부스러기를 치워야 다음 메뉴에 대한 맛을 기분 좋게 즐길 수 있다. 메인코스 후엔 접시를 치우며, 디저트가 나오기 전에 테이블에 떨어진 모든 음식 부스러기를 치운다. 부스러기를 치울 때에는 신속하고 조용하게 해야 한다.

1) 기본 순서

- 글라스와 디저트 코스를 제외하고 모든 접시를 치운다.
- 정해진 냅킨 타월은 접는다.
- 냅킨 접은 부분으로 테이블을 쓴다. 부스러기 및 남은 음식을 접시로 쓸어 놓는다.
- Cover에 있는 부스러기를 고개 양쪽에서 치운다.
- 테이블 둘레를 치우되 고객에게 불편을 주지 않도록 한다.

14. Table Cloth(테이블 클로스)

1) Hot Plate에 Service Cloth를 사용하는 방법

Hot Plate에 Service Cloth를 사용할 줄 아는 방법을 익히는데 그 목적이 있다. Service Cloth는 접시가 너무 뜨거워서 맨손으로 잡을 수 없을 때 사용한다.

(1) 기본 순서 : Service Cloth의 사용법

- Service Cloth를 팔뚝에 걸쳐서 가장자리가 보이지 않게 든다.
- 수건은 한쪽 손에 잘 펴서 뜨거운 접시를 잡는다.
- 혹은 수건을 접고 뜨거운 접시를 잡는다.

(2) 주의사항

- 뜨거운 접시를 취급할 때에는 수건이 음식에 닿지 않도록 한다.
- Service Cloth로 얼굴을 닦아선 안 된다.
- Service Cloth로 Silver Ware나 Glass Ware를, 특히 고객 앞에서 닦아서는 안 된다.
- 절대로 Service Cloth를 주머니에 넣어선 안 된다.
- 절대로 겨드랑이 밑이나 어깨 위로 들고 다녀서는 안 된다.

2) 테이블 클로스 깔기(Laying Table Cloth)

식탁보를 테이블에 까는 것은 레스토랑의 전체 분위기와 상관관계를 갖고 있다. 그래서 식탁보는 깨하고, 일정하고, 정확하게 놓여있도록 해야 한다.

(1) 기본 순서

- 접은 식탁보를 테이블 중앙에 놓는다.
- 테이블 위에다 고르게 편다. 식탁보를 3단계로 해서 양쪽 단이 자신을 향하도록 한다.
- 가운데 주름과 첫 번째 단을 집게와 가운데 손가락으로 잡는다.
- 손목을 가볍게 움직여서 하단이 테이블 끝 쪽으로 펼쳐지게 한다.
- 나머지 단을 엄지와 집게손가락으로 잡고 가운뎃손가락으로 단과 가운데 주름을 같이 잡는다.
- 하단을 앞쪽으로 당기면서 가운데 주름을 놓는다. 그러면 식탁보가 펴지면서 가운데 주름이 위쪽을 향하게 된다.
- 식탁보를 똑바로 펴고 중앙을 잘 맞춘다.
- 끝을 잘 조정한다.

(2) 주의사항

- 잘 다려진 식탁보를 사용한다.
- 선이 똑바로 되어 있는지 확인한다.
- 다이닝 룸에 있는 모든 식탁보의 가운데 주름이 같은 방향이어야 한다.
- 식탁보 앞면이 아래로 향하도록 한다. 즉 윤이 나는 쪽을 위쪽으로 그리고 옷단을 아래쪽으로 한다.
- 식탁보는 테이블 옆으로 25cm 정도 늘어뜨린다.
- 테이블에 식탁보 1개 이상이 사용될 때에는 끝단이 같아야 한다.

3) 서비스 도중에 식탁보 교체(Changing a Table Cloth)

식사 도중에도 더러워진 식탁보는 고객의 기분을 상하게 하기 쉽기 때문에 교체해 주어야 한다. 이때 주변 고객의 시선을 끌지 않도록 조용하게 진행한다.

(1) 기본 순서

❶ 식탁보 교체

- Caster Set을 치워서 Side Station이나 테이블 혹은 Tray에 올려놓는다.
- 테이블 정리
- Caster Set을 다시 올려놓는다.
  - 깨끗하게 접은 식탁보를 테이블 중앙보다 조금 위쪽으로 놓는다.
  - 더러운 식탁보를 자신 쪽으로 당겨서 끝단이 테이블 끝에 오게 한다.
  - 더러운 식탁보는 테이블 끝과 잘 맞춰서 제일 가까운 면을 접는다.
  - 깨끗한 식탁보를 테이블에 고르게 부분별로 편다.
  - 끝이 안 맞는 쪽을 잘 조정한다.

❷ 테이블의 중앙 세팅을 두고 식탁보를 바꾼다

- Caster Set을 테이블 반대쪽으로 옮긴다.
- 팔을 테이블 크기만큼 뻗는다.
- 사용한 식탁보의 제일 가까운 쪽을 엄지와 집게손가락으로 잡는다. 식탁보를 들고 일정하게 접는다. 이때 테이블 표면 30cm 정도만 노출시킨다.
- 깨끗한 식탁보를 테이블 위에 편다. 양쪽 끝과 가운데 주름이 테이블 반대쪽으로 향하게 한다.
- 위 끝을 잡는다. 테이블 앞쪽 끝으로 끌어당긴다(끝의 솔기가 아래쪽을 향하도록 한다).
- 더러운 식탁보를 한 번 더 접는다(테이블 위쪽을 향해).
- Caster Set를 자신 앞으로 가져 온다.
- 더러운 식탁보를 뒤로 접어서 뺀다.

- 엄지와 집게손가락으로 나머지 주름 접힌 끝을 잡고 손목을 한번 살짝 끈다. 이 동작은 식탁보가 펴지게 한다.
- 끝을 정리한다.
- Caster Set을 잘 정리한다.

15. Centerpice Arrangement(중앙세팅 정리)

레스토랑의 중앙세팅은 전체적으로 일정하고 보기 좋게 배열시켜 Hall의 전체 분위기와 조화를 이루도록 해야 한다. 기본적인 내용은 기능적으로 돋보여야 한다. 중앙 세팅에는 깨끗하고 손상되지 않은 소금, 후추통, 재떨이, 성냥, 램프 등이 포함되어야 한다.

1) 기본 순서

- 소금 및 후추통 : 통이 채워져 있고, 깨끗하고 윤이 나야 한다.
- 램프 : 깨끗하고, 깨진 부분이 없고, 양초는 알맞은 높이에서 환하게 비춰야 한다.
- 꽃병 : 꽃은 신선하고, 이상이 없어야 하며, 꽃병은 깨끗하고 깨진 부분이 없어야 하고, 물이 있어야 한다.
- 재떨이와 성냥박스 : 테이블마다 성냥이 채워진 성냥박스가 놓여야 한다. 성냥박스는 닫힌 상태에서 잘 놓아야 한다. 재떨이는 깨끗하고 상태가 좋아야 한다.

16. Glassware(글라스류)

1) 글라스 세팅

글라스류는 테이블의 좌우에 올바른 형태로 세팅시켜 사용하기에 편리하도록 해야 한다.

(1) 기본 순서

- Glassware를 깨끗한 쟁반에 놓고 테이블까지 운반한다.
- Glassware를 Cover 오른쪽에, Flatware보다 위쪽으로 놓는다.
- Glassware는 기둥 혹은 밑바닥을 잡는다. 가장자리는 절대로 만져서는 안 된다.
- Stemware의 Stem은 엄지, 집게 및 가운데 손가락으로 잡는다. 단단히 잡아야 한다.

(2) 주의사항

- Glassware는 가능한 덜 만진다.
- Glassware는 테이블에 똑바로 놓는다.
- 일반적으로 잔을 사용 목적에 따라 놓는다.
- Water Glass가 Cover에 놓여질 때에는 이것이 Base Glass가 된다. Base Glass는 항상 Dinner Knife보다 1 Inch높게 배치한다. 다른 잔은 Base Glass옆으로 나란히 놓는다.
- 글라스는 서비스 목적에 따라 대칭 형태로 놓는다.
  - Wine Glass를 물/Base잔 보다 위에 배치한다.
  - Wine Glass를 삼각형으로 배치한다.

2) Glassware 닦는 법

글라스에 손을 너무 많이 대지 않고 Glassware를 닦아야 한다. 이때 Glassware는 아주 깨끗하고 상태가 좋아야 한다.

(1) 기본 순서

- 깨끗한 수건이나 냅킨을 왼손으로 잡는다.
- Glassware를 수건에 놓는다.
- 수건 끝을 위로 당겨서 글라스 안으로 넣는다.
- 글라스를 단단히 잡는다.
- 글라스 위를 시계 반대방향으로 돌리고 아래쪽은 시계방향으로 돌린다.
- 글라스가 깨끗해질 때까지 계속한다.

(2) 주의사항

- Glassware를 닦은 후에는 가능한 접촉을 줄이도록 한다. 기름기가 묻은 손으로는 글라스를 더럽히게 된다.
- Glassware에 실오라기, 손자국, 물자국, 음식자국이 있는지 확인한다. 음식이 남아있는 것은 다시 세척한다.
- 닦을 때는 깨끗하고 위생적인 수건을 사용한다.
- 잔의 Stem이나 중하위 부분을 잡는다. 가장자리는 잡지 않는다.
- 잔의 깨진 부분이 있는지 확인한다. 있으면 즉시 교환한다.

17. Fork 및 Spoon 사용

Fork와 Spoon은 음식을 고객의 접시에 놓거나 뺄 때 사용하는데, 고객의 눈에 그 행동이 자연스럽게 비춰져야 한다.

1) 기본 순서 : 사용과정

- 먼저 가운데, 약지, 새끼손가락으로 스푼을 지탱한다.
- 그런 다음 Fork를 Spoon위에 놓는다.
- 균형을 맞추기 위해 집게손가락을 Fork와 Spoon 사이에 낀다.
- Fork와 Spoon을 조정해서 음식을 집는다.
- 음식을 잘 잡기 위해서는 Fork와 Spoon 사이로 음식을 집는다. 그런 뒤 집게 손가락을 뺀다. 이렇게 함으로써 음식을 단단히 잡는다.
- Fork만 사용하려면 Fork를 엄지와 집게손가락 사이로 잡는다. Spoon을 들어서 Fork를 방해하지 않도록 한다.
- Fork를 엄지와 집게손가락으로 돌린다. 둥근 것을 집을 때에는 Fork와 Spoon 표면을 마주보게 한다(예 : 토마토, 양파).

18. Flatware(접시, 기물류)

1) Flatware 세팅

접시류의 배치는 다른 기물류와 조화를 이루는 가운데 Hall전체의 분위기에 어울리도록 Setting 해야 한다.

(1) 기본 순서

❶ Cover 오른쪽(Knife 및 Tea Spoon)

- Knife 세팅 1개, Dinner Knife는 접시 오른쪽에서 1인치 평형으로 배치한다. 칼날부분이 항상 접시 쪽을 향한다.
- Steak Knife 세팅, Steak Knife는 접시 오른쪽에서 칼날이 겨우 지나갈 정도의 병행으로 배치한다. 칼날 부분이 항상 접시 쪽을 향한다.

❷ Cover 왼쪽(Forks)

- Dinner fork는 왼쪽에서 접시나 Fork의 목 부분의 선이 일치하도록 놓고 테이블 끝에서 1인치 높아야 된다.

❸ 디저트 세팅

- Dessert Fork는 Show Plate보다 1인치 위에 배치할 Fork가 오른쪽으로 향해야 된다.
- Dessert Spoon은 Dessert Fork보다 위로 평행되게 놓는다. Spoon은 왼쪽을 향하게 한다.
- Tea/Soup Spoon은 Dinner knife 옆으로 평행되게 한다.
- Cover 오른쪽에 있는 Flatware는 테이블 끝에 1인치 떨어진다.

❹ Butter Knife는 Butter Plate에 둔다. 두 가지 형태로 Butter knife를 Plate에 둘 수 있다. 접시 위 끝 쪽으로 날 부분이 아래쪽을 향하고 손잡이는 오른쪽으로 한다.

❺ 전체 Cover

- Flatware는 Show Plate를 1인치 등거리식으로 감싼다.

- 손잡이 끝부분이 Show Plate과 일정해야 되고 테이블 끝에서 1인치 위로 한다.
- Cover 위에 있는 Flatware는 대칭되게 배치한다.

(2) 주의사항

- Flatware를 사용 순서대로 배치한다.
  예) Soup코스가 Main코스보다 우선이므로 Soup Spoon은 오른쪽에 Dinner Knife와 평행되게 한다.
- Fork는 뾰족한 부분이 위쪽을 향하게 배치한다. 스푼 머리 부분을 바로 한다. 칼날 부분은 접시를 향하도록 배치한다.
- Flatware는 Cover에 등거리지게 배치한다. 1인치 간격이 바람직하다(집게 및 가운데 손가락 폭 정도).
- Flatware를 배치할 때
  - Fork는 안쪽에 배치한다(예외 : Oyster Fork와 Cocktail Fork는 오른쪽 Tea Spoon옆에 둔다).
  - Knife 및 Spoon은 오른쪽이다. 디저트용 Flatware는 Dinner Plate 윗부분에 비치한다.

2) Flatware 닦는 법

Flatware류를 깨끗하고 좋은 상태가 되게 하기 위해서는 손 접촉을 가능한 줄이면서 닦아야 한다.

(1) 기본 순서

- 깨끗한 수건/냅킨을 왼손에 잡는다.
- Flatware를 한 묶음 잡고 수건을 댄다.
- 수건 끝 쪽을 사용해 Flatware를 하나씩 닦는다.

(2) 주의사항

- 닦은 다음에는 Flatware를 가능한 덜 만진다.

- Flatware를 손잡이로만 잡고 절대로 먹는 쪽을 잡아선 안 된다.
- 실오라기, 손, 물, 음식자국이 있는지 확인한다. 음식찌꺼기가 묻은 Flatware는 즉시 세척을 다시 한다.
- 닦을 때에는 깨끗하고 위생적인 수건을 사용한다.
- 구부리거나 변색된 Flatware가 있는지 확인한다. 구부러진 Flatware는 관리자에게 통보한다. 변색된 Silverware는 다시 닦도록 한다.

3) 접시를 한 번에 많이 옮기는 법

쌓아올린 그릇을 정확한 자세로 운반할 때에는 손자국이 접시 가장자리에 묻거나 옷이 접시에 닿지 않도록 한다.

(1) 기본 순서

- 엄지손가락을 접시 끝에 댄다.
- 약지와 새끼손가락을 맨 밑 접시 가장자리에 댄다.
- 가운데 접시는 집게와 가운뎃손가락으로 지탱한다.
- 접시를 앞으로 해서 운반한다. 접시가 옷에 닿거나 팔에 기대지 않도록 한다.

4) 접시를 테이블에 서브하는 방법

정확한 파지법으로 Plate를 들고 고객에게 서빙함으로써 편안하게 식사를 할 수 있도록 한다. 고객 앞에다 음식을 담은 그릇을 놓을 때에는 손가락이 음식에 닿거나 접시 가장자리에 자국이 묻지 않도록 해야 한다.

(1) 기본 순서

❶ 접시를 잡는 방법

- 접시를 오른손 바닥에 안전하게 잡는다.
- 엄지손가락을 접시 끝에 댄다.
- 접시를 안전하며 균형 있게 정확하게 잡아 고객 앞에다 놓는다.

❷ 접시를 놓는 방법

- Cover 중앙에 놓이는 접시는 오른손으로 고객 오른쪽에서 서브한다.
- 고객 오른쪽에 서서 오른발을 앞으로 내서 접시를 Cover 오른쪽으로 가져온다. 왼손이 비어 있으면 'L' 자형으로 해서 왼손은 뒤로 한다. 왼손에 다른 접시를 잡고 있으면 고객으로부터 멀리 뒤쪽으로 들고 있는다.
- 고객과의 갑작스런 충돌을 피하기 위해 접시를 놓는다고 말씀드린다.
- 접시를 오른쪽에서 안으로 내려놓는다.

(2) 주의사항

- 손가락으로 접시 안쪽 가장자리를 잡아서는 안 된다. 옆 가장자리를 잡도록 한다.
- 중앙에 놓이는 접시는 고객 오른쪽에서 오른손으로 서브된다.

  예외) 왼쪽에 놓은 접시 : Butter Plate, Entree 및 Side Dish와 먹는 Salad. 그러나 대부분의 경우에 오른손을 사용한다.
- 고객을 가로질러 서브하거나 테이블 반대쪽에서 서브해서는 안 된다.
- Entree는 고객과 마주 보게 놓고 육류는 6시를 가리키는 위치에 놔야 한다.
- 접시가 너무 뜨거울 때에는 Service Cloth를 사용한다.
- 접시를 손에서 놓을 때에는 감싸듯이 하여 천천히 손을 뺀다.
- 접시를 서브할 때에는 허리를 구부리지 않도록 바른 자세를 유지한다.

5) 테이블에서 접시 치우기(Bussing Service)

고객이 식사를 끝낸 후 테이블 위의 사용한 기물을 치워준다는 의미이며 서비스 다음 단계의 준비도 된다.

손으로 Flatware, Serap Plate, Stacking Plate 등을 사용하면서 접시를 잘 치우는데 그 목적이 있다. 방법에는 Tray Bussing Service, Plate Bussing Service, Tralley Bussing Service 그리고 Pick-up이 있다.

(1) 기본 순서

- 테이블에서 접시 치우는 요령

첫 번째 접시를 집는다(Flatware Plate).

• 접시를 왼손에 놓는다.

• 엄지와 집게손가락 사이로 잘 잡는다.

• 십자형으로 칼날 부분이 Fork 손잡이 밑에 오도록 한다.

두 번째 접시를 든다(Scrap Plate).

• Scrap Plate를 Flatware Plate 밑에 놓는다. Scrap Plate를 손바닥에 놓고 나머지 손가락으로 지탱한다.

• Fork와 Spoon을 사용해서 Flatware Plate의 음식 부스러기를 Scrap Plate으로 옮긴다.

• Fork를 첫 번째 Fork옆에 놓는다.

세 번째 접시를 든다(Stacking Plate).

• 손목을 안쪽으로 당겨서 접시를 팔목 살 부분에 얹힌다.

• 부스러기를 Scrap Plate에 담는다.

• Flatware Plate에 기구를 올려놓는다.

테이블에 따라서 같은 절차를 밟는다.

- 모든 고객이 식사를 다 마친 후에야 사용한 접시를 치운다.

  예외) 고객이 접시를 치워달라고 요청했을 때

- 호스트 오른쪽에서 여자부터 시작한다.
- 시계방향으로 움직인다.
- 테이블 음식을 다룰 때에는 항상 'Fork와 Spoon방법' 을 사용한다.
- 부스러기나 Fork를 접시에 놓을 대에는 고객 눈에 띄지 않게 한다.
- 접시를 운반할 때에는 왼손을 사용한다. 고객 등으로부터 멀리한다.

(2) 주의사항

- Cutlery는 빠지지 않도록 Knife는 Fork의 손잡이 밑에 끼워서 치운다.

- 기물을 높이 쌓아서 고객에게 불안한 느낌을 주지 않도록 한다.
- 소스류가 흘러내리지 않도록 조심한다.
- 고객의 몸에 부딪히지 않도록 하고 고객이 보는 앞에서 High Carry을 지양한다.

19. Tray(트레이류)

1) Tray 운반

트레이 운반은 Tray위에 물건이 있든 없든 간에 항상 허리높이 이상에서 운반하는 습관을 길러야 한다.

(1) 기본 순서

❶ 작은 Cocktail 쟁반 운반하기

가. '허리 높이' 방법

- Tray를 허리 높이로 든다.
- 손으로 Tray를 지탱시킨다.
- 어깨를 뒤로 제친다. 어깨를 구부리면 Tray가 불안해진다.
- Tray를 왼손으로 든다.
- Cocktail 쟁반과 같이 가벼운 Tray를 드는데 이상적인 방법이다.

나. High Tray 방법

- Tray를 어깨 높이 위로 든다.
- Tray를 손에 들고 어깨보다 높이 든다. 팔꿈치를 몸 가까이 댄다.
- High Tray는 사람이 많거나 무거운 Tray를 운반할 때 이상적이다.
- 왼손으로 Tray를 운반한다.

❷ 큰 Tray 운반하기

- Tray를 들 때에는 쟁반을 받치는 테이블로부터 6인치 정도 잡아당겨 나오도록 한다. 왼손을 Tray 밑에 놓는다. 손바닥을 제일 무거운 쪽에 댄다.

– 무릎을 조심스럽게 구부리고 서서히 다리를 핀다. 손바닥으로 옮길 때에는 등이나 팔로 들어서는 안 된다.

(2) 주의사항

– 음식이 담긴 Open Plate는 머리카락이 닿지 않게 멀리한다.
– 사람이 많은 곳을 통과할 때에는 사용하지 않는 손으로 막는다.

2) Tray 사용법

안전, 정렬 및 균형을 위해 조심스럽게 Tray를 사용하도록 해야 한다.

(1) 기본 순서

– 접시를 크기별로 쌓아올린다.
– Tray에 많은 공간을 차지하는 관계로 Cup을 소오서에 놔두지 않도록 한다.
– 음식이 담긴 접시 끼리 쌓아올리지 않도록 한다.
– 제일 무거운 접시는 어깨에 가까이 하는 것이 좋다.
– 유리잔이나 가벼운 것들은 밖으로 놓는다.
– 사용된 냅킨으로 더러운 접시를 덮도록 한다.

(2) 주의사항

– 미끄럽지 않은 Tray를 사용한다. 없으면 젖은 수건을 위에 올려 사용한다.
– 무거운 것은 가운데 놓고 몸 가까이로 약간 기울이도록 한다.
– 물주전자와 같은 것은 가운데로 놓는다.
– 쉽게 흔들리지 않도록, 쟁반 끝으로 물건이 나오지 않게 한다.
– Coffee cup처럼 흔히 사용되는 China Ware는 쌓아 올리는 것이 좋다.
– Tray에 너무 많은 것을 쌓거나 채워서는 안 된다. 도움을 요청하거나 걸음을 두 번하는 것이 좋다.
– Cold와 Hot Food를 구별한다.

3) Tray의 물건을 내려놓는 방법

다이닝 룸에서 사용한 접시는 Tray로 들고 가서 안전하고 효율적인 방법으로 내려놓아야 한다.

(1) 기본 순서

- 무릎을 구부리고 세척 팬츄리에 있는 선반에 Tray를 놓고 서서히 민다.
- 리넨은 리넨상자에 놓는다. 구멍이 있거나 얼룩 등이 묻은 리넨은 묶어서 눈에 띄도록 한다.
- 남은 음식은 찌꺼기 통에 버린다.
- 쓰레기는 쓰레기통에 버린다.
- 접시, 소오서, 유리잔, Flatware는 정해진 Rack에 놓는다.
- Tray를 물에 씻어서 닦아 낸다.
- 사용한 Tray는 일정한 장소에 보관한다.

20. Service Station(서비스 스테이션)

1) 사용한 기물을 서비스 스테이션으로 옮기는 방법

더러워진 Table Ware를 테이블에서 서비스 스테이션으로 옮길 때에는 정확하고 안전하게 옮겨져야 한다.

(1) 기본 순서

- Flatware를 서비스 스테이션으로 옮긴다.
- China를 다른 서비스 스테이션으로 옮긴다.
  - 비슷한 크기와 모양에 따라 분류하고 쌓아올린다.
  - 서비스 스테이션에 너무 많은 것을 채우지 않도록 한다.
- Glassware를 다른 서비스 스테이션에 놓거나 유리잔 선반에 놓는다. Glass를 차곡차곡 쌓지 않도록 한다.

- Coffee Cup, Soup Cup 및 재떨이는 다른 서비스 스테이션에 놓는다. 서비스 스테이션 가장자리에 쌓지 않도록 한다.
- 음식 부스러기는 다른 서비스 스테이션에 담는다.
- 서비스 스테이션을 채우기 위해 접시 끝을 사용해선 안 된다.
- 서비스 스테이션이 차면 바로 팬츄리로 뺀다.
- 항상 청결을 유지한다.

2) 서비스 스테이션 사용방법

Service Station(Bus Station 혹은 Side Station 이라고도 함)이 있음으로써 주방에 가는 횟수가 줄어든다. 고객이 있는 다이닝 룸에 두어서 소품을 최대한 줄이는 것이 좋다. 영업이 시작될 때에는 서비스 스테이션이 깨끗하고 서비스 용품을 충분히 갖추고 있어야 되며, 서비스 도중에는 잘 유지되고 Shift가 끝나면 깨끗하게 청소해야 된다.

(1) 서비스 스테이션 유지법

- 서비스 스테이션에 두는 품목 : Flatware, Glassware, 재떨이, 양념통, Coffee Cup, Butter Plate, Creamers, 소오서, 성냥, 버터, 리넨, 소금 및 후추통, 설탕
- 서비스 스테이션에서 보관되는 양념통에 특히 신경 써야 된다.
  - 통은 반쯤 채워야 한다.
  - 모든 용기, 병 등의 뚜껑, 가장자리 및 몸통 부분이 깨끗한지 확인한다.
  - 열린 병은 변하지 않도록 하기 위해 냉동 보관한다.
  - 양념 통을 교대로 잘 사용한다. 먼저 연 것을 사용한다.
- Shift 중에는 서비스 스테이션을 깨끗하게 하며, 물품이 떨어지지 않도록 한다.
- 서비스 스테이션에 더러운 접시를 보관해 두지 않도록 한다.

21. Setting up Beverage Tray(트레이에 음료 세팅)

트레이, 페이퍼 냅킨, 글라스 등의 집기류를 가지고 주문된 음료를 잘 세팅하는데 그 목적이 있다.

1) 기본 순서

- 트레이의 균형을 잡는다.
- 트레이 위의 냅킨을 포함하여 글라스를 정렬한다.
  - 글라스의 밑 부분을 잡아서 트레이에 놓는다.
  - 냅킨을 뽑기가 용이하도록 접어 넣는다.
  - 트레이의 중앙에서부터 중심을 유지한다.
- 정확한 곳에 위치하여 주문을 받는다. 주문은 시계방향으로 돌아가며 받는다.
- 쟁반 위의 음료 배열
  - 트레이의 중앙에서 시계 반대방향으로 시작하여 음료수를 놓고 가장자리부터 제공한다.
  - 음료끼리 균형을 맞추도록 배열한다.
  - 트레이의 균형을 맞추기 위하여 필요할 때마다 냅킨 글라스를 옮긴다.
- 정확하게 주문된 음료를 고객에게 서브한다.

22. Cake and Pastry Service(케이크 서비스)

1) 기본 순서

- 케이크 트롤리를 깨끗이 하고 스위치를 켠다.
- 트롤리 위에 디저트 포크, 케이크접시, 냅킨을 준비한다.
- 제과점으로부터 케이크를 인수하여 판매할 수 있도록 준비하여 놓는다.
- 매출을 높이기 위해 손님의 테이블 주위로 이동하면서 판매한다.

- 케이크 서비스
  - 고객의 오른쪽에서 페이퍼 디너 냅킨 위에 Cutlery를 Set Up한다.
  - 케이크는 고객의 정면에 놓고 오른손으로 오른쪽에서 서브한다.
  - 냅킨의 오른쪽에 커피나 차를 서브한다.
- 판매 후 재고량은 Return to Kitchen으로 반납하고 상호 서명한다.
- 케이크 트롤리를 깨끗이 하고 스위치를 끈다.

사진 서비스

1. 생일이나 기념일인 경우 고객에게 축하한다는 말과 함께 의향을 물어본다. "기념사진 찍어 드릴까요?"
2. 고객이 승낙 시, 케이크 커팅이나 촛불 점화장면 등 기념될만한 것을 찍는다.
3. 고객의 명함이나 주소를 받아 기록하여 사진 도착 예정 일자를 알려드린다(날짜, 성명, 주소, 전화번호, 카메라에 찍힌 No., 기록자, 발송자(날짜, 성명), 수령 확인).
4. 사진이 나왔을 때 고객에게 전화를 걸어 사진을 보낸다고 알리고 봉투 안에 인사말과 함께 필름, 지배인 명함을 동봉한다.
5. 발송 후 3일 이내에 받았는지 여부를 확인한다.

23. Changing Ashtray(재떨이 교체)

재떨이나 트레이와 같은 기물종류를 사용함에 위생적으로 처리하고 고객에게 편안함을 주어야 한다.

1) 기본 순서

- 깨끗한 재떨이를 트레이에 엎어놓은 채 테이블로 가져간다.
- 깨끗한 재떨이를 오른손으로 엎어 들어서 사용한 재떨이를 덮는다.

- 두 재떨이를 같이 들어 왼쪽의 트레이에 놓는다.
- 깨끗한 재떨이를 들어 테이블 위에 놓는다.

2) 주의사항

- 사용한 재떨이에서 재와 부스러기가 날리지 않도록 조용히 처리한다.
- 담배꽁초가 1개이면 재떨이를 바꾸어야 하며 현재 피우고 있는 담배에는 손을 대어서는 안 된다.
- 금이 가거나 깨진 것 없이 깨끗한가를 확인한 후 업장 마크를 입구 쪽을 향하게 해서 2인 기준으로 1개씩 세팅한다.
- 여성고객만 있을 대에는 의향을 묻고 치워드리며, 쓰레기나 담배꽁초가 1개 이상 있을 때 즉시 교체한다.

성냥 서비스

1. Side Table에 재떨이와 성냥을 준비해 놓는다. 성냥 한 개비를 빼서 재떨이 로고와 성냥 로고가 입구 쪽을 향하게 세팅한다.
2. 라이터를 켜 드릴 때 "불 붙여 드리겠습니다."하면서 불을 작게 하여 고객의 오른쪽에서 두 손으로 붙여 드린다.
3. 성냥으로 켜 드릴 때 성냥개비를 밖에서 자기 몸 쪽으로 당겨 불을 켠 다음 손목을 약간 꺾어 불길이 치솟지 않게 두 손으로 붙여 드린다.
   "불 붙여 드리겠습니다." 불 붙인 성냥개비는 한 발자국 뒤로 물러나 뒤로 돌면서 조용히 불어서 끈다.

담배 서비스

B.B. Plate, 칵테일 냅킨, 성냥 등을 항상 휴대하고 있다가 고객이 원할 시 좋은 모양새로 고객에게 제공한다. 구체적인 순서는 다음과 같다.

1. 캐셔로부터 담배를 건네받는다.
2. 담뱃갑을 열어 2개비를 밖으로 반쯤 잡아당긴다.
3. B.B. Plate위에 칵테일 냅킨을 깔고 담배를 놓는다.
4. 성냥갑은 담뱃갑의 한 옆에 놓는다.
5. 고객의 테이블 위에 놓는다.
6. 필요한 경우엔 불을 제공한다.

24. 계산 서비스

계산서에 의한 신용카드, 수표, 또는 현금의 경우에도 정확하게 계산을 하여 고객의 신뢰를 확보하도록 한다.

■캐셔 계산 후 사인받기

1) 기본 순서

- 식사가 종료되면 더 이상 제공할 부분이 없는지 확인하고 계산서를 발행한다.
- Host에게 계산서를 제공한다(규정에 따라 홀더에 넣어서 고객의 오른쪽에 정중히 놓는다).
- 고객의 요청에 따라 신용카드, 객실후불, 현금 등의 처리를 적절히 한다.
- 영수증을 발행하고 카드 등은 반드시 돌려드리며 감사의 인사말을 한다.

2) 주의사항

- 카드 계산 시에는 고객 카드를 두 손으로 받아 Posting한 후 카드의 서명과 전표의 서명이 맞는지 확인하고 Bill 홀더에 영수증 Bill과 카드 슬립을 펜과 함께 드린

다. 카드 슬립에 Sign 받은 후 영수증 Bill과 카드 슬립을 가로 두 번 접어 고객의 우측에서 두 손으로 드린다.

- 현금 계산 시에는 Posting한 Bill을 빌 홀더에 펜과 함께 드린 후 받은 금액을 복창하고 영수증과 거스름돈을 잔돈 받침대에 담아 거스름 금액을 말하면서 두 손으로 드린다.
- 수표로 계산 시에는 주민등록 번호와 성명을 배서케 하되, 고액의 수표나 낯선 고객인 경우 신분증을 확인한다.

25. Farewell(배웅인사)

고객이 떠날 때 배웅하고 감사의 마음을 전하며 다시 찾아와주기를 희망한다. 환영인사에서부터 레스토랑에 머무는 동안 기분이 나쁘더라도 배웅인사로 잘못된 이미지를 바꾸어 놓을 수 있는 마지막 기회라는 점을 인식해야 한다.

1) 기본 순서

- 계산 여부를 확인하고 고객이 일어날 때 등뒤 의자 또는 옷걸이에 걸려있는 옷을 왼손으로 든다.
- 일어나기 쉽도록 의자를 빼 드리고 코트나 겉옷을 입기 편하도록 도와드린다.
- 고객으로부터 음식 및 서비스에 대한 평가를 받는다.
  "오늘 음식은 만족하셨습니까?"
  "식사하시는 도중 불편사항은 없으셨습니까?"
- 불편사항이 있을 경우 : 메모를 해서 고객관리 컴퓨터에 입력시킨 후 문제점은 교육시켜 재발되지 않게 하고, 특이사항(기호식)은 전 직원이 알 수 있도록 Meeting 시 전달한다.
- 거동이 불편한 고객은 상황을 판단하여 출구 또는 엘리베이터까지 안내한 다음 고객에게 정중히 인사한다. "항상 이용해 주셔서 감사합니다. 다음에 방문해 주시면 잘 모시겠습니다."

2) 주의사항

- 자리에서 떠날 때 돕는다.
- 소지품을 잊지 않았는지 확인한다.
- 모든 종업원이 인사를 한다.

26. 음료 파손 및 변질보고

음료 원가의 절감 및 정확한 컨트롤을 위해서 파손 및 변질보고는 신속 정확하게 해야 한다.

1) 기본 순서

- 음료의 적정재고를 채우기 위해서는 종업원에 의해 파손, 서브 중의 훼손 또는 와인이나 맥주의 변질 등이 보고되어야 한다.
- 파손부분은 병의 목 부분을 원가관리부서에서 작성된 파손보관서와 함께 제출한다.
- 서브 중의 훼손부분은 담당감독자의 승인이 필요하며, 변질부분은 버리지 말고 음료담당자에게 보고되어 점검을 받은 후 지시대로 처리한다.

Lost & Found

1. 고객이 퇴장 후 테이블 위, 옆, 룸 안을 살펴보고 고객이 맡긴 물건을 전달했는지 확인한다. 발견 즉시 손님에게 찾아주고 갔을 경우, 지배인에게 보고한다.
2. 습득자는 내용물을 L&F(Lost & Found)기록대장에 기록한다(일시, 장소, 내용물, 기록자, 인계자(날짜, 성명), 인수자(성명, 날짜).
3. Meeting시 전 직원이 숙지하도록 전달하고 예약사항을 참고하여 고객에게 전해 준다.
4. 전달이 안 됐을 때 기록대장에 기록한 후 Housekeeping으로 인계하고 업장 L&F 대장에 인계한 날짜와 인수자를 기록한다.
5. 고객이 직접 오거나 전화로 분실물 문의 시 기록대장을 확인해 알려주고 Housekeeping으로 연락해서 찾아준다.

Lost and Found Log

Company :
Month/Year :

Date	Log Number	Item Description	Carriage # (Flight/Train/Bus etc)	Turned in by	Claimed by/Phone	Released by	Release Date/Time	Notes

27. 서비스순서와 관련된 동작과 언어(예)

서비스 순서	서비스 동작	사용언어	사용언어(영어)
대기	양손을 앞으로 가볍게 모으고 바른 자세로 Stand-by한다.	대기	대기
착석을 돕는다.	양손으로 의자 윗부분을 잡고 무릎을 사용하여 가볍게 민다(Lady First).	안녕하십니까? 어서 오십시오. 여기 앉으십시오.	Good morning, sir Welcome to here
Aperitif Order Taking	왼쪽에 서서 주문을 받는다.	식전에 음료 한잔 드시겠습니까? 기다리시는 동안 음료 한잔 드리겠습니까?	Would you like something to drink before your meal?
Hors D' oeuvre Serve	오른쪽에서 제공한다.	실례하겠습니다. 감사합니다.	Excuse me. This is a complimentary from the chef.
Aperitif Serving	오른쪽에서 제공한다.	실례하겠습니다. 한잔 더 드시겠습니까?	Excuse me, sir Thank you very much, sir
One More Round Drink Order Taking	왼쪽에 서서 주문을 받는다.	실례하겠습니다. 한잔 더 드시겠습니까?	Excuse me, sir Would you like one more round, sir?
Menu Presentation	(Gueridon 위에 올려놓는다) 오른쪽에서 드린다.	메뉴 가져왔습니다. 메뉴 보시겠습니까?	Here' s your menu, sir? Please see the menu, sir?
Food order Taking	왼쪽에 서서 주문을 받는다. 시계방향으로 돌면서 차례로 받는다.	무엇으로 드시겠습니까? ㅇㅇ는 어떠시겠습니까? 아주 좋은 것을 고르셨습니다. 주문해주셔서 감사합니다.	would you like for your main dish? It' s a nice selection Thank you very much for your order.
Wine List Presentation	오른쪽에서 드린다.	식사와 함께 와인을 드시겠습니까? 와인 리스트 여기 있습니다.	Would you carefor some wine with your meal? Please see th wine list
Wine Order Taking	왼쪽에 서서 주문을 받는다.	화이트와인으로 하겠습니까? 레드와인으로 하겠습니까?	What would you like white or red wine, sir?
Butter Dish serving	왼쪽에서 좌측 편에 놓는다.	실례하겠습니다.	Excuse me, sir?

서비스 순서	서비스 동작	사용언어	사용언어(영어)
Bread Serving	cart를 왼쪽에 놓고 왼쪽에 물어본다.	빵은 ○○가 있습니다. 어느 것으로 드시겠습니까?	Excuse me, we have.. What kinds of bread would you like, sir
White Wine serving	레벨이 보이도록 왼손에 놓고 왼쪽에서 보여준다.	주문하신 화이트와인 ○○입니다.	Here's your... Vintage is ○○○
Red Wine Open 여부를 묻는다.	레벨이 보이도록 왼손에 놓고 왼쪽에서 보여준다.	주문하신 레드와인 ○○입니다.	Here's your...Vindtage is ○○○. Could I open wine now?
Appetizer Serving Empty Dish Take Out	오른쪽에서 제공, 오른쪽에서 뺀다. 왼손에 접시를 포갠다.	실례하겠습니다. 가져가도 괜찮겠습니까?	Excuse me. Could I take out your dishes?
Soup Serving	Soup Bowl은 오른쪽에 놓는다. Soup Tureen은 왼쪽에서 제공한다. 왼발은 테이블 가까이 놓는다.	실례하겠습니다. 주문하신 ○○ Soup를 곧 가져오겠습니다. 감사합니다.	Excuse me, I'll serve the soup thank you, sir.
Empty Dish Take Out	오른쪽에서 뺀다. 왼손에 접시를 포갠다.	실례하겠습니다. 수프는 맛있게 드셨습니까? 실례하겠습니다. 주문하신 ○○생선 요리입니다. 맛있게 드십시오.	Excuse me, sir. Did you enjoy your Soup? Excuse me, sir. Your ordered...I hope you will enjoy your meal.
Fish Serving	오른쪽에서 뺀다.	실례하겠습니다. 주문하신 ○○생선요리입니다. 맛있게 드십시오.	Excuse me, sir Your ordered ... I hope you will enjoy your meal.
Empty Dish Take Out	오른쪽에서 뺀다.	실례하겠습니다. 가져가도 괜찮겠습니까?	Excuse me. Could I take out your dishes?
Sherbet Take Out Red Wine Serving	오른쪽에서 뺀다. 오른쪽에서 따른다.	실례하겠습니다. Wine test를 하시겠습니까?	Excuse me, sir Will you test your red wine?
Entree Serving	오른쪽에서 제공	주문하신 ○○입니다.	Your ordered...
Empty all Dish take Out	앙뜨레 접시는 오른쪽에서 뺀다. 기타, 왼쪽에서 뺀다.	식사는 즐겁게 드셨습니까?	Did you enjoyed your meal, sir?
Table Cleaning	왼쪽에서 한다.	실례합니다. 잠깐 치우겠습니다.	Excuse me, sir. I will cleaning your table.
Salad Servie, Salad	오른쪽에서 제공한다.	실례합니다.	Excuse me, sir

서비스 순서	서비스 동작	사용언어	사용언어(영어)
Bowl Take Out	드레싱은 왼쪽에서 제공한다.	○○○드레싱이 있습니다. 무엇으로 드시겠습니까?	We have.. dressing which dressing would you like?
Centerpiece Take Out	왼쪽에서 뺀다.	실례합니다.	Excuse me, sir.
Cheese Order Takeing	Cheese Cart를 왼쪽에 놓는다.	치즈를 드셨습니까? 프랑스, 스위스산 등 좋은 치즈가 많이 있습니다.	Would you like cheese, sir? We have a lot of French cheese, swiss cheese.
Cheese Serving	Setting 후 오른쪽에서 제공	맛있게 드십시오.	Please, enjoy your cheese, sir.
Cheese Dish Take Out	왼쪽에서 뺀다.	실례하겠습니다. 접시를 가져가겠습니다.	Excuse me, sir. May I take out the dish?
Dessert Menu Presentation	오른쪽에서 제공한다.	디저트 메뉴 여기 있습니다. 맛있는 디저트가 많이 있습니다.	Here's dessert menu, sir?
Dessert Order Taking	왼쪽에 서서 주문받는다.	Flambee를 해 드릴까요?	Would you care for the you – flambee sir?
Dessert Dish take Out	왼쪽에서 뺀다.	실례하겠습니다. 접시를 가지고 가겠습니다.	Did you enjoy your dessert? Coffee or Tea Order Taking
Dessert Dish take Out	왼쪽에서 뺀다.	실례하겠습니다. 접시를 가지고 가겠습니다.	Did you enjoy your dessert?
Coffee or Tea Order Taking	왼쪽에서 주문받는다.	커피를 드시겠습니까? 홍차를 드시겠습니까?	Which do you prefer coffee or Tea?
Cigar Service	고객이 잘 보이는 곳에서 Showing	cigar 준비가 되어 있습니다.	We have good cigar
After Dinner Drink Ordertaking & Serving	Liqueur cart를 왼쪽에 놓는다.	식사 맛있게 드셨습니까? Cognac을 한잔 하시겠습니까?	Did you enjoy your meal, sir?
Petits Fours	테이블 중앙 또는 여성 고객 앞에 놓는다.	초콜릿을 드시지요. 대단히 감사합니다.	Please, have a chocolate, thank you very much.
환송	의자를 빼드린다. 인사한다.	즐거운 시간 보내셨습니까? 다음에 또 뵙겠습니다.	Did you have a nice time? I hope see you again soon

제8장

업장별 운영실제

1. 한식당(Korean Restaurant)

1) 한식요리의 개요

우리나라 요리는 유구한 역사와 함께 이루어진 문화유산 중의 하나로서 지리적 여건과 기후변동 등의 영향을 받으며, 각 지방과 해변지역에 따라 생산되는 다양한 농수산물 및 사냥과 가축의 사육을 주축으로 한 향토성이 짙은 음식들이다. 더욱이 시대에 따라 전과된 종교의 영향, 외세의 침입에 따른 새로운 문물도입에 영향을 받았다. 향토음식, 궁중음식, 민간신앙음식, 관혼상제음식, 사찰음식, 계절음식, 발효음식, 떡, 과자 등 분야별로 변화의 과정을 거치면서 독특한 조리기술 개발과 상차림 및 독창적인 식기문화의 변천과 더불어 우리의 식문화가 발전되었다고 할 수 있다. 따라서 오랜 세월 동안 이루어진 독특한 형태의 다양한 음식들이 사회구조와 외래문화의 영향으로 오늘날에 와서는 전통성을 잃어버린 것도 있고, 또한 잊힌 것들이 너무 많은 반면에, 끈질긴 민족 보수성으로 현재까지 쌀을 주식으로 김치, 된장찌개, 불고기 등이 역사와 함께 유지되어 온 것이 한국요리의 특징이라 할 수 있다.

그 구체적인 요리의 특징을 살펴보면 다음과 같다.

❶ 주식과 부식이 뚜렷하게 구분된다.

❷ 부식의 가짓수가 많다.

❸ 곡물의 가공조리법이 발달하였다.

❹ 자극적인 강한 양념을 즐겨 썼다(고춧가루, 마늘, 파, 겨자 등).

❺ 그릇과 밥상은 독상차림으로 발달되었다.

❻ 음식을 남는 그릇에 중점을 두고 양을 책정했다.

❼ 음식을 처음부터 상위에 차려서 나온다(반상의 형식).

❽ 종교의식을 가지고 시식을 즐겼다.

❾ 야채류, 전 요리가 발달했다.

❿ 식후 숭늉을 마신다.

그러나 향토성이 너무 짙은 요리는 외국인에게 자극이 심하여 접대하기 곤란하므로 유의한다. 따라서 한국요리를 상업적인 요리로 개선함에 있어 유의해야 할 점을 살펴보면 다음과 같다

❶ 품질이 우수하며 한국을 자랑할 수 있는 재료를 선택한다.

❷ 음식을 담는 기물은 한국 식기를 사용한다.

❸ 저렴한 각계의 최우수 상품을 선택하여 조리한다.

❹ 파티(Party)종류와 접대방법, 요리명에 따라 크기와 모양을 다르게 하며, 간결하고 깨끗하게 하여 먹기 좋게 한다.

❺ 각 요리의 맛을 살리면서 빛깔이 잘 조화될 수 있게 한다.

❻ 화학조미료를 쓰지 않고 식품재료 자체가 지닌 자연 맛을 높이 내도록 한다.

❼ 외국산 식품, 음료를 혼합하지 않는다.

❽ 맵고 짜지 않게 하는 것을 명심하여 조리하고 식탁에 고춧가루와 간장을 놓아 자유롭게 조절하게 한다.

❾ 조리실을 위생적으로 청결하게 하고 행주, 칼, 도마를 재료에 따라 다양하게 구분하여 정리정돈을 완벽하게 한다.

❿ 식료품 모양을 잘 살리도록 하고 이것저것 두루 섞어서 맛과 색깔을 잃지 않게 한다.

⓫ 식료품의 독특한 향기를 살리고 인공적인 색채를 하지 않는다.

⓬ 정확한 분량에 의하여 조리한다.

⑬ 요리의 품목과 양이 색과 모양이 식기와 조화를 이루도록 정성들여 담는다.

⑭ 외국인의 식생활 습성을 이해하고 불편이 없게 순서를 정한다.

⑮ 계절에 맞는 식품과 향기를 선택하여 식단에 변화를 준다.

⑯ 계량할 때에는 가루나 낟알을 흔들거나 눌러 담지 말고 정확하게 잰다.

2) 한국요리와 조미료

우리나라 요리의 양념은 극히 다채롭고 복잡하다. 그것은 다양한 식품재료와 합리적인 조리법의 응용이나 지방별 음식 사이에서 찾아볼 수 있다. 우리가 일상 쓰는 한국요리(음식)의 조미료로는 맛의 기본이 되는 소금과 장류로 간장 · 고추장 · 된장 등이 있으며, 감미료로는 설탕 · 꿀 · 조청(물엿)등이 있고, 기름류에는 참기름 · 들기름 · 면실유(棉實油) · 콩기름 · 낙화생 기름이 있으며, 그밖에 식초 · 고추 · 깨소금 · 실백 · 젓국 · 술 등이 있다.

구체적인 조미료들을 살펴보면 다음과 같다.

(1) 소금

호렴은 입자가 굵고 검은 색이 나며 깨끗하지 않으므로 고운 채에 받쳐 사용하거나, 간장, 오이지, 배추김치 등 다시 씻어서 사용하는 조리에 이용된다.

재렴은 고운 소금으로 빛깔이 깨끗하여 직접 간 맞추는데 사용된다. 식탁염은 정제된 것으로 곱고 희며 깨끗하여, 식탁에서 소금으로 직접 간을 맞추는데 사용된다.

(2) 간장

❶ **재래식 간장** 각 가정에서 메주를 이용하여 만든 간장이며, 농도를 정확히 표시하기가 어려워 대부분 소금으로 간을 맞춘다. 맑은 장국이나 검은 빛을 내지 않는 요리에 사용한다.

❷ **진간장** 색이 진한 간장으로 그 농도가 일정하여 정확하게 사용량을 표시할 수 있다. 검고 단맛이 있어 구이나 조림요리에 색깔을 내는데 사용된다.

(3) 고추장

찹쌀, 멥쌀, 밀, 보리 등을 원료로 메주가루, 고춧가루, 엿기름, 소금 등을 섞어 만들며, 매운탕, 육개장, 비빔밥 등에 사용된다.

(4) 된장

가공된 저장식품으로 동양인의 구미에는 맞으나 서양인에게 적합하지 않다.

(5) 참기름

향미가 매우 우수하여 모든 요리에 거의 사용하나 외국인은 즐기지 않으므로 적게 사용한다. 기름의 향미와 산패를 막기 위해 밀봉하여 신선한 그늘에서 보관한다. 들기름은 대개 면실유를 대치해 사용한다.

(6) 깨소금

개를 잘 볶아서 적당히 빻아 사용한다. 공기와 접촉하면 눅눅해지고 향미가 감소하므로 밀봉하여 보관한다. 생체나 숙체는 처음부터 넣고 버무리고 익히는 요리는 거의 다 되었을 때 넣어야 제 맛이 난다.

(7) 고추

외래 관광객은 고추의 맛을 싫어하므로 적게 사용하거나, 통고추를 넣었다가 다시 꺼내는 정도로 한다.

(8) 파, 마늘

자극성이 강하므로 곱게 다져 보이지 않게 사용하고, 그 자극성으로 식품의 냄새를 제거할 때에는 즙을 내서 사용한다. 파의 잎 부분은 끈적거리는 유기물질이 있어 음식이 곱지 않으니 뿌리 쪽 흰 부분만 사용한다.

(9) 생강

매운맛과 특이한 향기를 갖고 있어서 어육류의 냄새를 제거하기 위해 사용되거나 약과의 침꿀, 생강차에는 그 향미를 살려 주재료로 사용된다.

3) 한국요리의 상차림과 테이블 세팅

(1) 궁중요리의 역사적 배경

개성에서 한양으로 도읍지를 옮긴 뒤(1392년 8월)에 중국의 형식을 따라 중앙에 궁궐을 짓는 과정에서 좌로는 종묘(왕의 조상을 모시는 곳), 우로는 사직(社稷 : 나라를 지키는 모든 신을 모시는 곳)을 지었다.

태조 4년(1396년)에 청계천을 파고, 태조 5년(1397년)에 도성(성곽)을 쌓고 (문루 : 서대문)을 완공하였다. 그 안에 들어올 구역은 동서남북 중5부 52방으로 나누었다. 성곽은 북에는 백악산(百岳山 : 北岳山), 남에는 목멱산(木覓山 : 南山), 동에는 낙산(駱山 : 구서울대 뒤편), 서에는 인왕산(仁旺山)이 4면을 둘러싸였다.

음식을 만들기 위한 식자재 구입행로를 살펴보면 다음과 같다.

❶ 서대문을 통하여 들여온 식자재

- 마포강 : 새우젓, 각색어물, 생선류, 어패류
- 서강: 곡물(쌀, 보리, 콩, 조, 밀 등)

❷ 동대문을 통하여 들여온 식자재

동대문 밖 살곶어벌은 무 재배단지였고, 마장동 훈련원 밖은 배추의 재배단지였으며, 마장동에 소, 돼지 도살장이 있었다.

❸ 남대문을 통하여 들여온 식자재

청파동(원효로 남영동일대)은 미나리, 과, 재배단지였다.

❹ 숙정문을 통하여 들여온 식자재

북쪽문 밖에 사냥터가 있었다(자하문 밖 : 평창동 일대).

꿩, 산돼지, 노루 등의 날짐승류

가. 궁중의 수라간

- 대조전과 떨어진 곳에서 음식을 만드는 주방을 말한다.
- 주방에서 일하는 상궁들은 옥색저고리 남치마를 입었다(흰 앞치마).

Tip

궁중의 퇴선간
수라간에서 올라오는 수라를 받아 배선을 하고 수라시간을 제조상궁이 알리면 온돌방으로 들어가 식지 않게 따뜻하게 준비해 두었다가 들여간다.

찬품단자
진찬할 때 음식명을 기록한 내용이 담긴 반기를 찬품단자라고 한다.

나. 궁중의 상차림

- 어상 : 임금님이 나라에 경사가 있는 날 받는 상차림
- 수라상 : 임금님과 · 대비마마가 평소에 받는 잔치상
- 진연상 : 궁중에 잔치를 할 때 차리는 상을 통틀어 진연상이라 한다.
- 수렵상 : 사냥터에서 받는 상차림. 야생류 전골을 납평전골이라 한다.

(2) 반상

반상이란 양반가(대갓집)의 상차림을 말한다. 반상의 종류에는 다음과 같다.

❶ **12첩 반상** 임금님 수라상차림의 형태가 12첩이며, 오직 임금님에게만 드릴 수 있는 상차림이다.

❷ **9첩 반상** 양반가 대갓집의 상차림이다.

❸ **7, 5첩 반상** 양반가의 평소 상차림이다.

❹ **3첩 반상** 양반가의 간식 상차림으로 이용되었다.

한편 반상 차림법으로는 다음과 같다.

- 구이류, 찜류, 전류, 생채류, 조림류, 초류, 자반류(포), 젓갈류, 숙채류(나물), 조치류, 숙회류이다.
- 품목 중에서 계절에 맞는 요리를 선택하여 홀수로 차리며, 단 초장, 간장, 김치, 밥, 국은 첩 수에서 제외한다.

❶ 3첩 반상

밥, 탕, 김치, 종지(간장)하나에 3가지 반찬, 즉 숙채, 생채의 나물류와 조림이나 구이 중의 한가지이다. 3첩 반상은 조치류가 없고 조림이나 구이의 재료는 고기류와 생선류로 한다.

❷ 5첩 반상

밥, 탕, 김치, 종지(간장, 초간장)두 개에 조치 한 그릇과 5가지 반찬, 즉 숙채, 생채, 조림이나 구이 중 한 가지에 전류와 마른 반찬류가 추가된다. 전은 생선회나 고기류 또는 육류의 반찬이 많을 때에는 야채를 쓰며, 채소류의 반찬이 많을 때에는 고기나 생선을 쓰도록 한다. 조치는 고추장찌개나 새우젓찌개 중의 한 가지를 놓는 것이 원칙이다.

❸ 7첩 반상

밥, 탕, 김치, 종지(간장, 초간장, 초고추장)세 개에 조치 두 그릇(찌개류 한 그릇과 찬류 한 그릇), 그리고 7가지 반찬, 즉 숙채, 생채, 조림, 구이, 마른반찬, 전, 회류이다.

조치 두 그릇 중에서 한 그릇은 고추장찌개나 새우젓찌개로 하고, 한 그릇은 갈비나 닭, 생선 등의 찜으로 하되 역시 재료의 중복이 없도록 한다. 조림과 구이 중의 한 가지는 고기류로 하고, 한 가지는 생선으로 하는 것이 좋은데, 대체로 조림에는 생선이 쓰이고 구이에는 육류가 쓰인다.

(3) 주안상

주류만을 대접하기 위한 상으로 술안주가 될 수 있는 요리가 주가 되는데, 주안상에 적당한 요리는 여러 가지 포 등의 마른반찬과 전류와 편육, 찜, 신선로, 전골이나 얼큰한 찌개 등이다.

(4) 면상

면상은 점심으로 차리는 상으로서 국수나 만두가 주식이 되는데, 보통 더운 국수가 주로 제공되며 여름철에는 냉면도 된다. 온면, 냉면, 만두 등이 주식이 되므로 마른반찬, 짠 반찬 등은 사용하지 않으며 큰 자극 없이 먹을 수 있는 요리로 준비한다.

(5) 교자상

축하연이나 회식, 모임 등에 쓰이는 상차림으로서 원래는 많은 손님이 모일 때에도 한 사람 앞에 한 상씩 차려 대접하였는데 이것이 개량되어 여러 명에 한 상을 차려 대접하는 교자상이 되었다.

시간이 저녁식사 때이면 밥을 내고 그 밖의 경우는 면류로 한다. 주식이 밥인 경우는 국을 올리는데 맑은 장국이 좋다. 요리로는 신선로나 전골, 찜, 전, 편육, 회, 나물, 마른 반찬, 편류, 한과류, 화채류 등 여러 가지 중에서 손님들의 식정, 계절 등을 고려하여 선택한다. 교자상 차림으로 서비스할 때에도 처음에 한두 가지를 내고 그 요리가 빌 때쯤 해서 다음 요리를 내어 2~3차례로 나누어 낸다. 후식은 상을 깨끗이 치우고 서비스해야 한다.

(6) 테이블 세팅

한식당의 테이블 세팅은 숟가락과 젓가락을 기본으로 하여 준비되지만, 집기는 식문화의 발전으로 요리에 맞는 집기가 사용되고 있으므로 정해진 원칙에 따라 고객이 식사 시 불편함이 없도록 다음과 같이 준비한다.

❶ **기본 테이블 세팅**(Basic Table Setting)

- Napkin
- Spoon & Chopstick Holder
- Spoon
- Chopstick
- Leaf Tea Cup & Saucer
- Ashtray
- Salt Shaker
- Pepper Shaker
- Soy Sauce
- Flower Vase
- Tent Card

❷ **특별 테이블 세팅**(Special Table Setting)

- Doily
- Napkin
- Spoon & Chopstick Holder
- Spoon
- Chopstick
- Pine nut Porridge Spoon
- Dessert Fort
- Dessert Spoon
- Leaf Tea Cup & Saucer

- Ashtray
- Salt Shaker
- Pepper Shaker
- Soy Sauce Bottle
- Flower Vase
- Tent Card

4) 메뉴해설 및 서비스 방법

한국요리의 대표적인 메뉴는 불고기 정식, 갈비찜 정식, 생선탕 정식, 궁중 전골 등을 그 예로 들을 수 있다. 여기에서는 메뉴를 중심으로 살펴보고자 한다.

(1) 불고기 정식(Broiled Beef)

구분	내용
재료(Specs)	안심(600g), 진장 6Tsp, 참기름 1Tsp, 배즙 6Tsp, 후추 $1\frac{1}{2}$Tsp, 설탕 3Tsp, 파 4Tsp, 깨소금 2Tsp, 마늘 2Tsp
조리방법	고기를 양념에 재어두지 않고 주문이 들어오는 즉시 고기를 썰어서 접시에 올려 놓고 불고기 양념장을 고기 위에 뿌려서 고기를 구울 때 양념을 발라 가면서 굽는다(신선한 맛을 유지하기 위해서).
요리내용	기본찬 : 김치, 삼색나물, 물김치, 조림류, 젓갈 주요리 : 불고기, 밥, 탕 후식 : 식혜, 과일화채
Service 방법	• 기본찬류를 서브한다(오른쪽). • Appetizer(겨자채 또는 전유어)를 놓는다. • 불고기와 야채 쌈장을 곁들여 놓는다. • 오른쪽에서는 탕, 왼쪽에서는 밥을 서브한다. • 식사가 끝나면 글라스를 남겨두고 빈 그릇을 깨끗이 치운다. • 후식을 제공한다.

(2) 갈비찜 정식

구분	내용
재료(Specs)	갈비 900g, 당근 100g, 석이 5g, 은행 10EA, 파 2T, 간장 $4\frac{1}{2}$Tsp, 밤 100g, 표고 10g, 미나리 50g, 실백 1T, 마늘 1T, 설탕 2Tsp, 참기름 1Tsp, 깨소금 2Tsp, 후추 $\frac{1}{2}$Tsp
조리방법	갈비를 토막 내어 끓는 물에 삶아 위에 뜬 기름을 걷어내고 칼집을 낸다. 갈비에 양념장을 만들어 버무리고 채소를 큼직하게 썰어 넣어 뭉근하게 끓인다. 표고와 석이도 큼직하게 썰어 넣는다.
요리내용 (5첩반상)	찜이 거의 다 되었으면 참기름과 설탕으로 윤을 내어 그릇에 담아 지단과 은행을 고명으로 얹는다. 기본찬 : 김치, 삼색나물, 전유어, 김구이, 조림, 생체

구분	내용
요리내용 (5첩반상)	주요리 : 갈비찜, 밥, 탕 후식 : 식혜, 과일화채, 과일 기본찬을 오른쪽으로부터 서브한다. 주요리는 고객의 왼쪽 앞쪽에 놓는다.
Service 방법	• 오른쪽에는 탕, 왼쪽에는 밥을 서브한다. • 식사가 끝난 후 글라스만 남겨두고 빈 그릇은 깨끗이 치운다. • 후식을 제공한다.

(3) 생선탕 정식

구분	내용
재료(Specs)	생선류(조기, 도미, 준치, 민어) 500g, 소금 1Tsp, 계란 1EA, 쑥갓 50g, 밀가루 2Tsp, 쇠고기 100g, 파, 청장 2Tsp
조리방법	부스러지기 쉬운 부분은 전을 부치고, 그렇지 않은 부분은 토막을 내어 그대로 한다. 고기 장국을 끓여 소금 또는 청장으로 간을 맞춘다. 끓는 장국에 생선전을 넣고 끓이다가 단맛이 난 다음에 파, 쑥갓을 넣고 살짝 끓인다.
요리내용 (3첩반상)	기본찬 : 김치, 삼색나물, 전유어, 생채 주요리 : 생선탕, 밥 후식 : 과일, 인삼차
Service 방법	• 기본찬을 오른쪽부터 순서대로 서브한다. • 생선탕은 밥과 함께 서브한다. • 식사가 끝난 후 글라스만 남겨두고 빈 그릇은 치운다. • 후식은 과일과 차를 낸다.

(4) 궁중전골(Stewed Pot of Meat&Vegetable)

구분	내용
조리방법	각 종류의 야채류를 전골의 가장자리에 모양있게 올려놓고 가운데에 등심고기를 잘게 썰어 100g 정도 넣는다.
요리내용 (3첩반상)	기본찬 : 김치, 삼색나물, 전유어, 젓갈 주요리 : 궁중전골, 밥 후식 : 경단과 식혜

2. 양식당(Western Style Restaurant)

1) 서양요리의 개요

인간이 존재하기 시작한 것과 요리의 역사가 시작된 것은 동시에 이루어졌다고 할 수 있다. 선사시대의 요리에 관해서는 잘 알려져 있지는 않지만, 불을 발견한 이후에야 비로소 요리의 기술이 시작되었다고 할 수 있겠다. 이들은 나무뿌리, 나무열매, 곡식, 벌꿀, 생선 또는 동물의 젖, 알 등을 식량으로 사용하여 굽거나, 동물의 위주머니 및 가죽, 내장 등을 이용하여 익혀 먹었던 것으로 생각된다. 고대 이집트의 분묘, 피라미드, 벽화에서 그림이나 상형문자로 그려진 제빵과 조리사들의 작업과정을 찾아 볼 수 있다. 나일강의 비옥한 땅에는 야채, 과일나무, 포도, 닭, 생선, 달걀 등이 풍부하였고 제빵, 제과가 발달하여 빵을 만드는 사람들이 많은 존경을 받았다고 한다.

고대 페르시아인들은 화려한 연회나 축제를 한 것으로 유명하다. 앗시리아의 왕 살도나팔루스(Sardonapalus)는 세계 최초의 요리 경진대회를 개최하여 최우수자에게는 수천 량의 황금을 주고, 새로운 요리를 개발한 사람에게는 많은 상금을 주었다. 페르시아의 전설적인 과일이 마멀레이드(Marmalade)와 좋은 와인은 연회나 축제일에는 풍부하였고, 정성스럽게 황금용기에 담아 차려졌다. 페르시아인들에 의해 만들어진 몇 가지 음식들은 오늘날에도 세계적으로 유명한 요리가 되고 있다.

그리스인들은 페르시아인들로부터 조리법과 식사법을 계승받았다. B.C. 15C중엽까지 그리스에서는 부자와 가난한 자의 식사에 거의 차이가 없었다. 당시의 기본 음식은 보리 페이스트(Pastes), 보리죽, 보리빵이었는데 초기의 그리스인들은 하루에 네 끼 식사를 하였다고 한다. 로마인들은 그리스의 요리보다 더욱 섬세하고 맛있는 그들 자신의 요리를 개발하였다. 그들의 연회나 식도락적인 축제는 4C 말까지 번창하였다. 그 후 로마제국의 몰락으로 요리, 문학 등 예술이 쇠퇴하기 시작했다. 그러나 수도원들은 이 활기찬 예술을 유지시키는데 중추적인 역할을 계속하였고 농장, 학교, 종교재단, 상업센터 등이 결합한 복합적인 사회공동체조직을 형성하였다.

로마인들은 많은 요리 전통을 영국으로 가지고 갔다. 영국요리에 큰 영향을 준 것은 게르만족의 침략이었다. 켈트(Celts), 색슨(Saxons),그리고 노르만족(Normans)의 요리가 기본적인 요리가 되었다. 그 당시 영국에서는 대다수가 농민과 노동자여서 요리가 간단하고 푸짐한 것이었으나, 중세에 접어들면서 연회와 축제는 많은 음식과 맥주로 사치스러워졌다. 헨리 8세(Henry Ⅷ)의 통치기간 중에 크리스마스가 축제일이 되었고 크리스마스 이브부터 12일 동안에 걸쳐 음식들이 풍성하게 차려져 축제를 즐겼으나, 엘리자베스 시대에 와서는 요리에 관해 무관심하기 시작했고, 이것은 프랑스에서 데려온 요리장을 고용한 클럽과 호텔이 생겨난 수년 후까지 계속되었다.

프랑스 요리는 16C 초까지는 영국요리와 마찬가지로 운치가 없는 것이었다. 1533년 오를레앙(Orleans)공작이 이탈리아 유명한 플로렌틴가의 캐더린 메디치(Catherine Medici)와 결혼함에 따라 그녀의 많은 유명한 이탈리아 조리장과 제빵 전문가들이 프랑스로 들어오게 되었다. 그리하여 프랑스인들은 이들로부터 조리를 배워 그들의 조리학교에서 요리를 기술적으로 발전시켰다.

식사법도 이탈리아의 영향이 컸다. 손 씻는 법, 포크 사용법, 잼 만드는 법, 여러 가지 디저트 만드는 법이 전래되었다. 프랑스 요리는 계속 성장하여 17C 말엽에 고전요리가 세계에 널리 알려졌다. 프랑스의 고전요리는 신선하고 우수한 음식재료, 재능 있는 조리사, 간단하고 예술적이며 완전한 표현양식, 미묘하고도 균형 있는 맛, 감상할 줄 아는 고객 등이 완벽하게 조화된 요리였다. 17C 말에는 차, 커피, 코코아, 아이스크림과 특히 Dom Perignon이 샴페인을 발명하여 큰 변혁을 이루었다.

루이 14세(1638~1715) 때는 프랑스 문화가 유럽 전체에 파급되어 유럽의 각 궁전과 귀족들이 그들의 요리와 음료부문의 전권을 프랑스 요리장에게 맡길 정도였다. 이때의 요리는 세련되었으나 실제 내용보다는 눈에 보기 좋은 요리였다.

이러한 프랑스의 요리는 질 좋은 식재료와 귀족 등의 비호 속에 19C까지 세계적인 명성을 유지하였으나, 제1차 세계대전 전에 이러한 요리방법이 자취를 감추고 요리의 단순화 경향이 대두되었다. 이 단순화된 요리는 요리의 질이 떨어진 것이 아니고 음식을 담아내는 방법과 서비스를 신속히 하여 비용을 절감하는 설리적인 방법으로 조리기술의 기본을 만들었던 것이다.

20C 초 Auguste Escoffier(1847~1935)는 지금까지 프랑스 요리를 체계화 시켜 현재 프랑스 요리의 기본이 되는 요리를 완성시켰다. 그는 그의 저서 'Le guide Culinaire' 에

서 프랑스 고전 요리를 원칙으로 하여 초기의 겉만 화려하고 맛이 없는 음식은 삭제하고 외국의 진귀한 요리들을 소개하였다.

이렇게 시대의 변화에 따라 요리의 역사도 끊임없이 변화되어 왔으며, 앞으로도 변화되어 갈 것이다.

2) 양식당 메뉴의 구성

메뉴는 인간이 음식물을 섭취할 때 맛과 소화를 고려하면서 오랜 시일과 경험을 통해 인체에 맞도록 합리적으로 정착시킨 것이며, 다음과 같은 순서로 이루어진다.

❶ 전채요리(Appetizer : Hors d'oeuvre)

❷ 수프(Soup : Potage)

❸ 생선(Fish : Poisson)

❹ 육류요리(Meat : Entree)

❺ 로스트의 야채(Roast and Salad)

❻ 후식(Dessert)

❼ 음료(Beverage : Boisson)

(1) 전채요리(Appetizer : Hors d'oeuvre)

가장 먼저 제공되는 요리인 전채는 식욕촉진을 돋우어 주는 소품요리를 말하며, 식욕촉진제란 뜻이다.

에피타이저란 프랑스에서는 오되브로(Hors d'oeuvre)라고 하며 오되브르의 기원은 일찍이 러시아에서 연회를 하기 전에 별실에서 기다리는 고객에게 독한 술과 함께 자쿠스키(Zakuski)라는 간단한 요리를 제공한 것에서 유래되어 오늘날의 오되브로가 되었다고 한다. 또 한 학설은 14세기 초에 이탈리아의 탐험가 마르코 폴로(Marco Polo)가 중국의 원나라에 가서 배워 온 면류 및 냉채요리가 이탈리아를 통하여 프랑스로 건너가 오늘날의 오되브로가 되었다고 한다. 그리하여 프랑스는 오늘날 오되브로 요리로도 세계적으로 유명하다.

전채요리에 대한 각국의 명칭

한국 : 전채, 일본 : 젠사이, 중국 : 등반, 프랑스 : 오되브로(Hors d'oeuvre), 러시아 : 자쿠스키(Zakuski), 이탈리아 : 안띠 빠스토(Anti Pasto), 북구 : 스모가스보드(Smorgasbord)

프랑스의 오되브로(Hors d'oeuvre)

Hors :..전,..밖,..을 제외하고 라는 뜻, Oeuvre : 식사라는 뜻

❶ 전채요리의 특징

- 본격적인 요리에 균형이 맞고 풍미가 있어야 한다.
- 한 입에 먹을 수 있게 분량이 적어야 한다.
- 침의 분비를 촉진시켜 소화를 돕도록 짠맛, 신맛이 곁들여져야 한다.
- 계절감이 있고 지방색을 곁들이면 더욱 좋다.

❷ 내용에 의한 종류

가. Plain Hors d'oeuvre : 재료를 원상태 그대로 내는 요리

- 샐러리(Celery) 햄(Ham) 토마토(Tomato) 소시지(Sausage)
- 캐비아(Caviar) 올리브(Olive) 굴(Oyster) 치즈(Cheese)

나. Dressed Hora d'oeuvre : 가미된 요리

- 샐러리에 치즈를 으깨어 넣은 것
- 삶은 계란에 여러 가지 양념을 해서 모양을 내는 것
- 엔쵸비(Anchovy)를 토스트에 얹어 구운 것
- 닭간을 졸여낸 것

등이 있으며 접시에 담겨진 전채요리의 서비스는 식탁에 놓여 있는 Service Plate에 제공한다.

❸ 가공형태별

가. Barquette(바르켈)

밀가루 반죽으로 배 모양 같이 작게 만들어 생선 알이나 고기를 채워 만든 것이다.

나. Bouchee(보우세)

밀가루를 얇게 반죽하여 치즈나 계란을 넣고 주사위 같은 모양이나 만두같이 만든 것

다. Canape(카나페)

Bread를 얇게 여러 가지 모양으로 잘라서 튀기거나 토스트 하여 버터를 바른 다음 여러 가지 재료를 얹어서 한입에 들어갈 수 있도록 만든 것으로 Standing Cocktail Party등에도 많이 이용된다.

라. Calolines(깔로린느)

밀가루 반죽을 술통같이 조그맣게 만들어서 여러 가지 재료를 놓은 것

마. Greque a la(그리꾀알라)

그리스식으로 쌀, 피망, 건포도를 기름에 튀겨서 토마토에 채워 부드럽게 만든 것

바. Brochet(브로쉐)

생선이나 야채, 육류 등을 꼬치에 끼워 익혀낸 것

❹ 오되브로 서비스

디너를 겸한 칵테일 파티에서는 별실에서 식전주(Aperitif)와 함께 제공하는 것이 원칙이나 연회 시에 웨이터가 은쟁반(Silver Platter)에 담아 서고 손님의 사이사이를 다니면서 제공하나 식탁인 경우에는 다른 요리와 같이 서브하는데 특별히 오되브르를 위한 세팅을 한다. 식전의 와인은 쉐리와인(Sherry Wine), 버머스(Vermouth), 칵테일로는 마티니(Martini)와 맨해튼(Manhattan) 등이 제공된다.

(2) 수프(Soup : Potage)

본격요리를 먹기 위한 제1의 코스로서 양의 부담을 주지 않는 소량으로 영양가가 많아 건강에 좋은 요리가 되어야 한다. 종류는 일반적으로 고기(Meat), 생선(Fish) 및 닭

고기를 재료로 하여 맑은 수프(Clear Soup)와 진한 스프(Thich Soup)로 나뉘며, 흔히 스톡으로부터 여러 가지의 수프가 만들어진다.

스프의 구성은 다음과 같다

❶ Stock의 종류

가. White Stock(Fond Blane)

소뼈와 미르뽀아(Mire-Poix : 파슬리 줄기, 양파, 샐러리, 당근), 후추, 월계수잎(Laurier), 향초, 소금 등을 가미하여 찬물에 넣어 3~4시간 정도 서서히 삶아서 걸러낸 국물이다.

나. Brown Stock(Fond Brun)

소뼈와 Mire-Poi 토마토 등을 기름으로 갈색이 되도록 볶아서 물을 넣고 3~4시간 서서히 끓여서 소금과 후추를 가미하여 걸러낸 국물이다.

다. Fish Stock(Fond de Poisson)

생선뼈, 머리, 꼬리 등의 상품화될 수 없는 식품에 양과, 파슬리, 샐러리, 버섯, 향초, 월계수잎(당근은 제외) 등을 넣고 연한 갈색이 될 때까지 볶은 다음 물을 붓고 1~2시간 정도 더 끓인 후에 후추와 레몬껍질을 넣고 30분가량 끓인 다음 천으로 걸러낸 국물이다.

라. Poultry Stock(Fond de Volaille)

가금류나 조류의 뼈 등을 Mire-Poix, 약미초 다발, 월계수잎과 함께 물을 넣고 2~3시간 끓인 다음 White Wine, 후추, 소금으로 양념하여 걸러낸 국물이다.

❷ 뷔용(Bouillon)

- White Stock을 기본으로 하여 거기에 고깃덩어리를 넣고 끓인다.
- 천으로 여과시켜 위에 뜬 기름을 제거한다.
- 용기에 담아 뚜껑을 덮지 않고 보관하여야 변질될 위험이 없다.
- 다시 만들었을 때에는 차가운 것과 섞지 않고 별도로 보관한다.

❸ Potage clair(Clear Soup)

이것은 맑은 수프, 즉 꽁소매(Consomme)를 말하는 것으로서 주재료는 소, 닭, 생선, 자라고기 등 어느 것이나 한 가지만을 사용한다.

❹ Consomme

- 뷔용을 졸이는 것이 아니고 맑게 한 것이다,
- 쇠고기의 경우 뷔용에 허벅지나 정강이 살의 기름기를 제거하고 잘게 잘라서 넣는다.
- 계란 흰자위를 넣고 잘 섞은 다음 당근, 양파를 얇게 썰어 함께 비등점 이하에서 1~2시간 정도 서서히 끓인다.
- White wine이나 Sherry를 가미한다.
- 깨끗한 천으로 걸러낸다,
- 차가운 Consomme는 진한 Consomme에 Sherry와 젤라틴(Gelatin)을 가미하여 차갑게 냉각시킨 수프이다.

❺ Potage Lie(Thick Soup)

주재료는 뷔용에 야채, 밀가루, 생선, 닭고기 혹은 쇠고기를 버터에 볶아 양념하여 만든 탁하고 농도가 진한 수프를 말한다.

❻ Potage Creme(Cream Soup)

- 밀가루를 버터로 볶아 우유를 넣어 만드는 수프로 White Stock을 사용하거나 기타 Stock으로 만든다.
- Fish Cream Soup, Chicken Cream Soup, Vegetable Cream Soup 등이 있으며 이들은 모두 베샤멜 소스(Bechamel Sauce)를 기본으로 한다.
- Bechamel Sauce : 밀가루를 버터에 볶아서 Fresh Cream과 소금, 후추를 가미하여 만든 흰색 소스이다.

❼ Potage Puree

야채 스프를 대표적으로 들 수 있으며, 각종 야채를 버터에 볶아서 걸러내고 진하게 만든 수프로써 쇠고기, 닭, 생선, 가금류 등의 Stock으로 만들 수 있다.

❽ Potage Veloute

뷔용에 밀가루를 버터에 볶아 넣은 것을 기본으로 하며 여기에 계란과 야채를 섞어 만든 것이다.

❾ 수프 서비스(Soup Service)

수프를 고객에게 제공할 때에는 언제나 따뜻하게 서브하여야 하므로 Soup Bowl에 담아 서브하는 것보다는 Soup Tureen을 이용한다. 이는 뜨겁고 무거우므로 운반 시 Arm Towel로 밑을 받쳐서 들고 손님에게 제공 시는 Soup Ladle(국자)로 떠서 서브한다. Russian Service에서는 손님의 왼편에서, American Service에서는 오른편에서 제공한다.

(3) 생선요리(Fish Poisson)

정식이 아니면 생선코스가 생략되는 경우가 많거나 주요리로 제공되기도 한다. 특히 가톨릭의 신자들은 금요일의 요리로 주로 생선을 먹게 되어 있어 일반 레스토랑에서는 금요일에 생선요리가 많이 준비된다.

이러한 생선요리는 다음과 같은 특징이 있다.

- 생선은 육류보다 섬유질이 연하고 열량이 적다.
- 부패하기 쉬우므로 저장에 있어 유의한다.
- 비타민의 함유량이 풍부하다.
- 생선은 연하므로 육류 전에 먹어 위를 달래고 다음에 제공되는 육류의 소화촉진을 돕는다.

❶ 생선의 분류

- 바다생선(Sea Fish)
- 민물고기(Fresh Water Fish)
- 갑각패류(Shell Fish)
- 식용개구리(Frog' s Leg)
- 달팽이(Snail : Escargot)

❷ 저장방법에 따른 분류

- 신선한 생선(Fresh Fish)
- 냉동 생선(Frozen Fish)
- 절인 생선(Cured Fish)
- 통조림(Canned Fish)

❸ 생선의 조리방법

대부분의 생선은 육류에 비해 섬유질이 연하기 때문에 조리시간이 비교적 짧으며, 지방 함유량의 많고 적음에 따라 적당한 조리방법을 이용한다.

가. 보일드(Boil : Boiled)

물이나 생선스톡에 식초, 소금, 향료, 백포도주 등을 넣고 약한 불로 삶아내는 조리방법으로 연어, 송어, 고등어, 새우 등의 요리에 이용된다.

나. 뽀샤즈(Pochage : Poached)

소금을 약간 뿌린 생선을 버터를 바른 그릇에 넣고 소량의 생선 스톡과 와인을 붓고 비등점(100℃)에 가까운 온도로 삶아내는 조리방법이다.

다. 메뜨로뜨(Metelote)

생선의 와인 조림으로 잘게 썬 양파를 버터로 조리고, 생선을 넣어 소금, 후추, 마늘, 향료를 가하여 와인을 생선이 잠길 정도로 붓고 약한 불로 약 25분간 조린다.

라. 그리야드(Grillade : Grilled)

석쇠나 팬에 굽는 방법으로 버터를 바른 뒤, 뜨겁게 달구어진 후 생선을 올려놓는다. 석쇠 구이를 할 경우 석쇠 자국이 생선에 뚜렷이 남도록 구어 내는데, 주로 굳은 생선(Gard Fish)에 적합한 조리방법으로 넙치, 연어, 가자미, 고등어 등에 좋다.

마. 뮈니에르(Meunier)

생선에 소금과 후추를 뿌리고 밀가루에 버무려서 버터로 팬에 구어 익히는 방법인데, 레몬즙을 뿌리기도 한다. 일명 버터구이라고도 한다.

국어	영어	프랑스어
멸치	Anchovy	Anchois(앙수와)
잉어	Carp	Carpe(까르쁘)
대합	Clam	Meretrice(메르뜨리스)
대구	Cod	Cabillaud(까비요)
마른 대구	Cod fish	Morue(모뤼)
게	Crab	Crabe(끄라브)
가재	Craw fish	Ecrevisse(에끄르비스)
붕어	Cruclan	Carassin(까라상)
뱀장어	Eel	Anguille(앙기유)
넙치	Flat fish	Barbue(바르뷔)
가자미	Flounder	Carrelet(까르레)
개구리	Frog Legs	Grenouille Jambes(그르느이유 장브)
성대	Gurnard	Rouget(루제)
대구의 일종	Haddock	Haddock(아독)*북대서양산
광어	Flatfish	Fletan(프레땅)
고등어	Mackerel	Maquerean(마끄로)
바다가재	Lobster	Languouste(랑그스뜨)
조개	Shell	Coquille(꼬기유)
홍합	Mussel	Moule(물)
굴	Oyster	Huitre(위뜨르)
명태	Pollack	Merlan(메르랑)
왕새우	Prawn	Merlan(마끄르루)
가오리	Ray	Raie(레)
연어	Salmon	Saumon(소몽)
정어리	Sardine	Sardine(사르딘)
농어	Sea bass	Bar(빠르)
도미	Sea bream	Daured(도라드)
작은 새우	Shrimp	Crevette(끄레베뜨)
빙어	Smelt	Eperlan(에벨란)
조갯살	Flesh of a Shellfish	Coquilles Saint Jacque(꼬끼에 상자끄)
달팽이	Snail	Escargot(에스까르고)
서대기	Sole	Sole(쏠)
송어	Trout	Truit(뜨리에뜨)
다랑어	Tuna	Thon(동)

바. 프리띠르(Friture : Fried)

주로 부드러운 생선에 적합한 조리방법으로 세 가지로 구분할 수 있다.

첫째, 생선을 밀가루에 묻히고 계란을 발라 빵가루를 묻혀 기름에 튀기는 영국식 방법이다. 둘째, 밀크를 바르고 밀가루에 버무려 노란색이 되도록 기름에 튀기는 프랑스식 방법이고 셋째, 밀가루만 바르거나 그냥 튀겨 내는 이탈리아식이 있다. 주로 연어, 새우, 굴 등의 요리에 이용된다.

사. 그라탱(Gratin : Gratinated)

그라탱 접시에 버터를 바르고 생선에 빵가루, 가루치즈 등을 뿌려 오븐에 넣어 갈색이 되도록 굽기도 하며 베샤벨 소스(Bechamel Sauce)를 치고 가루 치즈를 뿌려 굽기도 한다.

❹ 생선요리의 소스

가. 올랑데즈 소스(Hollandaise Sauce)

홀랜드(네덜란드)식의 황색소스로 Chopped Onion, Vinegar, White wine, Egg Yolks, Pepper, Lemon 등으로 만든 소스이다.

나. 뉴버스 소스(New Burg Sauce)

뉴버그는 생선 집산지의 이름으로 생선 벨루떼(Veloute) 소스에 계란, 크림, 쉐리와인을 넣어 만든 소스이다.

다. 메뜨로도뗄 소스(Maitre d'hotel Sauce)

버터, 멸치젓(Anchovy), 마늘(Garlic), 다진 양파, 다진 파슬리, 레몬즙 등을 가미해 만든 소스이다.

라. 본 펨소스(Bonne Femme Sauce)

생선 벨루떼 소스에 Lemon Juice, Cream, Egg Yorks, Chopped Parsley 등을 혼합한 소스이다.

마. 브드레즈 소스(Bordelaise Sauce)

포도주의 주산지인 프랑스 항구 보르도(Bordeaux)식의 소스란 뜻으로 Gravy에다 버섯, 소골수(Marrow), 다진 양파, 레드와인(Red Wine)을 넣어 만든 소스이다.

바. 타르타르 소스(Tartar Sauce)

이 소스는 생선요리에 가장 많이 이용되는 소스로 마요네즈 소스에 Lemon, Chopped Onion, Chopped Egg, Chopped Cucumber, Worcestrer Sauce, 향초 등을 넣어 만든 것이다.

사. 무슬린 소스(Mousseline)

생선 및 야채에 사용하는 소스로 올랑데스 소스에다 제공하기 직전에 휘핑크림(Whipping Cream)을 섞어서 제공한다.

아. 꼴베르 소스(Colbert Sauce)

꼴베르가의 한 요리장이 그가 좋아하는 소스에 이름을 붙여 유래된 것으로 Maitre d' hotel에 각종 향초와 Chicken Stock을 하여 만든 소스이다.

(4) 육류요리(Main Dish : Entree)

앙뜨레(Entree)라고 부르기도 하며 영어의 Entrance의 뜻으로 정찬의 중간코스를 의미한다. 일반적으로 로스트(Roast) 전에 소량의 육류(가금류나 엽조류를 제외)를 주로 제공하였으나 요즈음에는 로스트코스가 생략된, 알맞은 양의 앙뜨레만을 제공하고 있다.

앙뜨레는 주로 육류를 들 수 있으나, 이 외에도 카레(Curry Rice), 면류(Spaghetti, Macaroni), 샐러드 요리도 앙뜨레에 포함시킬 수 있다.

❶ 육류의 분류

가. 백색 육류(White Meat)

송아지고기, 가금류, 양고기, 새끼돼지고기, 새끼 염소고기, 토끼고기

나. 흑색 육류(Dark Meat)

쇠고기, 양고기, 조수(鳥獸)

❷ 비프 스테이크(Beef Steak)

- 가장 대표적인 앙뜨레 요리로 쇠고기를 두껍게 잘라서 요리한 것이다.

– 비프 스테이크는 고기의 부위에 따라 명칭도 다양하게 부른다.

- 안심부분(Filet Steak) : Chateaubriand, Filet Mignon, Tournedos
- 등심부분(Sirloin Steak) : Sirloin Steak, Poter House Steak, T-bone Steak, Rib Steak, Club Steak
- 허벅지부분(Round) : Round Steak, Swiss Steak, Ground Round Steak
- 궁둥이부분(Rump) : Rump Steak, Roast Rump Steak
- 배부분(Flank) : Flank Steak

가. 샤또 브리앙(Chateau Briand)

소의 안심 머리 부분을 두껍게(4~5cm) 잘라 베이컨을 감아 Broilling하거나 Grilled하여 표면이 과도하게 조리되지 않도록 오븐 속에 넣어 조리한다. 이것은 프랑스의 귀족 샤또 브리앙이 즐겨 먹던 것으로 그의 주방장 몽미레이유(Mountmireil)에 의해 고안된 최고급의 스테이크이다.

나. 뚜르느도(Tournedos)

뚜르느도는 안심의 중앙부분을 잘라 베이컨을 말아서 Grilled하거나 Boilling하여 오븐에서 익혀 제공하는 요리이다.

❸ 기타 앙프레

가. 베이네(Beignets)

이것은 튀김 요리에 가까운 것으로 생선, 새우, 닭과 같은 재료를 불에 직접 익힌 뒤 프라이팬에서 튀겨 내는 것이다.

나. 블랑께뜨(Blanquett)

White Stock에 송아지고기를 삶아 넣고 죽을 쑤어 낸 요리이다.

다. 부쉐(Bouchees)

이것은 볼로방(Vol-au-wen)과 같은 것으로 파이에다 가금류, 엽조류, 생선(새우, 조개)을 조미하여 넣은 것이다.

라. 부로쉐뜨(Brochettes)

일명 꼬챙이구이 요리로 송아지, 새끼돼지, 새끼양 등의 연한 고기나 내장을 베이컨과 야채로 조리한다.

마. 꼬끼에

생선, 새우, 게, 닭 등을 재료로 하여 크림소스(Cream Sauce)에 넣고 만들어 소라 껍질에 넣고 조리한다.

바. 꼬뜨랫뜨(Cotelettes)

영어의 커틀릿(Cutlet)을 뜻하는 것으로 고기(주로 소, 돼지)를 얇게 썰어 표면에 계란과 빵가루를 묻혀 튀겨 낸 음식이다.

사. 끄레비넷(Crepinettes)

돼지고기, 날짐승 고기를 야채와 함께 돼지의 내장에 싸서 구운 것으로 우리나라의 순대 요리와 비슷하다.

아. 크로켓(Croquettes)

주재료는 닭, 날짐승, 새우, 게 등을 녹말가루에 묽게 혼합, 반죽하여 인추형 모양으로 만들어 빵가루를 묻혀 기름에 튀겨낸다. 이것 또한 앙드레의 가니쉬(Granish) 역할도 한다.

자. 빠르망띠에(Parmentier)

이것은 모든 감자요리의 총칭이다. 감자를 수프에 넣어 주면 Parmentier Soup, 육류에 얹어주면 Parmentier Meat라고 한다.

❹ 앙뜨레 소스

가. 베샤멜 소스(Bechamel Sauce)

White Stock에 Milk, Salt, Pepper, Nugmeg, Onion, Cloves(정향), Bay Leaf, Roux(밀가루와 Fat의 혼합체로 조리시간에 따라 색깔이 구분되며 각종 수프와 소스를 만드는데 들어감)를 잘 혼합하여 끓인 후 가는 천으로 걸러낸다. 이 소스는 루이 14세의 요리장에 베샤멜이 창안했다고 하여 배샤멜 소스라 칭한다.

나. 에스빠뇰 소스(Espagnol Sauce)

Broown Stock에 양파, 버섯, 샐러리, 당근을 버터로 볶아 넣고 갈색의루(Brown Roux)를 만든 다음 토마토 퓌레(Tomato Puree)를 넣고 끓여 만든 것이다.

다. 불루떼 소스(Veloute Sauce)

Stock에 Roux와 Mirepoix(각종 야채를 큼직하게 썰어 기름에 볶은 것), 향신료 등을 넣고 끓여 낸 것으로 White Stock에 끓이면 White Veloute, Chicken Stock에 끓이면 Chieken Veloute가 된다.

❺ 앙뜨래 서비스

앙뜨레 정확한 분량으로 조리되어야 하며 주문받을 때에 조리의 방법을 정확히 물어보아야 한다.

굽는 정도	시간(분)	상태
Rare(Saognat)	10	붉은 육즙이 서려있을 정도로 겉만 살짝 익힌다.
Medium Rare Medium(a Point)	15	겉은 갈색이나 속에는 육즙이 서려 있을 정도로 익힌다.
Medium well well done(Bien Cuit)	20	속까지 완전히 익힌다.

(5) 가금류(Roast : Roti)

조류는 사냥해서 얻은 꿩, 산비둘기, 산오리 등의 엽조류(Game)와 전통적으로 사육되는 닭, 오리, 칠면조, 거위 등의 가금류(Poultry)로 구분된다. 조류는 지방분의 함량이 높고 영양분이 많이 함유되어 있어, 조리할 때 영양분이 유실되지 않도록 Broiling, Roasting, Frying 등의 방법이 바람직하다. 그러나 오늘날 로스트 코스는 없어지고, 여기서 제공하던 요리를 앙뜨레 코스에서 제공하고 있다.

(6) 야채요리(Salad : Vegetable)

라틴어의 'Sal'(소금)에서 비롯된 말로 재료인 야채에 소금을 가미해서 만든 것이다. 저장방법에 따라 다음과 같이 부분한다.

- 생야채(Fresh Vegetable)
- 냉동야채(Frozen Vegetable)
- 통조림 야채(Canned Vegetable)
- 건야채(Dried Vegetable)

이 야채에는 비타민 A와 비타민C의 함유량이 다른 식물보다 훨씬 많다. 특히 육류를 먹을 때 야채가 곁들여지는 것은 육류의 산성과 야채의 알칼리성이 중화작용을 하여 소화를 촉진시킴은 물론 영양의 조화도 배려한 것이다.

❶ 드레싱의 종류

가. A La Cream

크림과 식초, Lemon Juice를 3:1로 섞고, 소금, 후추를 가미한 것이다.

나. Thousand Island Dressing

마요네즈 소스에 삶은 달걀, 토마토 케첩, 양파, 오이, 칠리소스를 넣어 만든 것이다.

다. French Dressing

식용유에 식초, 소금, 후추, 레몬주스, 겨자, 계란 노른자, 다진 양파를 넣는다.

라. English Dressing

소금, 후추, 겨자, 식초, 식용유, 설탕을 가미한 것이다.

마. American Dressing

식용유, 식초, 겨자, 후추, 계란 노른자, 설탕을 가미한 것으로 English Dressing과 거의 흡사하다.

❷ 대표적인 야채의 종류

국어	프랑스어	영어
완두	Petit Pois(쁘띠 뿌와)	Green pea
강낭콩(깍지에 든)	Haicot Vert(아리꼬 베르)	String Bean
시금치	Epinard(에삐나르)	Spinach
양배추	Shou(슈)	Cabbage
상추	Laitue(레띠)	Lettuce

국어	프랑스어	영어
마늘	Ail(아이)	Garlic
파슬리	Persil(뻬르씨)	Parsley
아스파라가스	Aspargus(아스빠라기스)	Asparagus
샐러리	Celeri(셀러리)	Celery
감자	Pomme de Terre(뽐드 떼르)	Potato
양파	Oignon(오뇽)	Onion
사탕무	Betterave(베뜨라브)	Beetroot
무	Navet(나베)	Carrot
꽃양배추	Chou Fler(슈플레)	Cauli Flower
뚱딴지	Artichaut(아티쇼)	Artichoke
모란	Brocoli(브로꼴리)	Broccoli
미나리	Cresson(그레송)	Water Cress
양겨자	Raifort(레포르)	Horseradish
오이	Concombre(꽁꽁브르)	Cucumber
호박	Potiron(포티롱)	Pumpkin
가지	Abergine(오베르진)	Eggplant
토마토	Tomate(토마뜨)	Tomato
둥근고추	Piment(피망)	Pimento
송이버섯	Champignon(샹비뇽)	Mushroom
송로(버섯)	Truffe(뜨리프)	Truffle
옥수수	Mais(마이즈)	Corn

❸ 야채 자르는 방법

- 알뤼메뜨(Allumette) : 성냥개비 모양으로 자르는 방법
- 바토네(Batonnet) : 제목처럼 자르는 방법
- 브루노아즈(Brunoise) : 작은 주사위 모양으로 자르는 방법
- 샤또(Chateau) : 작고 둥글게 자르는 방법
- 꼴르레뜨(Collerette): 둥근 문고리 모양으로 자르는 방법
- 도미노(Domino) : 1.5cm 정도의 장방형으로 자르는 방법
- 꼬르네(Cornet) : 나팔모양으로 감거나 자르는 방법
- 에멩세(Emincer) : 엷게 써는 방법

- 에멩세 롱드(Emincer Ronde) : 둥글고 아주 엷게 자르는 방법
- 아쉐(Hache) : 잘게 써는 방법
- 줄리엔느(Julienne) : 가늘고 길게 써는 방법
- 올리베뜨(Olivette) : Chateau보다 작은 올리브형으로 자르는 방법
- 뻬이잔느(Paysanne) : 1~2cm 정도의 장방형으로 자르는 방법
- 뤼방(Lame) : 리본형식으로 자르는 방법
- 쁘렝따니에(Printaniere) : 1cm 정도의 주사위 모양으로 자르는 방법
- 람므(Lame) : 레몬 등을 엷게 자르는 방법
- 트랑쉬(Tranche) : 네모반듯하게 자르는 방법
- 살삐꽁(Salpicon) : 한 조각으로 자르는 방법

(7) 후식(Dessert : Dessert)

일반적으로 앙뜨레와 샐러드 다음에 제공되는 순서로 프랑스에서는 de douceur(디쇠르)라고 하여 감미로운 것을 의미한다. 디저트는 단맛과 과일류, 치즈류로 구분하고, 감미류에는 찬 것과 더운 것으로 구분할 수 있다.

❶ **찬 후식**(De Douceur Friod)

- 아이스크림(Ice Cream)
- 샤벳(Sherbet)
- 무스(Mousse)
- 블랑망제(Blancmanger) 등 여러 가지가 있다.

❷ **더운 후식**(De Douceur Chaud)

- Crepes Suzette
- 베이네(Beignets) 등 여러 가지가 있다.

❸ **치즈류**(Cheese)

치즈를 후식으로 할 때에는 보다 많은 영양을 섭취하는데 그 목적이 있다.

- 치즈 수플레(Cheese Souffle)

- 치즈(Cheese)
- 치즈 가공류 등이 있다.

❹ 과일(Fruits)

신선한 것을 통째로 제공하는 것이 원칙이며 이때 Fruits Knife와 Fruits Fork 및 핑거 볼(Finger-Bowl)을 함께 제공해야 한다.

껍질을 벗겨 썰어서 제공할 때에는 과일이 본래의 색을 유지하기 위해 약한 소금물에 담갔다가 제공한다.

조림과일(Can Fruits)은 아이스크림에 곁들여 제공한다. 여러 가지의 과일을 혼합하여 Fruits Cocktail로 제공한다. Appetizer로도 제공된다.

(8) 음료(Coffee, Tea)

모든 식사가 끝나면 마지막 코스에 음료를 제공한다. 이때는 고객이 담배를 피울 수 있도록 재떨이를 제공하고 원하는 음료를 주문받는다.

음료를 제공하는 이유는 충분히 쉬면서 대화를 나눌 수 있는 기회를 마련하기 위함이다. 마지막 코스인 찻잔, 물컵 및 재떨이는 고객이 떠날 때 까지 치우지 않는 것이 원칙이다.

❶ 커피(Coffee)

식후에 즐겨 마시는 기호음료로 커피를 들 수 있다. 고급 식당이나 호텔에서는 보통 Regular Coffee(커피 원두를 분쇄해서 끓인 커피)를 제공한다. 식후에 마시는 커피는 보통 컵의 2분의 1 크기의 컵(Demitasse)으로 Black Coffee(no cream, no sugar)를 제공하는 것이 보통이나 고객의 기호에 따라 설탕이나 크림을 첨가하기도 한다. 커피의 제공시 온도는 80~85℃이며 마실 때의 온도는 60~65℃가 적당하다.

❷ 차(Tea)

차도 커피와 마찬가지로 탄닌, 알카로이드 등 카페인과 같은 흥분제가 함유되어 있어 가벼운 흥분과 상쾌함을 느끼게 하며, 권태기와 졸음을 쫓아 주는 작용을 한다. 차의 종류에는 녹차, 홍차, 오룡차, 인삼차 등이 있다.

3) 기본 테이블 세팅

양식당의 테이블세팅은 영업방침 또는 제공되는 메뉴에 따라 달라지나 일반적인 테이블세팅은 다음과 같다.

❶ Meat Knife ❷ Meat Fork
❸ Butter Knife ❹ B&B Plate
❺ Show Plate ❻ Napkin
❼ Wine glass ❽ Water Goblet
❾ Flower Vase ❿ Caster set ⓫ Ashtray

3. 일식당(Japanese Restaurant)

1) 일본요리의 개요

일본요리는 일본 풍토에서 독특하게 발달하여 일본인이 일상 먹는 요리 총칭이다. 일본열도는 북동에서 남서로 길게 뻗어 있고 바다로 둘러싸였고 계절에 따라 맛이 달라지며 해산물이 풍부하다. 따라서 일본요리는 쌀을 주식으로 하고 농산물, 해산물을 부식으로 하여 형성되는데 일반적으로 맛이 담백하고 색채와 모양이 아름다우며 풍미(향기, 혀끝, 감촉, 씹는 맛)가 뛰어나다. 그러나 이러한 면을 존중한 나머지 때로는 식품의 영양적 효과를 고려하지 않는 경우도 있었는데 제2차 세계대전 후로는 구미 식생활의 영향을 받아 서양풍, 중국풍의 요리가 등장하게 되면서 영양을 고려하게 되었다. 또한 일상의 가정요리도 신식품의 개발과 인스턴트 식품의 보급으로 다양하게 변화되고 있다.

2) 일본요리의 종류와 특징

일본요리는 본선요리, 회석요리, 정진요리 등 3가지로 나뉘는데, 본선요리를 간소화하여 연회에 사용하는 요리를 희석요리라 한다.

본선요리는 일본의 전통요리로 아시카가(1330~1543)시대부터 궁중 및 관혼상제에 사용돼 왔다. 5상으로 이뤄진 것을 최고급으로 한다. 회석요리는 보통 12개의 코스로 나오는 오늘날 일본요리의 전형적 형태이며, 다석에서 차와 함께 제공되는 요리이다. '회석' 이란 불교일과인 선종의 승려들이 수양 중 좌선하면서 공복감에 오는 고통을 막기 위해 돌을 뜨겁게 달궈 헝겊에 싸서 품속에 품었던 데서 유래된 말이다. 정진요리는 일본의 가마쿠라시대에 만들어진 요리이다. 비린내 나는 것을 피하고 채소, 버섯, 두부 등 식물성 식품을 재료로 하여 만든, 절을 중심으로 발달한 불교식 요리이다.

요리상 특성을 나열해 보면 다음과 같다.

❶ 어패류를 재료로 하는 요리가 발달하였다.

❷ 생식요리가 발달하였으며, 조미법에서 재료가 갖고 있는 맛을 최대로 살릴 수 있다.

❸ 계절감이 뚜렷하다.

❹ 요리를 담는 기물이 다양하고 예술적이다.

❺ 요리를 담을 때 공간과 색상의 조화를 매우 중요시한다.

❻ 비교적 요리의 양이 적으며 섬세하다.

❼ 일본요리의 메뉴는 그 조리법에 따라 분류된다.

❽ 전채가 계절별로 다양하다.

❾ 양식과 중식에 비해 강한 향신료의 사용은 비교적 적은 편이다.

(1) 형식에 의한 구분

❶ 혼젠 요리

관혼상제의 경우에 정식으로 차리는 의식요리로 식단의 기본은 일즙삼채, 이즙오채, 삼즙칠채 등이 있으나 일즙오채, 이즙칠채, 삼즙구채, 사즙십일채 등으로 수정된 것도 있다. 또 선의 수도 여러 가지 있으며 본선, 이선, 삼선, 여선, 오선 등으로 되어 있다.

❷ 가이세끼 요리

회석에서 차리는 회석요리를 회석요리라고 한다. 회석요리는 에도시대에 배해좌석의 식사로 발달된 것을 기본으로 해서 구성되어 가장 간단한 것은 삼채 정도부터 시작하여 오채가 되면 즙물은 이즙이 되며, 칠채, 구채, 십일채 등의 기수로 증가된다.

❸ 차가이 세기 요리

다회석요리는 회석요리라고도 하며 다석을 위한 요리였다. 회석은 불교의 일파인 선종에서 기인된 말이다. 선종승이 시도한 회석이 이후의 다도에서 차리는 요리의 총칭이 되었다고 한다. 즉 빈속에 차를 마시면 쓰리고 아프기 때문에 간단한 요리를 미리 조금 먹은 후에 차를 마셨다고 하여 회석요리라고 불리게 된 듯하다.

❹ 쇼진 요리

정진요리는 다도가 보급되기 전후에 서민에게 전달되었다. 불교전래에 따라 중국의 불교승이 일본에 귀화하는 일이 많아져 대두를 이용하는 청국장, 두부튀김 등 비린 냄새가 나는 생선 또는 수조육을 전혀 사용하지 않는 불교승의 독특한 요리인 정진요리가 보급되었다. 정진요리의 뜻은 유정을 피하며 무정인 채소류, 곡류, 두류, 해초류만으로 조리한 것으로 미식을 피하고 조식을 의미한다.

❺ 후까 요리

보채요리는 별칭 오오바쿠요리라고도 하며 황벽산 만복사의 법주였던 스님이 중국에서 찾아오는 선종승들을 대접할 때 정진 요리를 중국식으로 조리하였던 것으로 음식명에도 중국식 명칭이 아직도 잔존하고 있다.

❻ 기타

항구인 나가사키에서 외국인이나 선원에게 판매하기 위해 시작된 외국 풍의 자부요리, 벤또 형식의 요리, 돔부리 형식의 요리 등이 있다.

(2) 지역에 의한 구분

❶ 간또오 요리

관동요리는 무가 및 사회적 지위가 높은 사람들에게 제공하기 위한 의례요리로서 맛이 진하며 달고 짠 것이 특징이다. 당시에는 설탕을 '아아미' 라고 할 만큼 귀했었는데 이것을 많이 사용했다는 것은 관동요리가 그만큼 고급요리였다는 것을 보여준다. 또한 관동지방은 외해에 연해 있어 단단하고 살이 많은 양질의 생선이 풍부했으나, 반면에 내해에서 잡히는 생선은 극히 부족하였으므로 외해에서 잡히는 생선에 맞는 요리가 성했다. 한편 토양과 수질 등이 관서지방에 비해 거칠었기 때문에 관서요리가 부드러운 맛을 창출한 것에 비해 관동요리는 농후한 맛을 이룩하게 되었다.

❷ 간사이 요리

관서요리라는 말은 최근에 사용하기 시작한 말로서 그 이전에는 가미가타(교토 부근의 지방)요리라고 하였다. 관서요리는 관동요리에 비해 맛이 얇고 부드러우며 설탕을 비교적 쓰지 않고 재료 자체의 맛을 살려 조리하는 것이 특징이다. 따라서 관서요리는 재료의 색깔이 거의 유지되기 때문에 모양이 아름답다.

(3) 조리방법에 의한 구분

❶ **생선회** 활어회, 흰살, 생선, 참치회 등

❷ **맑은 국** 계란 맑은 국, 흰 된장국, 닭다시 맑은 국

❸ **절임류** 배추 절임, 다꾸앙, 우메보시

❹ **구이요리** 소금구이, 데리야끼

❺ **조림, 삶은 요리** 생선, 아라다끼, 쇠고기, 데리니, 야채조림

❻ **튀김요리** 차새우튀김, 흰살생선튀김, 야채튀김, 쇠고기 덴부라, 닭고기 튀김

❼ **찜요리** 생선 술찜, 닭고기 술찜, 전복 술찜

❽ **무침요리** 야채 시라아에, 이가모미지아에

❾ **초회** 새우초회, 게초회, 문어초회

❿ **냄비요리** 복지리 냄비, 샤부샤부, 냄비우동, 스끼야끼

⓫ **면류** 데우찌우동, 기쓰네우동

⓬ **덮밥류** 닭고기 덮밥, 돈가스 덮밥, 튀김 덮밥

⓭ **밥** 밤밥, 죽순밥, 굴밥, 천연송이밥

3) 테이블 세팅과 서비스 방법

(1) 테이블 세팅

❶ 기본 세팅

젓가락, 젓가락 받침, 냅킨, 재떨이, 간장병 받침, 간장병, 이쑤시개

1. Chopstick 2. Chopstick Holder 3. Napkin

4. Tea cup 5. Ashtray 6. Salt Shaker

7. Pepper shaker 8. Soy Sauce Bottle

9. Toothpick Holder 10. Tea Cup Underliner

❷ 아침밥 정식 세팅

젓가락, 밥, 된장국 또는 된장국, 일본김치, 더운 야채, 김, 소량의 음식, 구이, 조림, 쟁반

❸ 아침죽 정식 세팅

젓가락, 죽, 된장국, 일본김치, 더운 야채, 일식 숟가락, 소량의 요리

(2) 서비스 방법

❶ 회석요리 서비스 방법

- 회석요리는 한꺼번에 제공하지 않고 메뉴의 차림표에 의해서 제공한다.
- 스이모노(장국)서비스 후 음료의 추가 주문을 받는다.
- 도미구이, 왕새우구이, 복냄비 등 뼈가 있는 생선을 제공할 때에는 물수건을 별도로 준비한다.
- 요리를 추가했을 경우에는 주방에서 만들어지는 대로 제공한다.
- 밥, 장국, 싱꼬를 제공하고 뚜껑은 접객요원이 열지 않고 고객이 직접 열도록 한다.

❷ 냄비요리 서비스 방법

냄비요리는 다른 요리와는 달리 고객 식탁에서 직접 끓이면서 조리하여 고객에게 제공하기 때문에 세심한 주의가 필요한 서비스이다.

가. 샤부샤부 서비스

- 불은 중간불 정도로 하며 거품이 생기면 즉시 걷어낸다.
- 물이 끓으면 배추와 파를 넣어서 익힌다.
- 고기를 살짝 익혀 야채와 고기를 같이 낸다.

- 야채를 먼저 익힌 다음 고기를 살짝 익혀 덜어 주는 것을 반복한다.
- 떡은 중간 정도에 넣는다.
- 우동은 중간불로 끓이는데 양념은 우동을 넣기 전에 넣는다.
- 우동은 그릇에 떠서 그 위에 뽄스를 약간 뿌려서 제공한다.

나. 전골 서비스

- 불은 중간불 정도로 하여 팬에 파를 먼저 잘 볶는다.
- 볶은 파 위에 고기를 얹어 익힌 다음 다래 소스를 붓고 조리될 동안 계란을 풀어 고객에게 제공한다.
- 조리된 파와 고기를 제공한 후 고객에게 맛의 감정을 의뢰한다.
- 프라이팬에 다래 소스를 넣고 죽순, 표고버섯, 느타리버섯, 두부, 꼰야꾸를 조금씩 넣어서 익힌다.
- 조리된 야채와 고기를 고객에게 제공한 후 다시와 가래로 간을 맞춘다.
- 쑥갓은 제일 나중에 넣는다.
- 손님의 기호에 따라 시찌미를 제공한다.

■ 메뉴의 구성

순서	일본어	한국어	특징
1코스	오도오시	전미	요리가 나오는 동안 즐길 수 있는 가벼운 술안주로 쓰키다시를 가리킨다.
2코스	젠사이	전채	양식의 에피타이저로 식욕을 돋우는 요리이다.
3코스	스이모노	맑은국	국물 속에 소량의 고형식품을 넣은 국을 말한다.
4코스	사시미	생선회	관동지방에서는 사시미, 관서지방에서는 쓰구리라고 한다.
5코스	야키모노	구이요리	소금구이는 시오야키, 연한 양념간장으로 구운 요리는 스케야게라 한다.
6코스	니모노	조림	일반적으로 반찬이나 술안주로 사용되는 조림요리이다.
7코스	무시모노	찜	재료를 찜통에 넣어 증기로 찐 요리, 일반적으로 계란찜요리와 술찜요리가 있다.
8코스	스노모스	초회	양념초를 이용하여 만든 요리로 식사 중간이나 전채요리로 나온다.

4. 중식당(Chinese Restaurant)

1) 중국요리의 개요

중국요리는 중국 대륙에서 발달한 요리의 총칭으로 일명 청요리라고도 한다. 중국은 오랜 세월을 두고 넓은 영토와 영해에서 다양한 생산물과 풍부한 해산물을 얻을 수 있으며, 이들 산해 식품을 이용한 요리는 불로장수를 목표로 오랜 기간의 경험을 토대로 꾸준히 다듬고 연구 개발되어 현재는 세계적인 요리로까지 발전하게 되었다. 다시 말하면 폭넓은 재료의 이용, 맛의 다양성, 풍부한 영양, 손쉽고 합리적인 조리법, 풍선한 외양 등이 중국요리로 하여금 세계 어느 곳, 어느 사람에게나 적응 또는 환영을 받게 하였다.

한 나라의 요리가 그 나라의 역사와 전통, 기후, 풍토의 소산인 동시에 국민 슬기의 총화라 한다면 중국요리가 오늘날 세계적인 요리로 발전하게 된 것도 우연일 수 없는 것이다. 일찍이 동양문화를 이룩해 낸 중국인의 슬기가 광대한 영토에서 산출되는 다종다양한 산물을 바탕으로 하여 수천년 역사 속에서 문화의 한 분야로 꾸준히 다듬고 가꾸어 온 결과라 할 수 있다. 또한 넓은 영토를 지녀온 중국은 지역적으로 풍토, 기후, 산물, 습관이 다른 만큼 지방색이 두드러진 요리를 각각 특징 있게 독특한 맛을 낼 수 있는 요리로 발전시켰다. 이처럼 독특한 개성을 지니고 발전해 온 각 지방의 요리는 예로부터 빈번하게 있어온 민족 간의 이동과 더불어 상호 교류와 보완을 통해서 오늘의 중국 요리로 발전된 것이다.

2) 일반적인 특징

중국요리의 지역적인 특색과 함께 중국요리의 이해를 돕기 위해 일반적인 특징을 간략하게 정리하면 다음과 같다.

❶ 재료 선택이 자유롭고 광범위하다

일반적인 식료품 거의 모두가 재료로 이용되고 있을 뿐 아니라, 제비집이나 상어지느러미 같은 특수 식품도 일품요리의 재료로 이용되고 있을 만큼 재료의 종류가 다양하고 광범위하다.

❷ 맛이 다양하고 광범위하다

오미를 복잡 미묘하게 배합하여 창출해 내는 맛의 다양성은 세계적으로 유명하다. 오미, 즉 단맛, 짠맛, 신맛, 매운맛, 쓴맛, 의 배합이 발달되어 조화가 이루어짐을 백미향이라고도 한다.

❸ 조리 기구는 간단하고 사용이 용이하다

다양한 요리 종류에 비해 요리 기구는 가짓수가 적고 사용법도 간단하다. 후오궈(중국냄비), 사궈(볶음, 튀김냄비), 도우사오(그물조리), 찡룽(찜통) 외에 식칼, 뒤지개, 국자 등이 조리기구의 전부라 할 만큼 가구는 간단하다.

❹ 조리법이 다양하다

가구는 간단하지만 조리법은 아주 다양하다.

❺ 기름을 합리적으로 많이 사용한다

중국요리는 대부분 기름에 튀기거나, 조리거나, 볶거나, 지진 것이라 기름이 많이 사용되며 적은 재료로 많은 칼로리를 얻을 수 있어 합리적이다.

❻ 조미료와 향신료의 종류가 풍부하다

중국요리의 풍부한 맛은 많은 종류의 조미료와 향신료를 적절히 이용하기 때문이라 하겠다.

❼ 외양이 풍요롭고 화려하다

중국요리는 몇 인분이라는 말이 없다. 한 그릇에다 요리 전부를 담아내어 덜어서 먹는다. 그러나 사람 수에 의해 요리의 양과 요리 수를 조절하는 것이 원칙이며 요리의 장식이 매우 훌륭하다.

3) 지역적인 특징

중국인들은 각 지역에 따라 독특한 재료와 조리 및 조미방법, 그 지역의 기후 및 풍토에 따라 여러 가지 특색 있는 요리를 창안해 왔는데 그 중 대표적이라 할 수 있는 것은 다음의 4대 계통을 들 수 있다.

(1) 북경요리

일명 정차이라고도 하며 베이징을 중심으로 남쪽으로 산둥성 서쪽으로 타이완까지의 요리를 포함한다. 베이징은 오랫동안 중국의 수도로 정치, 경제, 문화의 중심지였고 고급요리가 발달하여 가장 호화스러운 요리문화를 이룩한 곳이며, 지리적으로는 한랭한 북반에 위치하여 높은 칼로리가 요구되었기 때문에 육류를 중심으로 강한 화력을 이용하여 짧은 시간에 조리하는 튀김요리와 볶음요리가 특징적이다.

북경요리의 대표적인 것은 오리통구이인 카오아쯔인데 별칭 베이징야즈인 이 요리의 먹는 법이나 독특한 맛은 국제적으로도 높이 평가되고 있다. 또한 징기스칸 구이인 카오양로우 등 양고기를 쓰는 것도 북경요리의 한 특징이다.

베이징은 화북평야의 광대한 농경지에서 생산되는 소맥을 비롯한 농작물, 과물 등이 풍부하며 멘, 만로우(만두), 빵 등의 종류가 많다. 빵에는 계절의 꽃향기를 넣어 풍미를 살린 것도 있다.

(2) 남경요리

중부 중국의 대표적인 요리로 난징, 상하이, 쑤조우, 양조우, 등지의 요리를 총칭한다. 중국 내륙의 젖줄인 양쯔강 하구에는 오랜 옛날부터 난징을 중심으로 풍부한 해산물과 미곡을 바탕으로 한 식생활이 발달하였다. 그러나 19세기부터 밀어닥치기 시작한 서유럽의 대륙잠식은 상하이에 조계를 다투어 설치하기에 이르렀고 이러한 외세의 입김으로 결국 상하이는 중부 중심지가 되었다. 이 남경요리 중 구미풍으로 국제적인 발전을 이룩한 것을 상하이요리라 한다.

상하이는 따뜻한 기후와 풍부한 농산물, 갖가지 해산물의 집산지로 다양한 요리를 낳게 했고, 특히 이 지방의 특산물인 장유를 써서 만드는 요리는 독특한 바가 있다.

상하이 요리는 간장이나 설탕으로 달콤하게 맛을 내며 기름기가 많고 진한 것이 특징이기도 하다.

돼지고기에 진간장을 써 만드는 홍사오로우가 유명하고 한 마리의 생선을 가지고 머리에서 꼬리까지 요리하는 조리법과 양념을 달리해서 맛을 내는 생선요리도 일품이다. 바닷게로 만드는 푸룽칭셰, 두부로 만드는 스진사꿔또부와 꽃모양의 빵인 화쉬안 등도 유명하다.

(3) 광동요리

남부 중국의 요리를 대표하는 광주요리를 중심으로 복건요리, 조주요리, 동강요리들의 지방요리 전체를 일컫는다. 광동요리를 흔히 난차이라고 하는데, 광저우는 외국과의 교류가 빈번하여 16세기부터는 스페인, 포르투갈의 선교사와 상인들이 많이 왕래하였기 때문에 특이한 요리에다가 국제적인 요리판이 정탁되어 독특한 특성을 이룩했다. 사람들은 일찍부터 이 매력 있는 식생활의 고장을 일러 식재광주라고 칭찬했던 것이다.

남쪽의 더운 지방인 광조우의 요리는 재료가 가지고 있는 자연의 맛을 잘 살려내는 담백한 것이 특징인데, 서유럽 요리의 영향을 받아 쇠고기, 서양채소, 토마토케첩, 워스터소스 등 서양요리의 재료와 조미료를 받아들인 요리도 있다.

이러한 재료는 전통요리의 맛에 변화를 가져온 것이 사실이었고 그것을 소화하고 중국화하는 데에 능한 그들은 서유럽풍이 섞인 다채로운 맛의 연회요리로까지 발전시켰던 것이다.

볶음에 있어서는 재료가 지니고 있는 자연의 맛을 살리기 위해 재료를 지나치게 익히지 않고 비교적 간을 싱겁게 하며 기름도 적게 쓴다. 또 하우유, 그, 칭정 같은 조리법으로 담백한 맛을 내기도 한다. 대표적인 요리는 구운 돼지고기인 차사오와 광동식 탕수육인 꾸라오로우 등이 있고, 뗀신 종류로는 사오마이, 차오관 등이 있다.

(4) 사천요리

중국의 서방 양쯔강 상류의 산악지대 요리를 대표하는 사천요리는 원난, 꾸이조우 지방요리까지를 총칭한다. 사천지방은 바다가 멀고 더위와 추위가 심한 지방으로서 예로부터 악천후를 이겨내기 위해 향신료를 많이 쓴 요리가 발달해 왔기 때문에 매운 요리와 마늘, 파, 고추를 사용하는 요리가 많다. 또한 오지이므로 소금절이, 건물들의 보존식품이 발달하여 채소를 이용한 자차이 같은 특산물을 낳기도 했으며, 산악지대에서 나오는 암염은 소금절이의 밑받침이 되었고 신맛과 매운맛, 톡 쏘는 맛과 향기가 기본을 이루었다. 두부와 다진 고기를 이용한 마포또우포, 회교도, 들의 양고기요리인 양로우꿔쯔, 새우고추장 볶음인 깐사오밍샤 등이 유명하다.

사천요리는 일명 천차이라고도 한다.

4) 조미료와 향신료

(1) 조미료

중국요리의 특징으로서 조미료의 종류가 많을 뿐 아니라 중국 고유의 독특한 조미료가 많이 있다. 그 가운데 중국의 조미료가 아니면 안 되는 독특한 몇 가지 종류를 살펴보면 다음과 같다.

❶ 소금

우리나라에서 사용하는 소금과 같으며 보통 정제염을 사용하나 중국에서는 암염의 산지인 사천지방의 것을 사용해서 조리한다.

❷ 간장(장유)

콩을 원료로 하여 사용하여 제조한다. 우리나라의 간장과 거의 같고 빛깔이 짙은 점에 있어 우리나라에서 왜간장이라고 불리는 것과 비슷하다.

❸ 설탕

중국에서 단순히 당 이라고 말하면 백설탕을 말하며 요리에 가장 많이 쓰인다.

❹ 초(추)

중국에서는 빠이추라는 빛깔이 옅은 초와 홍추라고 하여 짙은 적황색을 한 초가 있다.

❺ 술(주)

우리나라에서는 주로 청주를 이용하는데 중국에서는 조미료용으로 많이 쓰이는 로주를 이용한다.

❻ 두반장(또우반장)

점두로 담근 된장에 향료와 빨간 고추를 곁들인 것으로 우리나라 고추장처럼 빛깔이 빨갛다. 볶음요리 등에 쓰이는데 된장의 풍미에 매운 맛이 깃들인 것이 특징이다.

❼ 굴기름

굴에서 짠 기름으로 짭짤한 맛이 있고 조금만 넣어도 매우 감칠맛이 나는 조미료이다. 볶음요리 등에 사용한다.

❽ **고추기름**

상질의 참기름에 볶은 고추를 넣고 가열하여 매운맛을 기름에 깃들이게 한 것이다.

(2) 향신료

조미료와 함께 향신료도 중요한 역할을 한다. 흔히 사용하는 것으로는 파, 생각, 마늘, 고추 등이 있으며 그밖에도 중국 고유의 독특한 향신료로 하쟈오편, 후이샹 우상펀 등이 있다.

이것들은 재료에 따라 구별해서 쓰는데 일반적으로 고기나 생선류에는 파, 생강, 내장류에는 마늘, 두부, 가지요리에는 빨간 고추를 사용한다.

❶ **파**

요리나 재료에 따라 큼직하게 썰거나 작게 썰어 폭넓게 사용하며, 향미야채로써 빼놓을 수 없는 재료이다.

❷ **생강**

파와 함께 널리 사용하는데, 특히 고기요리에 빼놓을 수 없는 향신료이다. 사용할 때에는 갈아서 생강즙을 내거나 엷게 썬다.

❸ **마늘**

독특한 냄새가 있어서 덜 좋아하는 사람도 있으나 주재료의 냄새를 제거하는데 빼놓을 수 없다. 1쪽을 2~3조각으로 썰거나 다져서 이용한다.

❹ **붉은 고추**

톡 쏘는 매운맛이 특징이다. 요리에 따라 큼직하게 썰거나 잘게 썰기도 한다.

❺ **산초**

재료의 냄새를 제거하거나 요리에 풍미를 더하기 위해 사용되는 향신료이다.

❻ **산초가루**

산초열매의 검은 심 을 떼어내고, 냄비에 볶은 것을 빻아 가루로 만든 것이다.

❼ 회향

회향풀의 한 종류로 빛깔은 다갈색인데, 육류나 내장류, 생선 등의 조림이나 찜에 사용하며 재료의 냄새를 제거하고 풍미를 더해 준다.

❽ 오향분

다섯 종류의 향료를 합한 것이다. 다섯 종류란 팔각, 육계, 정향, 산초, 진피 인데 각각 분말로 만들어 함께 섞는다. 향기가 매우 좋다.

> **5미와 조미**
>
> **1. 5미**
>
> 매운맛 · 신맛 · 짠맛 · 단맛 · 쓴맛
>
> **2. 조미**
>
> – 라숙 : 고추, 라유 : 고추기름, 장유 : 간장, 두장 : 된장, 염 : 소금, 하장 : 잔새우 된장, 하 : 새우젓, 하유 : 생새우기름, 산숙유 : 참기름에 산숙의 향을 옮긴 것
>
> – 장두부 : 소금과 메주를 섞은 두부장

5) 메뉴의 구성

메뉴의 구성은 Cold Dishes(Appetizer), Soup류, Main Dish로, Sharks Fin, Sea Cucumbers, Abalones and Scallop, Lobster and Shrimps, Fish, Chicken and Duck, Pork, Beef, Vegetable, Bean Curd, Mixed Food, 식사류(Rice & Noodles), 감채류(Swwt Cakes & Candies), Dessert의 순으로 짜여져 이용고객에게 판매되고 있다.

또한 이러한 수백 종의 다양한 일품요리는 각 나라별로 특징 있게 약간씩 변화되어 오고 있는 것이 현실이다. 우리나라의 경우 요리의 온도(Temperature), 자극의 정도(냄새, 맛), 부드러움의 강약 등을 고려하여 서비스순서를 정하는 독창적인 방법을 개발, 정착시키고 있는데, 양식의 서비스방법과 순서와 대동소이하다 할 수 있으며, 특히

Russian Service방법이 애용되고 있다. 한편, 요리가 수백 종이 넘어 고객의 요리에 대한 일반적인 지식이 부족한 경우가 많아 고객의 기호도와 선호도가 높은 요리를 품목별로 발췌하여 구성한 Chef's Specialties요리가 널리 판매되어 매출기여도가 높은 것이 현실이며, 계절별로 특산되는 재료를 신선하게 요리한 계절특별요리(Seasonal Specialties)가 함께 고객에게 판매되고 있다.

(1) 정탁요리

정탁요리는 상요리라고도 불리며 정해진 순서에 따라서 제공되는 메뉴로 가격에 의하여 메뉴가 작성되고 보통 6~10인분을 기준으로 하고 있다.

정탁메뉴(예)

특품냉채 Special appetizer Assortment
최고급 상어 지느러미 요리 Braised Shark's Fin in Brown Sauce
송이, 제비집요리 Sauted Mushrooms and Bird's Nest
북경오리 Peking Duck
청채, 굴소스 Chinese Green Vegetables with Oyster Sauce
해삼, 전복 Sliced Fresh Abalone with Sea Cucumber
바다가재 칠리소스 Braised Lobster with Chili Sauce
기스면이나 볶음밥 Noodles or Fried rice
찹쌀떡 Fried Honey-Dipped Rice Balls
과일 Fresh Fruit

(2) 일품요리

일품요리는 정식요리처럼 순서에 따라 먹는 것이 아니고 고객의 기호나 식성, 양을 자유로이 선택해서 먹을 수 있는 요리이다. 일품요리에는 다음과 같은 종류가 있다.

냉채류, 제비집과 상어지느러미류, 해삼, 전복, 새우류, 오리고기, 닭고기류, 쇠고기, 돼지고기, 야채, 두부, 잡품류, 수프류, 식사, 면류, 감채류 등이 있다.

(3) 특별요리

요리재료의 특성에 따라 특별히 구성되는 메뉴이며, 고객의 특별한 주문에 의하여 만들어지는 요리이다. 특선요리로는 곰발바닥, 사슴꼬리찜, 자라요리 등이 있다.

6) 요리법

중국요리는 다양한 요리의 종류에 비해 조리기구는 놀라울 정도로 수가 적고 사용법도 간단하다. 조리기구가 간단한 반면에 조리법은 아주 다양하다. 따라서 어떤 재료를 이용해도 원하는 요리를 충분히 해 낼수 있다.

(1) 과정

중국요리는 70여 종의 조리법과 다채로운 조미방식을 기반으로 해서 만든다. 요리는 단순한 기술조직만으로 되는 것이 아니라 예술성도 있어서 좋은 요리를 만들려면 경험과 숙련이 필요한데, 우선 중국요리가 어떠한 과정으로 만들어지는가를 알고 각각의 중요점을 파악하지 않으면 안 된다.

(2) 분류와 요리

일반적인 분류는 다음과 같다.

❶ 냉분

양채 혹은 냉채라고도 하며, 여러 가지 재료를 병합하여 만드는 것을 냉분 또는 냉반이라 부른다.

- 해파리냉채
- 새우냉채

❷ 열분

전채의 하나로 더운 요리 중 가장 먼저 내는 요리이며 양, 질, 맛이 강조되는 요리이다.

- 삼선어취 : 해삼, 새우, 전복, 상어지느러미
- 전가복 : 해삼, 새우, 전복
- 해삼주스 : 해삼과 삼겹살

❸ 증채

고온의 증기를 이용하여 익히는 방법이다.

- 닭찜요리 : 닭요리, 생각
- 삼겹살찜 : 삼겹살, 물엿, 차
- 조기찜 : 조기, 생강, 간장

❹ 작채

많은 양의 기름을 Pan에 넣고 가열하여 익혀내는 방법이다.

- 닭고기튀김 : 닭, 오향분, 정종, 물엿
- 갈비튀김 : 돼지갈비, 계란, 오향분, 밀가루

작채의 특성

조리에 기름을 사용함으로써 더욱 맛을 돋울 수 있다. 또 적은 양으로 칼로리를 얻을 수 있으며 단시간에 고온을 이용함으로써 비타민과 다른 성분의 손실을 막을 수 있다.

- 기름의 양이 적으면 분해가 빠르고 재료가 팬 밑에 붙어 타버린다.
- 기름의 용량을 재료용량의 2배로 한다.
- 재료를 넣을 때에는 기름의 온도가 저하되지 않도록 양을 조절하여 튀긴다.
- 튀김기름의 온도

❺ 소채

강한 화력을 이용하여 빠른 속도로 볶아내는 방법이다.

- 고추돼지고기볶음 : 돼지등심, 붉은 고추, 뚜반장
- 새우칠리소스 : 대하, 생강, 토마토케첩

❻ 문채

재료를 살짝 튀긴 후에 많은 육수를 넣어 오랜 시간 조리하는 방법이다.

- 마파두부 : 연두부, 마늘, 생강, 뚜반장

- 홍소쌍동 : 동구버섯, 죽순
- 홍소사자루 : 돼지고기 다진 것

❼ 고채

재료에 양념을 한 뒤 불에 굽는 방법이다.

- 오리껍질요리 : 오리구이통에 넣고 180℃의 온도로 1시간 30분 정도 굽는다.
  - 껍질만 떠서 사용한다.
  - 파를 채로 썰어놓고 짜장과 춘빙을 곁들여 낸다.
- 새우튀김 : 새우, 토마토케첩
- 차고향육 : 훈제 돼지고기, 오향분

❽ 류채

익힌 재료를 여러 가지 조미료가 혼합한 소스에 넣어 만든 방법이다.

- 류산스 : 해삼, 쇠고기, 죽순, 동고버섯, 새우
- 탕수생선 : 광어, 목이버섯, 생강, 전분

❾ 탕

- 주탕 : 한식의 육수, 양식의 수프 스톡(stock)등과 같이 국물요리, 볶음요리, 조림요리, 찜요리 등에 많이 사용되며, 중화요리의 기초가 된다.
- 상탕 : 맑고 짙은 맛의 국물로 국요리, 볶음요리, 조림요리, 찜요리 등에 이용된다.
- 청탕 : 맑은 장국을 말하며 이용범위가 중구요리에 제일 많다. 청탕에는 맑은 육수를 이용해야 하고 간은 반드시 소금을 사용해야 하며 재료는 미리 그릇에 담아놓고 뜨거운 육수를 붓는다.
- 청탕부용 : 계란지단과 쪄서 만든 계란을 재료로 한 탕이다.
- 청탕연고 : 남양의 해변에 사는 제비집을 건조시킨 것으로 해초와 새털을 뭉친 것으로 우윳빛이 나고 광택이 있는 중화요리의 최고급요리이다.
- 청탕어편 : 흰살 생선에 소금, 정종, 계란흰자, 녹말가루를 넣어서 버무려 끓는 물에서 데쳐낸다. 야채를 데쳐, 그릇에 곁들여 담아 뜨거운 육수를 붓는다.

(3) 용어

중국은 국토가 방대하기 때문에 각 지방마다 조리법이 다양하고 요리도 특색이 잇지만 모든 요리는 다음의 기본조리법을 기초로 한다.

❶ 전

프라이팬에 기름을 조금 넣어 가열한 후, 재료를 넣고 중간 불에서 천천히 익혀가는 조리법이다. 이때 화력이 너무 강하면 속은 익지 않고 표면이 쉽게 타며, 화력이 약하면 조리시간이 길어져 영양소가 파괴되고 신선한 맛이 저하되므로 불의 강 · 약에 유의한다.

❷ 증

고온의 증기를 이용하는 조리법으로 재료를 넣을 때에는 물이 끓는가를 먼저 확인한다. 또 재료를 빨리 익히고 맛을 보존하기 위해서는 반드시 뚜껑을 닫고 조리하며, 조리 중에는 뚜껑을 자주 열지 않도록 한다.

❸ 짜아

프라이팬에 기름을 많이 넣고 가열한 후, 재료를 넣어 튀기는 조리법으로 열량이 높아지고 독특한 향이 난다.

재료에 따라 불의 강 · 약을 조절하도록 하며, 짜아에는 다음과 같은 방법이 있다.

가. 칭짜아

재료에 간을 하지 않고 전분을 묻히지 않은 채로 튀기는 방법이다.

나. 깐자아

재료에 전분을 묻혀서 튀김옷을 입혀 튀기는 방법이다.

다. 꺼어리

흰색으로 가볍게 튀기는 방법 달걀흰자의 거품을 일군 후 전분을 각각 섞어 입혀 튀기는 것으로 탁한 색이 되지 않도록 주의한다.

❹ 차오

프라이팬에 기름을 조금 넣고 강한 불에서 빠른 속도로 볶아내는 조리법으로 영양소의 파괴가 적어 가장 많이 사용된다.

조리할 때 재료를 많이 넣고 볶으면 재료가 골고루 익지 않으며 맛도 고르지 않으므로 한꺼번에 많은 양의 재료를 볶지 않도록 한다.

차오에는 다음과 같은 방법이 있다.

가. 칭차오

재료에 아무것도 묻히지 않고 볶는 방법이다.

나. 깐차오

재료에 튀김옷을 입혀 튀긴 다음 다른 재료와 같이 볶는 방법이다.

다. 찡차오

녹말 이외에 달걀흰자를 대료에 바르고 녹말가루를 묻혀 튀긴 다음 다른 재료와 함께 볶는 방법이다.

❺ 문

재료를 살짝 튀긴 후에 육수를 많이 넣고 약한 불에서 천천히 오랫동안 조리하는 방법으로 조리할 때에는 반드시 뚜껑을 덮어야 한다. 이때 대부분의 영양소가 육수에 혼합되므로 음식을 만들 때에는 반드시 육수와 재료를 혼합한다.

❻ 돈

증과 문을 혼합한 조리법으로, 프라이팬에 재료를 넣고 적당한 육수와 향신료, 조미료 등을 첨가한 후 뚜껑을 덮고 끓이는 방법이다.

❼ 루

물에 각종 향신료와 조미료를 넣은 후 재료를 넣고 삶아내는 조리법으로 재료는 잠길 정도로 넣는 것이 가장 적당하다.

❽ 카오

재료에 양념을 하여 불에 직접 굽는 조리법으로 다음 두 가지 방법이 있다.

가. 밍루

재래적 방법으로 시간이 많이 걸리고 한 번에 많은 양을 조리할 수 없으나 뛰어난 맛과 향을 낸다.

나. 문루

현대적인 설비를 이용한 방법으로 한 번에 많은 양을 구워낼 수 있다. 또한 재료에 함유되어 있는 지방이 제거되기 때문에 담백한 맛이 나지만 맛과 향은 밍루보다 떨어진다.

❾ 쉰

양념한 생 재료나 익힌 재료를 연기로 훈제하여 색과 향을 내는 조리법이다. 이때 주로 톱밥, 엽차, 겨, 설탕, 감초, 화양가루 등을 숯불에 뿌려 연기를 내서 사용한다.

❿ 류

전 또는 짜아의 방법으로 조리하거나 혹은 물에 살짝 익힌 재료를 여러 가지 조미료가 혼합된 소스에 넣어서 빠른 속도로 섞어내는 조리법이다. 소스의 종류에 따라 팽 또는 회 라고 구별하여 부른다.

⓫ 빠이차오

끓는 물로 익힌 재료를 접시에 건져 놓고 소스를 덮어 주는 조리법으로, 재료를 익힐 때 물이 너무 많으면 맛이 저하되므로 물의 양에 유의한다.

⓬ 탕

육수나 즙에 재료를 넣어 만드는 것으로 수프 또는 국이라고 한다.

⓭ 기타 조리법

서양요리의 젤리(Jelly)와 같이 응고시켜 만드는 방법으로 동이 있으며, 죽처럼 만드는 죽 방법이 있다. 또 약한 불에서 서서히 연하게 익혀내는 홍숙(간장을 넣어 색을 내는 것)과 백숙이 있다.

7) 테이블 세팅

(1) 테이블 세팅 전 준비 및 점검사항

테이블 세팅은 고객을 맞이할 수 있는 모든 제반 준비를 완료하는 단계를 말하며, 고객에게 편안함과 안락한 이미지(Image)를 부여함과 동시에 식사의 편의를 최대한 제공하기 위한 기본 준비 작업이다. 또한 종업원의 신속한 서비스를 위한 준비이기도 하다.

구체적인 세팅 전 준비 및 점검사항을 살펴보면 다음과 같다.

❶ Table 및 Chier가 흔들리는 것이 있는지 확인한다.

❷ Table Cloth는 잘 깔려 있는지, 더럽지 않은지 확인한다.

❸ Setting에 필요한 기물이나 Napkin을 다시 한 번 확인한다.

❹ Flower Vase의 꽃이 시들지 않았는지 확인한다.

❺ 각종 소스병(Hot Oil Vinegar, Soy Sauce) 등을 점검한다.

❻ 예약사항을 확인한다.

(2) 테이블 세팅과 서비스방법

❶ 테이블 세팅과 기물 세팅

1인분을 기준으로 필요한 기물세팅은 다음과 같다.

- Napkin : Shou Jou
- 식단 : Tsai Tan
- 조미료 접시, 간장. 라유(고추기름), 식초 : Wel Po
- 유리컵 : Po Li Pei
- 술잔 : Chiu Hu
- 공기그릇 : Wan
- 술주전자 : Chiu Hu
- 뼈접시 : Ku Tieh
- 작은 빈 접시 : Sao Tieh
- 숟가락 : Chih Tzu Tho
- 숟가락 받침 : Chih Tzu Tho

- 젓가락 받침 : Kuai Tzu
- 젓가락 : Kuai Tzu

기본세팅은 다음과 같다.

1. Bone Dish	2. Napkin	3. Condiment Dish
4. Chop Stisk	5. Serving Spoon	6. Tea Cup
7. Soup Spoon Holder	8. Soup Spoon	
9. Ashtray	10. Chop Stick Holder	

❷ 식탁의 배치

예부터 '중국은 예의 나라' 라고 하여 식사에 관하여 엄격한 구분이 있다. 좌석을 정할 때에는 명단의 연대순위로 할 것이며, 각 개인별로 초대를 하였을 때에는 주인 측에서 미리 각 개인의 명단을 식탁에 배치하고 명단을 하여 놓는다

즉 주인이 친히 상좌에 주빈을 모시게 하고 다음 순위로 각각 좌석을 정하여 한다. 식탁의 상좌는 남쪽을 향하여 정하여 왔다.

옛날에는 8인용, 4인용의 정방사각형 탁자를 사용하였지만, 근대에 와서는 원탁을 많이 사용하고 있다.

주인과 주빈의 자석은 서로 마주보도록 좌석을 정하게 한다.

❸ 주문받는 방법

- 중국요리는 1인분의 주문방법이 아니고 접시의 양에 따라 보통 대, 중, 소로 나누어 받는다. 이것은 손님 수에 알맞은 분량을 적당하게 해서 요리를 남지 않게 하기 위한 것이다. 보통 대는 7~8인분이고, 중은 4~5인분, 소는 2~3인분을 기준으로 한다.
- 조리법이 같은 요리는 중복되지 않도록 주문받도록 한다. 이것은 중국요리의 정수라고도 하는데 닭튀김과 쇠고기튀김을 같이 주문받지 않고, 팔보채와 전가복을 같이 주문을 받지 아니한다.
- 술을 즐기는 고객에게는 튀김요리, 구운 요리, 절임 요리 등을 추천한다.

- 탕류, 찜류 등은 시간이 오래 걸리는 요리는 사전에 고객에게 알려야 하며, 조리시간이 오래 걸리는 요리를 한꺼번에 많이 주문받지 않도록 하여야 한다.
- 요리의 양이 인원수에 비하여 너무 많지 않도록 주의해야 한다. 특히 중국요리를 많이 접하여 보지 못한 고객은 양식같이 생각하고 있는 경우가 있으므로 많은 양의 요리를 주문할 경우에는 고객에게 양이 많다는 것을 확인시키고 주문을 받도록 한다.
- 술 다음의 식사를 주문 받을 경우에는 기름진 것을 피하고 산뜻한 죽 종류나 면종류 등을 권한다.

❹ 서비스 방법

- 냉채를 제공할 때에는 초청한 고객(Host)에서부터, 초청받은 사람(Guest)에게로 제공한 후 접시를 회전판(Lazy Suzan) 중앙이나 식탁 중간에 놓는다.
- 새로운 요리를 제공할 때에는 역시 새로운 접시를 먼저 사용했던 접시와 교체하도록 한다.
- 요리는 고객 테이블에서 직접 제공하여야 하나 테이블이 복잡할 경우 사이드 테이블(Side Table)에서 접시에 덜어서 제공한다.
- 생선요리는 머리 부분이 왼쪽, 배 부분이 고객을 향하도록 해서 제공한다.
- 맑은 수프는 고객의 특별한 요청이 있을 경우에는 요리의 마지막 코스가 끝날 무렵 식사와 함께 제공한다.
- 티 포트(Tea Port)의 차가 식었을 때에는 항상 뜨거운 것으로 교체해야 한다.
- 요리를 제공할 때에는 필요 이상의 이야기는 하지 않도록 한다. 요리의 제공 중에 고객이 질문을 할 경우에는 요리를 사이드 테이블에 놓거나 또는 "잠깐만 기다려 주십시오."라고 한 뒤 요리를 제공하고 고객에게 답변하도록 한다.

5. 커피숍(Coffee Shop)

1) 커피숍의 개요

호텔 레스토랑 중 가장 기본적인 영업장으로 그 기능이 다양하다. 아침식사, 점심식사, 그리고 저녁식사를 제공하는 경양식 레스토랑의 기능과 각 식사시간 사이에는 커피를 포함한 각종 음료수와 간단한 스넥류 그리고 디저트류가 준비되어 있어 좋은 만남의 장소로서 티룸(Tea Room)의 기능을 복합적으로 지니고 있다. 호텔 내에 이탈리안 레스토랑이나 한식당시간(Break Time)없이 이른 아침부터 밤늦게까지 영업하며 24시간 계속 하는 곳도 있다.

2) 커피숍의 메뉴

커피숍의 메뉴는 기초편의 메뉴와 실제응용편의 영업장별 레스토랑의 메뉴를 참고 바란다.

3) 테이블 세팅

(1) 조식 테이블 세팅

(4인용 Rectangeiar)

❶ Mat Menu ❷ Tea Spoon ❸ Pepper Shaker
❹ Paper Napkin ❺ Water Goblet ❻ Sugar Bowl
❼ Table Knife ❽ Bill Holder Stand(Menu) ❾ Creamer
❿ Table Fork ⓫ Ashtray ⓬ Bread Plate
⓭ Coffee-Cup Saucer ⓮ Flower Vase ⓯ Bread Knife
⓰ Coffee-Cup ⓱ Salt Shaker

(2인용 Rectangualr)

❶ Mat Menu
❷ Tea Spoon
❸ Pepper Shaker
❹ Paper Napkin
❺ Water Goblet
❻ Sugar Bowl
❼ Table Knife
❽ Bill Holder Stand(Menu)
❾ Creamer
❿ Table Fork
⓫ Ashtray
⓬ Bread Plate
⓭ Coffee-Cup Saucer
⓮ Flower Vase
⓯ Bread Knife
⓰ Coffee-Cup
⓱ Salt Shaker
⓲ Soup Spoon

6. 룸서비스(Room Service)

1) 룸서비스의 개요

호텔에서의 룸서비스라 하면 고객이 객실에서 식음료를 주문하면 주문한 음식을 신속 정확하게 객실까지 배달하여 제공하는 서비스를 말한다. 음료로서는 소프트 드링크(Soft Drink)류의 주문이 많고, 식사는 주로 아침식사와 간식이 주류를 이룬다. 룸서비스는 엘리베이터나 주방 가까운 곳에 위치하여 운영된다. 한편, 룸서비스의 일반적인 특징을 살펴보면 다음과 같다.

❶ 영업대상이 투숙객이므로 24시간 영업한다.

❷ 고객이 주문 시 직접 객실까지 서브한다.

❸ 룸서비스의 주문은 대부분이 오더 테이커(Order Taker)가 전화를 통하여 주문을 받는다.

❹ 룸서비스 메뉴는 한식, 양식, 일식, 이탈리아식으로 구성되어 있다. 단 주문은 시간의 제약을 받는다.

❺ 조식(일식, 양식) 및 야외도시락(Luncheon Box)은 룸서비스에서 제공될 수 있는 품목으로 예약이 가능하다(단, 야외도시락은 24시간 전에 주문 예약이 이루어져야 한다).

❻ 비즈니스 목적의 F.I.T 고객을 위한 Executive Salon을 운영할 수 있다.

❼ 외부로부터 과일, 케이크, 음료 등을 주문받아 객실에 투입이 가능하다.

❽ 객실에서 칵테일 파티 시 Bar-Set Up이 가능하다.

❾ 룸서비스의 서비스 형태는 Cart, Tray, VIP Service 등으로 구분할 수 있다.

2) 주문 접수(Order Taking)

(1) 전화 주문 시

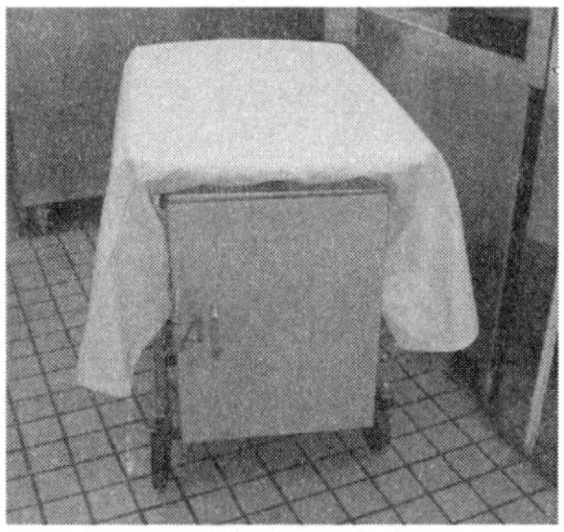

❶ 전화벨이 울리면 먼저 객실번호를 확인 기록한다.

❷ 미확인 시 계속 통화를 하되 눈으로 전화를 바라보고 있다가 4~5초 후 전화상에 시간, 국적, 이름, 객실번호가 다시 나타나면 반드시 객실번호를 먼저 기록한다.

❸ 주문이 끝나면 반드시 반복하여 확인하고 조리시간을 알려 주어야 한다.

❹ 통화가 끝나면 수화기를 손님께서 먼저 놓은 다음 오더테이커는 다시 한 번 객실번호를 확인한 다음 수화기를 놓는다.

❺ House Phone으로 손님께서 주문할 때에는 정중하게 Dial 몇 ( )번 Room Service로 안내한다.

❻ 객실로부터의 전화는 반드시 정확하게 기록 유지한다.

❼ 바쁜 시간대에 오더테이커는 적절하게 시간을 조절하여 서브할 수 있는 시간의 여유를 준다.

객실손님 〉Ordertaker 〉Billing(Posting) 〉Cashier 〉Room으로 입력 〉Set Up 〉Serve

일식 / FROM "MITSUMOMO" JAPANESE RESTAURANT / 和食
Served from 12:00 to 14:00 and 18:00 to 21:30

55. 우동 ₩ 28,000
해물과 야채
Udong
Seafood and vegetables
うどん
シ-フ-ドと野菜

56. 김초밥 ₩ 25,000
계란과 야채롤, 장국
Futo Maki
Egg and vegetables rice roll with miso soup
太巻
卵と野菜巻、みそ汁

57. 모둠 초밥 ₩ 65,000
광어, 도미, 농어, 연어, 새우, 장국
Assorted Sushi
Halibut, seabream, seabass, salmon, prawn with miso soup
握り寿司の盛り合わせ
ヒラメ、タイ、スズキ、サケ、エビ及びみそ汁

58. 계절 생선 구이 ₩ 42,000
삼치, 연어, 도미 중 선택, 밥, 장국
Seasonal Broiled Fish
Choice of Japanese Spanish mackerel, salmon, seabream and steamed rice with miso soup
季節の焼き魚
サワラ、サケ、タイの中で選択 / ご飯とみそ汁付き

59. 장어 구이 ₩ 50,000
장어, 밥, 장국
Grilled Eel
Eel, steamed rice with miso soup
ウナギの蒲焼
ウナギ、ご飯,みそ汁

60. 모둠 회 소(S) ₩ 170,000 / 중(M) ₩ 220,000 / 대(L) ₩ 270,000
광어, 도미, 농어, 참치, 연어, 가리비, 절인 오이
Assorted Sashimi
Halibut, seabream, seabass, tuna, salmon and scallops with wasabi, soy sauce and Japanese pickles
刺身盛り合わせ
ヒラメ、タイ、スズキ、マグロ、サケ、ホタテ、漬け物

61. 회덮밥 ₩ 48,000
Sashimi Donburi (Korean style)
Raw fish on steamed rice with miso soup
刺身どんぶり (韓国風)

* Indicates Vegetarian Dishes / Choices 채식주의자를 위한 요리 / 선택사항

Healthy Option Chef's Signature Authentic Vegetarian Option

10% 봉사료와 10% 부가세가 별도로 가산 됩니다. 10% Service Charge and 10% Government tax will be added.
上記の料金に10%のサービス料、及び10%の付加税が付きます。

음료 / BEVERAGES / お飲み物

87. 소프트 드링크 (콜라, 다이어트콜라, 스프라이트, 환타) — Can ₩ 6,000
Soft Drink (Coke, Diet Coke, Sprite, Fanta)
ソフトドリンク (コーラ、ダイエットコーラ、スプライト、ファンタ)

88. 생수 — Bottle ₩ 6,000
Local Mineral Water (500ml)
ミネラルウォーター (韓国産)

89. 수입생수 (탄산생수, 생수) — Bottle ₩ 6,500
Imported Mineral Water (Sparkling, Mineral Water)
ミネラルウォーター(輸入産) (スパークリング、ノンスパークリング)

90. 국산 위스키 (Korean Whisky)
Windsor, Imperial — Bottle ₩ 160,000
Windsor 17 Years — Bottle ₩ 190,000
ウイスキー (韓国産)

91. 수입 위스키 (Scotch Whisky Premium) — Bottle ₩ 240,000
J&B Jet, Johnnie Walker Black Label, Ballentine's 12Y, Chivas Regal
プレミアムウィスキー (輸入産)

92. 수입 위스키 (Scotch Whisky Deluxe) — Bottle ₩ 380,000
Johnnie Walker Gold Label, Ballentine's 17Y
デラックス ウィスキー (輸入産)

93. 코냑 & 브랜디 (Cognac & Brandy) — Bottle ₩ 240,000
Remy Martin V.S.O.P, Hennessy V.S.O.P
コニャック & ブランデー

* Indicates Vegetarian Dishes / Choices 채식주의자를 위한 요리 / 선택사항

Healthy Option Chef's Signature Authentic Vegetarian Option

10% 봉사료와 10% 부가세가 별도로 가산 됩니다. 10% Service Charge and 10% Government tax will be added.
上記の料金に10 %のサービス料、及び10%の付加税が付きます。

(2) Door Knob Menu에 의한 주문서

객실에 비치된 Door Knob Menu를 이용하여 손님께서 원하는 날짜, 시간, 품목을 표기하여 당일 02:00까지 Door Knob에 걸어 놓으면 이를 Room Service 직원이 수거하여 Order Taker가 시간별로 분류하여 Bill을 작성한다. 조식예약 주문서를 Door에서 수거 시 종종 누락되는 일이 있으므로 이를 최소한으로 방지하기 위하여 아래와 같은 방법으로 수거하도록 한다.

❶ 조식예약 주문서(Door Knob Menu)의 수거 시는 복도 양쪽에 위치한문을 살피면서 느린 걸음으로 진행하며, 수거 즉시 객실번호를 잘못 기록하였거나 누락 여부를 확인하고 이상 발견 시 정정 기록한다.

❷ 수거한 주문서는 시간대별로 분류하면서 같은 시간대의 가까운 층별로 분류한다.

❸ 이와 같이 분류한 주문서는 조식예약 대장에 시간대별, 가까운 층별로 기록하고 조식 담당 접객원을 배정한다.

❹ 식탁차 위에 시간대별, 층별로 분류하여 객실별로 간단한 기본 제공 기물 및 양념 등을 주문내용과 확인하면서 Set-Up한다.

❺ 준비가 완료된 후 계산서를 발행하고 주문서와 일치 여부를 확인한다.

❻ 접객조장은 이를 확인 점검하여 이상 유무를 가려 조치한다.

❼ 담당 접객원은 고객이 요구하는 시간 내에 예약된 식음료가 배달되도록 유의하며 정확한 시간을 엄수한다.

❽ Door Knob Menu수거는 03:00시부터 진행하며, 시간미정 및 기타 문제가 발생 시 Order Taker에게 인수인계하고 당일 07:00경에 전화하여 원하는 시간에 Serve한다.

Guest Room 〉 Door Knob Menu 수거 〉 시간별로 분류 〉 Billing(Posting) 〉 Cashier 〉 Room으로 입력 〉 Set-Up 〉 Serve

3) 룸서비스 웨이터의 주의사항

❶ 깨끗한 유니폼으로 단장하고 머리 손질 및 외모가 정결하여야 한다.

❷ 룸서비스 오더테이커로부터 주문서를 인계받는다.

❸ 리넨, 냅킨, 재떨이, 식탁기물, 슈가볼 등 필요한 기물로 트레이, 트롤리(룸서비스 카트)를 셋업한다.

❹ 커피포트에 커피를 담기 전에 포트가 뜨거워지도록 뜨거운 물로 헹구어 낸다. 뜨거운 음료는 뜨겁게 서브한다.

❺ 토스트(Toast)는 따듯하게 보온이 되도록 청결한 냅킨으로 감싸서 서브한다.

❻ 객실 문 앞에 도달하면 전표의 객실번호와 동일한지 확인하고, 입실 전에 반드시 노크를 하며, "룸서비스입니다", "Room Service"라고 명확한 소리로 알린다.

❼ 입실하면 명랑하게 적절한 인사를 한다. "Good Morning", "Good Afternoon", "Good Evening"

❽ 배달된 음식을 어느 곳에 놓으면 좋겠는가를 고객에게 묻는다.

❾ 음식은 마치 식당 홀에서 서브되는 것과 같이 정확한 방법으로 배열한다.

❿ 전표(Bill)를 제공하고 고객의 서명 날인(Signature)을 받되 성명은 정자(Printing Name)로 쓰도록 요구한다.

⓫ 고객이 더 주문할 것이 없는지 물어 본 다음, 없을 경우에는 방을 나서기 전에 감사하다는 말을 한다.

⓬ 고객에게 항상 친절하여야 하지만 너무 친밀한 관계로 되어서도 안 된다.

⓭ 도어놉메뉴(Door Knob Menu)를 수거할 때 명심할 것은 메뉴 위에 쓰인 방번호와 객실번호가 일치하는지 확인한다.

⓮ 층별로 일정한 시간적 간격을 두어 순회하면서 복도에 나와 있는 트레이와 트롤리를 수거하여 스튜워드(Steward)로 보낸다.

⓯ 아침에 사용할 트레이나 트롤리들은 밤중 한가한 시간에 준비(Set Up)하여 놓아야 한다.

⓰ 고객의 물건에 손을 대서는 절대로 안 된다.

4) 룸서비스를 위한 준비요령(Mise-en-Place for Room Service)

❶ 룸서비스 트롤리들이 정상적인 상태인지 체크한다. 사용이 불가능하거나 수리를 요하는 것은 영선부로 보내어 수리하도록 조치한다.

❷ 트롤리를 항상 깨끗하게 닦아 놓아야 한다.

- 트롤리 상단부분
- 바퀴, 다리, 금속프레임 등
- 푸드 와머 박스(Food Warmer Box)

❸ 푸드 와머 박스 속에 있는 램프를 체크하고, 깨끗이 청소한 다음 알코올(고체연료)을 채워 놓는다.

❹ 트레이들은 깨끗이 닦아서 필요시 즉시 사용할 수 있도록 선반 위에 쌓아 놓는다.

❺ 테이블 클로스, 냅킨, 트레이 클로스, 키친 클로스, 글라스 클로스 등 린넨류를 체크하고 지정된 선반 위에 정리하여 놓는다.

❻ 플레이트로, 컵종류, 컵 밑받침류, 글라스류 등 사용하기에 완전한 상태에 있는지 점검한다.

❼ 소금, 후추 쉐이커, 마스터드, 포트 등을 깨끗이 닦고, 다시 채워 넣는다. 필요시에는 소금을 쉐이커에 넣기 전에 따듯하게 말려서 다시 채워 넣는다.

❽ 모든 소스 병들을 뚜껑을 열어 보고 주둥이를 깨끗이 닦아서 다시 닫아 놓는다. 만약 반 정도 쓴 병이 있을 때는 다른 병에 채워 넣는다. 보충할 것이 있으면 미리 보급청구를 한다.

❾ 모든 기물(Cutlery)들은 뜨거운 물에 담갔다가 깨끗이 닦은 다음 보관 장소에 정리한다.

❿ 냅킨은 즉시 사용할 수 있도록 미리 접어놓는다.

⓫ 밤 동안에 아침에 사용할 트레이들을 콘티넨탈 브랙퍼스트(Continental Break-fast)와 아메리칸 브랙퍼스트로 구분하여 셋업하여 놓는다.

⓬ 룸서비스용 엘리베이터는 최고의 컨디션을 유지해야 한다. 작동 기능이 좋지 않을 때는 즉시 기계실로 연락하여 처리되도록 하여야 한다.

5) 트레이 혹은 트롤리 세팅 요령

아침조식 서비스를 위해서 서비스 트레이에는 깨끗한 트레이 클로스(Tray Cloth)를 깔아야 하며, 서비스 트롤리에는 테이블 클로스를 덮어야 한다.

(1) 콘티넨탈 브랙퍼스트

❶ 기물 : 디저트 프레이트, 컵과 컵 받침, 티스푼, 버터나이프, 냅킨, 솔트, 페퍼 쉐이커, 주스 글라스

❷ 품목

- 설탕 : 1인당 두 세 봉지(Packs)
- 버터 : 1인당 10그램(2 packs)
- 브레드, 롤빵 : 1인당 두세 개(조직용 소형 롤빵) 냅킨에 싸서 제공한다.
- 잼(Jam) : 가능한 한 1인분씩 포장되어 있는 두 종류의 잼(1잼, 1마멀레이드)
- 음료 : 주문에 따르다.
- 커피는 뜨겁게 유지하되 보온병에 넣어 제공한다(캡틴은 이 보온포트 관리를 철저히 할 것).
- 티백(Tea Bag)은 뜨거운 물 포트와 함께 서브한다.
- 초콜릿은 덮개 있는 포트에 서브되며 뜨거운 밀크는 4온스 대형 크리머(Creamer)에 서브한다.
- 주스 : 조식용 주스 글라스에 제공
- 꿀(Honey) : 요청이 있을 때 제공한다.

(2) 아메리칸 브랙퍼스트

❶ **기물** 디저트 프레이트, 버터 나이프, 컵과 컵 받침, 티 스푼, 냅킨, 솔트페퍼 쉐이커, 미트 나이프, 미트 포크, 시리얼 스푼(Cereal 주문 시)

❷ **품목** 콘티넨탈 브랙퍼스트의 품목에 계란요리가 추가된다(계란요리의 형태(Style)와 곁들여지는 육류(햄, 베이컨, 소시지 등)를 확인할 것).

룸서비스의 기본세팅

1. Table Knife	2. Table Fork	3. Butter Knife	4. B&B Plate
5. 주문한 음식	6. Water Goblet	7. Caster Set	8. Tent Card
9. Butter Dish	10. 주문한 음료		

※ 4번 B&B Plate는 Main Dish Food Cover 위에 놓는다.

6) 룸서비스 일반수칙

❶ 트레이를 운반할 때 왼손 손바닥을 펴서 받쳐 들어야 한다(손가락 끝으로 받쳐서는 안 된다).

❷ 셋업하기 전에 트레이 크로스를 깔아야 한다. 대부분의 고객들은 트레이에 놓은 채 직접 식사하기 때문이다.

❸ 뜨거운 포트나 음식은 트레이 외곽(가녁)으로 놓되 물이 나오는 주둥이(Nozzle)를 바깥쪽을 향하게 놓는다. 이것은 트레이 크로스가 더러워지지 않도록 하기 위해서다. 또한 만약의 경우 뜨거운 액체가 흘러 웨이터의 몸에 화상을 입지 않도록 하기 위함이다.

❹ 무거운 품목은 트레이의 중앙부에 놓아야 한다.

❺ 두사람 혹은 그 이상일 때는 객실 테이블에 놓아 드려야 한다.

❻ 한사람 이상일 때는 트롤리를 사용하도록 한다.

❼ 트레이에 뜨거운 요리가 제공될 때에는 접시에 커버(Food Cover)를 씌워 운반한다.

❽ 룸서비스 트롤리에 제공할 때 찬 음식은 트롤리 위에 놓고, 뜨거운 음식은 홀 워머 박스(Food Warmer Box or Hot Food Container)에 넣으며 그 박스 내부가 따듯하도록 알콜 램프를 켠다. 박스 안의 열로 음식이 말라 버리거나 타지 않도록 주의한다.

❾ 캐셔로부터 전표를 받아 룸서비스를 출발하기 직전에 트롤리나 트레이에 있는 음식과 전표상의 음식품목이 일치하는지 재차 점검(Double Check)한다.

❿ 서비스 조장인 캡틴은 시간이 허락하는 한 웨이터들이 객실로 출발하기 전에 모든 주문사항과 준비상태를 체크하여 준다. 어떤 음식이나 기물이 하나라도 빠졌을 경우에는 고객에게 불편함을 줄 뿐 아니라 서비스의 상당한 지연을 초래하기 때문이다.

⓫ 웨이터는 문을 노크하고 고객의 허락에 따라 입실한다(문은 약간 열어 놓은 채).

⓬ 트레이를 테이블위에 놓을 때에는 주식 접시가 의자를 향하도록 놓아드린다.

⓭ 트롤리의 양 날개를 펴 올리고, 서브하여도 좋을지 의향을 물어본다. 원하지 않을 경우 객실을 나오기 전에 반드시 알코올 램프를 꺼야 한다(화재의 위험성 때문).

⑭ 병에 들어있는 음료를 서브할 경우는 병마개를 열어 드려야 한다.

⑮ 전표에 사인을 받은 후에 테이블 수거를 위한 안내카드(Table Removal Tent Card) 사용요령을 설명하여 드리고 객실을 나온다.

⑯ 식사시간은 약 한 시간 정도 소요된다. 트레이와 트롤리는 웨이터와 버스 보이에 의하여 수거되며, 이때 조직적인 수거작업을 위하여 클리어링 챠트(Clearing Chart)를 이용한다. 수거된 방은 'Off' 표시를 하여 수거되지 않은 방이 어느 방인가 한눈에 볼 수 있도록 한다. 트레이나 트롤리, 기타 룸서비스용 기물을 수거하는 작업은 객실부서(House Keeping)의 업무가 아니라는 것을 명심해야 한다.

⑰ 서명 날인된 전표는 룸서비스 도착 즉시 캐셔에게 전하고 비정상적인 사항은 어떤 것이든 접객조장에게 즉시 보고한다.

7. 뷔페식당(Buffet Restaurant)

1) 뷔페식당의 개요

뷔페식당은 진열해 놓은 요리를 균일한 요금을 지급하고 자기 양껏 뜻대로 선택해 먹을 수 있는 셀프서비스 식당이다. 일명 스모가스보드(Smorgasbord)라고도 하는데, 이것은 북유럽풍의 요리를 가리키는 말로서 Smor는 버터를 뜻하고, Gas는 영어의 Goose라는 말로 거위를 뜻하며, Bord는 영어의 Board로 식탁을 의미한다. 즉 육류를 비롯한 여러 가지 음식을 진열해 놓고 먹고 싶은 것을 마음대로 먹을 수 있는 향연을 베푼다는 의미이다.

한편, 일본에서는 바이킹 레스토랑(Viking Restaurant)이라고 하는데, 이것은 일본에서만 쓰는 독특한 명칭이다. 바이킹이란 12C경 북유럽의 노르웨이를 중심으로 활동했던 해적을 말하는데, 이 말은 식사와는 아무런 관계가 없으나 이 뷔페를 최초로 시작한 곳이 제국호텔의 바이킹 레스토랑이었기 때문에 그 레스토랑의 이름을 따서 불리게 되었다는 설과, 바이킹의 식사가 대식사(大食事), 즉 식욕식(食慾食)이었으며, 그들이 상륙하면 큰 연회를 베풀어 여러 가지 요리를 즐겼다고 하는데, 이러한 바이킹의 식사에서 유래되었다는 설이 있다.

뷔페식당의 종류는 크게 나누어 Open Buffet와 Closed Buffet로 구분된다.

(1) Open Buffet

불특정 다수를 대상으로 일정한 요금을 지급하면 자기 양껏 먹을 수 있는 일반적인 뷔페식당의 형식을 말한다.

(2) Closed Buffet

일정한 손님의 수에 따라 정해진 양의 음식이 제공되는 것으로써 연회 행사 때 행하여지는 형식이다.

뷔페를 찬 뷔페(Cold Buffet)와 더운 뷔페(Hot Buffet)로 나누기도 한다.

각 식당별로 그 특징을 지니고 있듯이 뷔페식당의 일반적인 특징을 살펴보면 다음과 같다.

- 신속한 식사를 할 수 있어 시간이 절약된다.
- 적은 인원으로 많은 수의 고객을 맞이할 수 있다.
- 가격이 비교적 저렴하다.
- 위생적인 식사를 할 수 있다.
- 기호에 맞는 음식을 선택해서 먹을 수 있다.
- 고객의 불편이 비교적 적다.
- 요리를 보관하기가 어려우므로 원가가 높다.
- 회전이 빨라 매상이 증진된다.
- 타 업장에서 남는 재료를 가지고 음식을 만들 수 있기 때문에 재고가 적어질 수 있다.
- 고객의 취향에 맞는 음식을 선택할 수 있다.

2) 테이블 세팅

(1) 식탁의 크기와 종류

❶ Rectangular Table

Hall의 벽 쪽에 주로 배치되며 4인용, 6인용으로 활용한다. 규격은 140×90cm이며 높이는 75cm이다.

❷ Square Table

Hall의 중앙부분에 배치되며 2인용, 4인용 등 인원수에 따라 다양하게 활용되고 있다. 규격은 90×90cm이며 높이는 75cm이다.

❸ Round Table

Hall의 중앙부분에 배치되며 2인용, 4인용 등 인원수에 따라 다양하게 활용되며, 규격은 지름 150cm, 높이 75cm이다.

(2) Table 배치의 특징

- 견고하고 흔들리지 않아야 한다.
- 정해진 규격이 일정해야 한다.
- 이동 Table은 Square로 한다.
- 고객의 수에 어울리는 테이블이어야 한다.
- 고객의 활동에 불편함을 주지 않도록 한다.

3) 테이블 서비스

(1) 테이블 안내

- 고객이 들어서면 귀중품과 코트 등은 Cloak에 보관하도록 한다.
- 인원수에 맞는 테이블이나 예약 테이블로 안내한다.
- 안내자와 담당 종업원은 착석을 돕는다.
- 안내자는 상냥한 미소와 부드러운 말씨로 안내한다.
- 안내를 마치면 안내자는 고객에게 예의를 표하고 입구로 간다.
- 음료를 마시지 않을 때는 Buffet Table까지 안내한다.

(2) 주문받는 요령

뷔페식당의 요리는 차려져 있기 때문에 요리에 대한 주문은 받지 않고 요리 이외의 음료의 주문만 다음과 같은 요령으로 받는다.

❶ 고객이 안내되면 시간적 여유를 주어 식전음료를 주문받는다.

❷ 고객의 신분, 식사종류 등을 파악하여 음료주문을 받도록 한다.

❸ Host가 보기 쉬운 45도 각도에서 주문자만이 들을 수 있는 소리로 주문을 받는다.

❹ 주문받는 자세는 15도 정도 구부린 상태에서 미소 띤 얼굴로 주문을 받는다.

❺ Wine을 원할 경우, Wine List는 Host의 오른쪽에서 제공하는 것을 원칙으로 한다.

❻ 음료를 들고 있지 않은 고객에게는 식사 중의 음료를 권유하여 본다.

❼ 음료의 주문을 받은 후에는 감사의 예를 표한 후, 신속하게 서브에 임한다.

(3) 뷔페 서비스

뷔페는 대개의 경우 초저녁이나 휴일, 아니면 일요일에 가족동반으로 이용하기를 원한다. 또한 뷔페는 상황에 따라 테이블의 차림이 달라지고 Self Service의 활용에 지장이 없도록 충분한 공간과 통로가 유지되어야 한다.

종업원은 항상 고객의 편리를 도와주고 테이블 세팅에도 각별한 주의를 갖고 있어야 한다. 뷔페 서비스의 전반적인 방법을 보면 다음과 같다.

❶ Table Setting을 한다.

❷ Self Service에 번거로움이 있을 때는 종업원이 돕는다.

❸ 모든 요리는 편리하게 먹을 수 잇도록 잘려져 있거나, 부분화되어 있다.

❹ 커피와 수프 및 홍차 등은 종업원이 제공한다.

❺ 부족한 음식은 수시로 제공한다.

❻ 모든 서비스용 빈 접시는 Buffet Table의 초입부분 가장자리에 놓는다.

(4) 테이블 치우는 요령

고객이 음식을 다 먹었거나 더 먹고자 할 때 담당 종업원은 새로운 접시를 사용하도록 안내하고 역시 새로운 기물로 바꾸어 세팅한다.

❶ 접시 치우는 법

- 접시가 비워지는 고객에게는 더 권한다.
- 고객의 의향을 물어 빈 접시를 뺀다.
- 오른손으로 들어 왼손의 엄지와 새끼손가락이 접시 위로 향하게 하고 나머지 세 손가락은 접시 밑을 받쳐 든다.
- 빈 접시는 왼손에 차곡차곡 쌓아서 Pantry로 철수한다.
- Bread Plate, Caster Set, Glass 등은 Tray를 이용하여 뺀다.
- Crumber를 사용하여 Table Cleaning을 한다.
- 더러운 재떨이는 새롭게 바꾼다.

❷ 테이블 정돈법

- 고객이 자리를 떠날 때는 감사의 예를 표하고 입구까지 가고 난 뒤에, Table을 치운다.
- Table 위에 남아 있는 기물은 모두 Tray를 이용하여 신속히 치운다.
- 새로운 Cloth를 펼 때에는 Under Cloth가 보이지 않게 차분하게 편다.
- Table Cloth를 펼 때에는 종업원의 등이 옆 Table 고객의 앞을 가리지 않게 주의한다.
- 기다리는 고객을 위하여 신속하게 테이블을 다시 세팅한다.

8. 바(Bar)

1) 바의 개요

'Bar' 는 불어의' Bariere' 에서 온 말로, 손님과 바맨 사이에 가로 질러진 널판을 바(Bar)라고 하던 개념이 지금에 와서는 술을 파는 식당을 총칭하는 의미로 사용되고 있다. 즉 바라는 것은 아늑한 분위기로 된 장소에서 바텐더(Bartender : 조주사)에 의해 고객에게 술(Alcoholic Beverages)을 팔거나 제공하는 장소를 말한다.

It means a counter or a place (commercial establishment) where beverages, especially liquors, or light meals are provided to customers; barrom (sometimes used in combination) : a bar and grill; snack bar. In a home, a bar refers to a counter or similar piece of furniture for serving food or beverages.

영업장으로는 라운지(Lounge), 팝(Pub), 나이트 클럽(Night Club), 디스코테크(Discotheque), 가라오케(Karaoke) 등이 있다.

2) 바 종업원의 자세

(1) 바텐더의 자세

❶ 칵테일조주는 규정된 방식(Recipe)에 의하여 만든다.

❷ 항상 명랑 쾌활하여야 하며, '고객은 항상 옳다' 고 생각한다.

❸ 술은 규정대로 서비스해야 하며, 주조는 손님이 보는 앞에서 만든다.

❹ 바 카운터 내에서 취식을 해서는 안 된다.

❺ 레시피에 있는 술이 없을 경우, 유사품을 사용하되 대치된 술의 요금을 받는다.

❻ 절대 바카운터 내에서 흡연이나 음주를 해서는 안 된다.

❼ 빈 병이라고 해서 함부로 손님에게 드려서는 안 된다.

❽ 영업시간 외에는 업장 출입을 삼가야 한다.

(2) 음료업장 웨이터, 웨이트리스의 자세

음료업장 종업원의 근무는 대부분 음료를 취급하는 것 이외는 타 업장과 동일하다고 할 수 있다. 그러나 주류 판매 특성에 기인된 웨이터, 웨이트리스의 적극적인 태도 여하에 따라 매상의 폭은 크게 좌우될 수가 있다. 그러므로 음료업장의 웨이터, 웨이트리스는 다음과 같은 행동요령에 의하여 서비스를 해야만 한다.

(3) 행동요령

❶ 단골 고객이 즐겨 드시는 술의 이름과 특징을 잘 기억하고 있어야 한다.

❷ 주문받을 때에는 반드시 Repeat하여 주문내용을 확인한다.

❸ 주문을 받으면 신속하게 서브해야 하며 부족한 것이 없나 손님의 주의를 살핀다.

❹ Bill을 작성하기 이전에 One Bill인가 Separate Bill인가를 물어본다.

❺ 주문받을 때는 어느 특정 고객을 정하고 시계방향으로 주문을 받기 시작한다.

❻ Glass를 테이블 위에 내려놓을 때는 칵테일 냅킨이나 Coaster를 깔고 조용히 놓는다.

❼ Glass가 절반 이상 비워지면 주문(Second Order) 여부를 신속히 물어본다.

❽ 손님이 퇴장 시는 정중하고 예의바르게 인사한다(진심 어린 인사).

❾ 손님이 떠나고 나면 신속하게 테이블, 의자, 바닥 등을 청결하게 하여 다음 손님 맞을 준비를 한다.

3) 음료 주문받는 요령

음료업장에서 근무하는 종업원은 상품에 관한 충분한 지식과 정해진 규칙에 의하여 좋고 값진 음료를 주문받음으로써 고객에게 충분한 만족을 줄 수 있어야 하며, 이것이 회사와 개인에게 더 많은 이익을 가져다주는 것임을 항상 명심한다.

따라서 음료업장의 종업원은 세련된 태도로서 정해진 규칙에 의한 주문받는 요령을 익힌다.

음료를 주문받을 때에는 먼저 고객의 기호를 빨리 파악하여 그에 알맞은 음료를 소개하고 고객이 편안한 마음으로 주문할 수 있도록 도와준다.

(1) 주문받을 때 명심해야 할 사항

❶ 고객에게 음료를 팔기 전에 자신을 팔아야 한다.

❷ 서비스와 친절을 함께 판다는 것을 잊어서는 안 된다.

❸ 가격을 파는 것이 아니라 가치를 팔아야 한다.

❹ 음료뿐만 아니라 분위기를 함께 팔아야 한다.

이상과 같은 사항을 잘 기억하여 주문받을 때 고객이 물으면 대답하는 식의 소극적이 아닌 적극적인 자세로 임한다.

(2) 음료를 주문받는 요령

❶ 고객이 착석하면 계절 및 시간에 알맞은 인사를 웃음 띤 얼굴로 한다.

❷ 먼저 물을 따른 후 식전음료를 주문받는다. 음료의 판매 촉진을 위하여 음료를 주문받은 후 천천히 따를 수도 있다.

❸ 2명 이상의 여러 손님일 때는 시계방향으로 주문을 기록하고 Host와 Guest의 구분을 잘하여 순서가 바뀌는 일이 없도록 한다.

❹ 시간이 오래 걸리는 칵테일은 주문받을 때 소요시간을 미리 알려주어 지루함을 털어주어야 한다.

❺ 요리 주문이 끝나면 신속히 테이블로 가서 와인을 주문받는다. 와인은 요리코스에 맞추어 화이트, 레드와인을 구분하여 추천하며 Special Day인지를 빨리 파악하여 샴페인 주문을 유도한다.

❻ 주문서(Order Pad)에는 음료주문 내용을 빠뜨리지 않고 기록하여야 하고 고객의 성별주문은 물론 변동된 가격 등을 꼭 적는다.

❼ 주문서는 3매로 되어 있고, 1매는 바에서 보관하여야 하며, 나머지 1매는 테이블의 담당 캡틴에게 주지시켜 착오가 없도록 한다.

4) 바 영업 준비

(1) 준비조(Morning Shift)

❶ 프런트 오피스로부터 키를 찾아 문을 연다.

❷ Switch를 Full 가동해 보고 전구 등의 이상 유무를 확인한다.

❸ 테이블을 깨끗이 닦는다.

❹ 모든 글라스 웨어의 청결상태를 점검한다.

❺ 각종 비품, 장비를 청결히 한다.

❻ Hall, Bar, Counter, 출입구, 업장주위를 깨끗이 청소한다.

❼ 재고상태를 파악하여 Re-Stock을 충분히 한다.

❽ 기물류 Napkin, Coaster, Muddler, Cocktail Pick 등을 점검한다.

(2) 마감조(Closign Shift)

❶ 업장 내외를 청결히 한다.

❷ 가구류(테이블, 스테이션 등)는 물기 없는 마른 헝겊으로 닦는다.

❸ 모든 사용된 기물은 깨끗이 세척한다.

❹ 주류창고 및 냉장고 등은 잠근다.

❺ 재고파악을 한다.

❻ 다음날 수령할 품목을 작성해서 업무일지와 함께 식음료 사무실의 확인을 받도록 한다.

❼ 전원 스위치를 내린다(단, 냉장고 연결선 제외).

❽ 모든 키는 프런트 오피스에 보관한다.

9. 연회 서비스(Banquet Service)

1) 연회업무 개요

연회란 호텔 또는 식음료를 판매하기 위한 제반시설이 완비된 구별된 장소에서 2인 이상의 단체 고객에게 식음료와 기타 부수적인 사항을 첨가하여 행사의 본연의 목적을 달성할 수 있도록 하여 주고, 그에 따른 응분의 대가를 수수하는 행위를 말한다.

2인 이상의 단체 고객이란 동일한 목적을 위하여 참석한 일행을 지칭하고, 구별된 장소란 별도로 준비된 장소를 말하며, 부수적인 사항이란 고객이 식사 이외의 목적을 살성하기 위한 행위 및 시설 등의 요구사항을 말한다. 오늘날의 연회는 사회가 복잡해지고 경제가 발전함에 따라 대형화되고 다양하게 이루어진다. 따라서 보다 많은 연회행사를 유치시킬 수 있는 매력적인 상품이며, 또한 연회 매출도 상당히 중요한 부분을 차지하므로 행사 유치에 필요한 홍보 및 활동이 적극적으로 이루어져야 한다.

2) 연회의 종류

연회가 대규모의 성격을 띠고 있을 경우가 있으므로, 연회 서비스 담당자는 사전에 내용과 목적을 잘 파악하여 업무 수행에 최선을 다하고 고객서비스에 만전을 기하여 연회행사가 성공적으로 이뤄질 수 있도록 최선을 다하여야 한다.

(1) 정찬 파티(Table Service Party)

정찬 파티는 가장 정식인 연회로 경비의 규모가 클 뿐 아니라 사교상의 중요한 목적을 띠고 있다. 초대장을 보낼 때는 연회의 취지와 주빈의 설명을 기재하여 복장에 대한 명시를 제시할 수도 있다. 정찬 파티에는 통상 예복을 입고 참석해야 한다. 고객이 참석하기 전에 좌석배치도가 결정되면 Place Card를 식탁에 배치하여 지정된 좌석에 앉게 하여야 한다. 많은 고객을 초대하였을 경우 주최자는 연회장 입구에 좌석배치도를 설치하여 참석자의 혼잡을 피하도록 한다.

연회가 진행되어 후식을 제공하고 나면 주최자는 일어서서 인사말을 하게 된다. 인사말이 끝나면 Coffee, 생과자를 Serve하고 After Drink를 서브한다.

정찬 Party Table Setting에 있어서 주의해야 할 점은 연회장의 넓이와 참석자의 수, 그리고 연회의 목적에 따라 테이블 배치를 해야 하는 것이다. 그것은 좌석배열도 사회적 지위 연령의 상하가 구분되기 때문에 주최자와 충분한 사전 협의가 이루어져야 하고, 특히 외국인일 경우는 부인을 위주로 한다. 그 방의 상석은 입구에서 가장 먼 내측이 되는 것이다.

(2) 칵테일 파티(Cocktail Reception)

칵테일 리셉션이란 각종 주류와 여러 가지 음료를 주제로 하고 Hors d' oeuvre을 곁들이면서 입식형식으로 행하여지는 연회를 말한다. 칵테일 리셉션은 정찬 파티에 비하여 비용이 적게 들 뿐 아니라 지위고하의 구분 없이 자유로이 이동하면서 자연스럽게 담소할 수 있고, 또한 참석자들의 복장이나 시간도 별로 제한받지 않기 때문에 현대인에게 더욱 편리하고 특히 사교모임에 적당한 파티이다.

고객들은 연회장 입구에서 주최자와 인사를 나눈 다음 입장을 하고, 연회장 내에 차려져 있는 바에서 좋아하는 칵테일이나 음료를 주문하여 받은 다음 격의 없이 손님들과 어울리게 된다. 서비스맨들이 특히 준비해야할 점은 준비되어 있는 음식과 음료가 많이 소비되어야 하므로 Self Service 형식이라도 고객 사이를 자주 다니면서 재주문을 받도록 한다. 특히, 여자 손님들은 Food Table에 자주 가지 않는 경향이 있으므로 Hors d' oeuvre Tray를 자주 갖고 다니면서 서비스를 해야 한다.

(3) 뷔페(Buffet)

Buffet의 경우 Standing Buffet와 Sit down Buffet가 있다. Standing Buffet인 경우 칵테일 리셉션보다 음식이 더 Heavy해서 한 끼의 식사가 될 수 있어야 한다. 참석한 고객 중 노인이나 여자가 많은 경우에는 벽 쪽에 약간의 의자를 준비하여 놓는다. Buffet 식사의 경우 단일 종류의 Buffet 식사도 있을 수 있으며, 여러 가지를 섞은 Buffet(양식+한식+일식+중식) 식사도 제공한다.

특히 양이 모자라서 종종 시비가 일기도 하므로 Buffet 식당의 Buffet는 Open Buffet, 연회의 Buffet는 Closed Buffet란 것을 고객에게 알려준다.

(4) 가족 모임(Family Party)

최근 들어 생활이 윤택해지면서 가족 모임을 호텔에서 진행하기 시작하였다. 가족모임 행사는 신장률이 높고 잠재력 있는 행사로 레스토랑에서 행사 유치에 전력을 기울이고 있는 행사이다.

❶ 가족 모임의 종류

약혼식, 결혼피로연, 생일잔치, 돌잔치, 결혼기념일, 회갑, 칠순

❷ 가족 모임 행사시 필수 준비사항

식사, 음료, Cake, Flower Deco, Ice Carving, 사진, 방명록, 상차림, 현수막, Band

(5) 출장 연회(Outside Catering)

한정된 연회장을 탈피하여 고객이 원하는 장소, 시간에 따라 행하여지는 행사이므로 이 행사 역시 시장세가 무척 높은 행사이다. 출장 연회는 보통 요리, 음료, 식기, 테이블, 비품, 글라스, 린넨 등 필요한 집기 비품들을 준비하여 고객이 지정한 장소에 운반하여 고객이 만족할 만한 연회 행사를 실시하는 것을 말한다.

출장 행사 전 현장책임자는 반드시 장소를 사전 답사하고 규모, 주방시설, Elevator 이용가능 여부, 전기, 차량 대기 장소, 약도 등을 사전에 파악하여야 하며, 야외에서 행사할 때에는 우천 시 대비책도 강구하여야 한다.

특히 출장 연회에서는 국빈을 위한 행사가 많으므로 상기 사항을 준수한다.

❶ 출장 연회의 종류 : 사옥 이전, 준공식, 개관 파티, Garden Party, 가족 모임, 결혼피로연

❷ 출장 가능한 요리와 불가능한 요리가 있으나, 특별한 경우 이외에는 모두 가능하며, 출장 장소의 주방시설과 수도시설 유무에 따라 요리를 조절한다.

❸ 레스토랑 내의 파티와는 달리 소수의 인원을 위하여 출장 파티를 할 수는 없으나, 요리가격에 따라 변수로 크게 작용하므로 일정한 인원을 Guarantee 받아서 확실한 출장이 되도록 한다.

❹ 출장비는 식대 이외의 것에 청구한다. 운반비, 인건비, 기물비 등을 감안하여 행사의 규모, 준비내용, 출장 장소의 거리에 따라 출장비를 정한다. 특히 장거리 출장 연회일 경우 숙박비, 식대까지 계산하여 출장비를 정한다.

(6) 정원 파티(Garden Party)

가장 쾌적한 날씨를 선택하여 정원이나 경치 좋은 야외에서 Cocktail Reception, Buffet Party 등의 연회를 개최하는 것을 말한다. 자연의 풍경이나 경치를 만끽할 수 있는 연회로 서비스 방법도 실내 서비스와 동일하게 행하여진다.

또한 갈비나 바비큐 등을 직접 불에 구워 먹는 별미도 맛볼 수 있다. 그러나 우천 시 대비책도 사전에 강구한다.

(7) 티 파티(Tea Party)

Tea Party는 Cocktail Party식으로 다과를 놓고 하는 경우와 Table Set-Up하여 하는 경우가 있다. 서양식 다과만으로 하는 경우와 한식 다과만으로 하는 경우, 한 · 양 다과를 섞어서 하는 경우가 있다. 또는 대형Cake를 Cutting하여 한쪽씩 음료수나 차와 함께 드는 경우가 있다. Tea Party의 경우 커피, 홍차, 인삼차와 같은 더운 음료가 있고, Juice, Cola, Cider등과 같은 찬 음료가 서브될 수 있다.

3) 연회 예약업무

연회 예약이 성립되기 위해서는 예약담당자와 판촉사원의 밀접한 협력 체제를 갖추고 능률과 기능을 최대한 발휘하여 최대의 효율성을 올린다. 이제는 고객으로부터 예약을 기다리는 시대는 지났으며, 적극적인 판촉활동을 통하여 고객확보에 최선의 노력을 기울여야 한다. 또한 경쟁업체 보다 우위를 유지하려면 최고의 시설, 특징 있는 요리, 품위 있는 장식, 최고의 서비스를 지속적으로 개발하여 예약 시에 또 하나의 상품으로 판매 될 수 있도록 유도한다. 아울러 친절한 예절과 정중한 언어구사, 상품지식 등을 습득하여 고객에게 좋은 이미지를 심어주는 것도 이러한 발전을 뒷받침하여 주는 큰 요인이다.

판촉활동을 할 때에는 일반적으로 판촉사원에게 의뢰하고 예약담당자는 정보제공, 서류정리, Table Plan, 자료작성 등을 주관하면서 판촉사원과 일치감을 갖고 상호 협력하면서 판매이윤 증진 및 신규 연회예약의 활성화를 위해 노력을 경주하여야 한다.

(1) 예약업무에 필요한 각종 서식류

❶ Banquet Reservation Control Chart(연회예약 현황 장부)

❷ Quotation(견적서)

❸ Agrement Sheet(연회예약 접수명세서)

❹ Event Order(연회행사 통보서)

❺ Daily Event Order(금일 연회행사 통보서)

❻ Weekly Event Order(주간행사 통보서)

❼ Monthly Event Order(원간행사 통보서)

❽ Price Information(가격안내표)

❾ Price Menu(가격별 메뉴)

❿ Floor Lay-Out(각층 연회장 도면)

⓫ Function Room Lay-Out(연회장 도면)

⓬ Family Program(가족모임 안내)

⓭ Adjustment Sheet(정정통보)

(2) 연회 예약장부(Banquet, Reservation Control Chart)

Control Chart는 1월 1일을 기점으로 1년간의 예약을 받을 수 있도록 3개월 동안 사용할 수 있는 1권으로 된 예약 사무실 비치용 대장이다. 날마다 예약을 받을 수 있도록 되어 있으며, 하루의 예약 현황이 파악될 수 있도록 예약에 필요한 요소와 연회장이 기록 정리된 예약원장이다.

현재는 호텔 내 MIS 구축으로 컴퓨터를 이용한 Reservation Control이 되므로 Reservation Sheet에 정확하게 Input하는 것이 중요하다. 그러나 이해를 돕기 위해서 수기용 Reservation control Chart를 설명하도록 하겠다.

Control Chart 취급 시 유의사항은 다음과 같다.

❶ 기재는 반드시 연필로 한다. 취소, 변경 정정사항이 수시로 발생하므로 기계, 정정이 가능하도록 연필로 기재한다.

❷ 기입순서는 예약 접수 일자, 시간, 주최명, 인원수, 전화번호, 예약담당자 이름 등을 기록한다.

❸ 행사가 확정되면 'C' 라고 표기한다(C=Confirm), 미확정되면 'T' 로 표시한다(T=Tentative).

❹ 가능하면 행사 시작과 종료 시간을 명시한다.

❺ B/F는 맨 위 칸에, L/N는 중간에, D/N은 맨 아래 칸에 표시한다.

❻ E/O가 기록되어 관계 부서로 배부된 행사는 Control Chart의 'Tent of Def' 칸에 붉은 펜으로 'V' 자를 해두는 것이 편하다

❼ 날짜 변경이나 취소의 경우에는 지우고, 좌측 이면에 행사명, 취소일자, 장소, 취소 통보자를 기재하여 추후에 참고한다.

❽ Control Chart에 기록할 때는 막연히 All Day로 표시하지 말고 시작, 종료의 시간을 기록한다.

❾ C/C는 원칙적으로 예약 업무 담당자 이 외에는 절대 취급해서는 안 된다. 따라서 예약담당자와 판촉직원 이외에 예약을 하고자 할 때에는 예약전표를 이용하도록 한다.

(3) 연회예약 접수 경로

❶ 전화, ❷ 팩스(Fax), 전보(Telegram), 편지, ❸ 내방객, ❹ 판촉사원, ❺ 직원소개, ❻ Internet 외에 여러 가지 경로가 있으며, 이 중 전화에 의한 예약은 소홀히 취급해서는 안 된다.

전화예약은 직접적인 대화가 아닌 고객의 언어만으로 모든 것을 판단해야 하기 때문에 통화를 할 때에는 정중한 말씨로 고객이 호감을 갖도록 하며 판매정신을 최대한 발휘해야 한다.

(4) 전화예약

❶ 일시, 예상인원, 행사형식 등을 문의하고 장소 사용여부를 확인한다.

❷ 장소, 행사규모에 따른 예상되는 예산을 말씀드린다.

❸ 더욱 자세한 사항을 요구 시 판촉사원을 파견하거나 예약사무실로 내방하여 줄 것을 정중히 권한다.

❹ 상기의 사항(시간, 장소, 일자, 요일, 인원)을 고객에게 주지시켜 확인한 후 예약담당자의 직책, 성명, 전화번호 등을 알려 드린다.

❺ 예약업무담당자는 항시 자신의 이름이나 직책이 많이 알려지도록 노력하며, 고객이 전화만 하면 많은 도움을 받을 수 있게 된다는 인식을 갖도록 노력한다.

(5) 예약접수 및 진행과정

❶ 예약접수 : 편지, 진보, 전화, 팩스, 판촉, 직접방문, 직원 소개

❷ Control Chart화인 : 사용 가능한 연회장 유무 확인

❸ 예약전표 작성

❹ Control Chart Booking : 연회예약 대장에 예약접수 및 기록

❺ 견적서 및 Menu 작성

❻ Event Order 작성 : 연회행사 통보서

❼ Event Order 배포 : 각 관련 부서

❽ 외부업무 발주 : 현수막, 차량, 무대장치, 메뉴 인쇄, 사진 및 VTR, 상차림

❾ Chart실 준비사항 점검 : Sign, Board, Menu, Name Tag, Seating Arrangement, Place card

❿ 행사전일 : Daily Event Order, VIP Report 작성 및 배부

⓫ 연회준비 및 행사 진행

- 현장 : 행사장 준비 및 서비스 진행
- 조리 : 음식조리
- 방송실 : 조명 및 음향관계 설치
- 음료 : Bar설치
- ART : Ice Carving제작 및 설치
- 꽃방 : 꽃장식
- 고객영접 및 환송

(6) 연회구성

예약이 결정되면 주최자와 충분한 협의를 통하여 행사의 내용을 어떻게 구성해 나갈 것인가에 대하여 전문가로서의 기능을 발휘해야 한다. 파티구성과 부대시설에 대한 제원 확보 및 전문가적인 지식을 습득하여 연회의 전 과정을 구성할 수 있어야 한다.

특히 연회구성이란 요금이 정해진 상품을 판매하는 것이 아니라 연회라는 상품을 창조 판매하는 것이라 생각하고, 다음과 같이 연회가 구성된다.

❶ 견적서 제출(Agreement), ❷ 접수확인서 발송, ❸ 요리 및 음료관계, ❹ 좌석배치 및 안내문 준비, ❺ Flower 및 Deco류, ❻ VIP 참석 여부 사항

(7) 연회서비스 인계

연회예약이 이루어져서 작성된 Event Order를 연회서비스 담당자에게 전달하는 것은 가장 중요한 업무이다.

Event Order의 내용을 서비스 지배인에게 정확히 전달하고 변경사항 발생 시에는 사전에 신속히 전달하여야 한다.

모든 연회는 Event Order에 의하여 이루어지기 때문에 특별한 설명이 요구되는 부분과 불충분한 사항은 Meeting을 통해서 완벽하게 전달되고 이해되어야 한다.

이것만이 고객에게 만족한 서비스를 할 수 있는 최선의 방법이다.

❶ 연회목적, 준비내용, Menu, 서비스방법

❷ VIP참석 여부 및 특기사항

(8) 계산방법(Billing)

연회예약 담당자는 예약과정에서 지급조건에 관한 방침결정을 주최자와 충분히 협의한 후 Event Order에 기입하며, 연회 당일에 Bill을 작성 하는 것은 Cashier의 임무이다. 연회의 Bill은 타 업장과 비교할 때 내용이 복잡하고 금액도 높으므로 음료, 요리 등 추가에 관해서는 지배인, 캡틴 확인 아래 가산토록 인계한다.

(9) 관련 부서 사항

❶ 내부 관련 부서

- 요리 : Main Kitchen, 양식, 중식, 일식, 한식, 각 주방
- 음료 : Banquet Bar
- 방송 및 음향 : 전기과 방송실
- Air Condition : 설비와 중앙 감시반
- 주차 및 배차 : 차량과
- 꽃 장식 : 꽃방
- Ice Carving & Deco : 장식과(Art Room)

❷ **외부 업자 발주**

- 간판, Menu
- 음악 및 연예인
- 무대장치 및 특수음향
- 사진 및 VTR

이외에도 관련부서와 정확히 연락을 취하여 행사 1시간 전까지는 완성되도록 시간별로 재점검하여 확인하는 것이 매우 중요하다.

4) 연회 행사 통보서(Event Order)

행사 주최 측과 견적서(Quotation)를 주고받아서 행사가 결정되면, Control Chart를 재확인하여 확정한 내용을 기록하고 Event Order를 작성한다.

행사 진행 관련 부서에서는 고객과의 대화나 대면 없이 E/O에 의해서만 행사를 진행하기 때문에, 고객과의 협의 내용과 필요한 사항 등 E/O에 기록할 내용이 많아서 난이 부족할 경우에는 별도 업무 연락 혹은 회의를 통하여 행사 내용을 관련 부서에 배부한다.

현재 호텔에서 사용하는 Event Order종류에는 일반적인 행사용 Event Order와 가족모임 전용 Event Order(맨 윗부분에 붉은 점선) 두 가지가 있다.

(1) Event Order작성 방법

❶ **Food의 종류**

- Breakfast, Lunch, Dinner, Cocktail, Reception, Buffet(Seating & Standing), Chinese, Korean, Western, Japanese, Tea Party.
- Menu는 사전 제작된 견본 Menu에 의하여 결정되나 고객이 원하는 특별 Menu도 수용한다(Vegetarian, 종교적, 신체적 특성 등).
- Buffet식인 경우 Standing 또는 Seating 인지를 명확히 확인한다.
- 지정된 Menu외에 특정한 가격의 Menu, 특정인의 Menu는 'Up to Chef's Discretion'이라 명시하고 주방으로부터 Menu를 통보받는다.

- 한식, 중식, 일식 등의 음식은 100명 이상의 고객일 때는 조리부와 상의하여 식자재 관련 유무를 확인 후 예약받는다.

❷ 가격 및 인원의 결정

고객의 요청에 의하여 가격 및 인원이 결정되겠지만 예약 업무 담당자는 반드시 고객에게 'Guarantee' 개념을 설명하고 인원을 결정한다.

❸ Flower Decoration

연회의 목적과 성격에 따라 알맞게 장식되어야 하는 꽃은 연회장에서 큰 역할을 하게 된다. 그러므로 연회장의 꽃 장식은 대체로 온화하고 화사한 분위기를 조성할 수 있도록 해서 어떤 연회의 분위기와도 잘 조화될 수 있도록 배치해야 한다.

꽃꽂이란 자연 속에 피어있는 꽃을 실내공간으로 옮겨 자연의 전형적인 미를 그대로 해서 인간이 창조할 수 있는 또 하나의 예술이라고 할 수 있으므로, 자연의 꽃을 단순하게 화병에 옮기는 것만이 아니고 공간과 선의구성 및 색채감을 강조하면서 미를 추구하는 것이 꽃꽂이의 참된 의미를 살리는 것이다.

❹ Ice Carving

고객의 요청사항, Logo문자 등을 기록하거나 별도의 Logo를 Art실로 넘겨준다. 또한 특별한 무대제작 Deco도 함께 넘겨준다.

❺ Beverage

Full Bar 또는 Soft 등 준비 한계를 고객에게 정확히 문의하고 계산은 실수계산(Consumption Base)으로만 하는 것이나 고객의 욕구에 따라 변경할 수 있다.

Bar설치 유무, Wine, Champagne, Cocktail, Beer, Juice류, Soft Drinks 등에 대한 수량 및 가격 반입품목에 대한 Corkage 등에 대하여 기록한다. 음료는 재료비가 일반식사보다 저렴하고 매출을 신장시킬 수 있는 수단이 되므로 음료 판매에 많은 노력을 기울이며, 고객의 주류 반입은 최대한 억제한다.

- Cocktail Reception인 경우 1인당 3잔 정도
- Cocktail Buffet식인 경우 1인당 2잔 정도

– 식사 전 Cocktail은 1인당 1~1.5잔 정도 예측한다.

반드시 음료 담당자는 고객이 요청한 Limited를 정확히 지켜야 한다.

❻ Rental Charge

Rental Charge는 계절별로 성수기와 비성수기의 영향 때문에 차등하며 상황에 맞는 가격을 받도록 한다.

전시회, Fashion Show의 경우는 100% 또는 그 이상을 초과하여 받는다. 이 경우 사전에 많은 준비 시간을 필요로 하기 때문에 가급적이면 준비시간도 장소 사용료로 계산하여 받는다. 또한 호텔 시설물(전기, 방송음향)을 필요로 할 때에는 관련 부서장과 협의하여 장비 사용료를 받도록 하며, 장비를 사용할 때 훼손, 파손, 분실물에 대한 손해배상관례를 명시토록 한다.

❼ Decoration

기본적인 Deco는 연회준비 담당자가 하나, 고객의 특별 요청이 있을 시는 해당부서와 협의 하에 원하는 형태를 도면으로 작성하여 가격을 결정한다. 특히, Cocktail Reception시 많은 Deco를 원할 때는 반드시 가격을 받도록 한다.

❽ Table Shape(Lay-Out)

특별한 경우 또는 중요한 행사에는 Table Lay-out을 제시해 두는 것이 원칙이다. 행사 내용에 따라 Table 모형이 변형된다. Table Lay-out의 작성 시 각 연회장 축적 도면에 사실적인 도면을 그려서 행사 주최 측에 제시하고 또한 Copy는 현장에 보내서 행사진행 준비에 차질이 없도록 한다.

❾ 음향 및 조명시설

Dinner Show, Fashion Show, 전시회 등과 같이 특별 음향이나 조명(Laser Beam)이 필요한 경우가 많다. Mike System, BGM 등을 필요한 경우 고객에게 Rental Charge 또는 무료인지를 확실히 명시하고 기록한다.

⑩ 지급조건

판매를 할 경우에는 반드시 대금 회수방법도 생각하여야 한다. 지급능력이 없는 거래처나 악성거래처의 행사를 치러 대금회수가 안 되는 경우가 많다.

- 지급방법 : 행사 종료 후 현금지급, 개인지급, 회사후불, 신용카드 사용
- 예약금 접수 : 신빙성이 없는 행사, 가족모임, 개인적 행사는 예약금을 사전에 받아 두는 것이 원칙이다.

⑪ 기타 유의사항

- 행사 연, 월, 일, 요일 기재
- 장소, 시간, 위치
- 회사명, 주소, 행사 담당자, 전화번호 기재
- 행사명, Signboard 문안
- VIP 참석 유무

(2) Event Order 작성 시 유의사항

❶ 일종의 업무 협조전 또는 업무명령서로 관련 부서에서 알아볼 수 있도록 상세히 기록한다.

❷ E/O난이 부족하면 별첨으로 해서라도 주최 측과의 협의사항을 빠짐없이 작성한다.

❸ 중요 행사가 있을 때는 E/O 작성 전 관련부서 회의를 진행하여 각 행사 담당자에게 주지시킨다.

❹ 또한 고객의 행사물품 반입시간을 E/O에 명시하여 고객의 편리함을 도모한다.

(3) 당일 연회행사 예약현황(Daily Event Order)

당일 행사에 대한 점검이 끝나면 R/C는 명일 행사에 대한 금일 연회행사 예약현황(Daily E/O)을 작성한다. 당일 연회행사 예약 현황표는 해당일의 연회행사 전부를 기록하여 사내 필요한 부서에 배부한다. 행사내용, 시간, 장소, 인원, 매출액 등을 기록하고 특이사항이나 VIP사항 등을 기록한다.

(4) VIP보고서

주최자와의 예약과정에서 VIP 참석이 확정되었을 때에는 별도로 VIP Report를 작성하여 중역실과 관련부서에 보고한다. 이때 VIP가 공적으로 참석하는지, 주최를 하는지 분명하게 구별한다.

(5) Event Order 배부

상기 사항에서 거론한 모든 행사 내용이 완전히 결정되고 E/O를 작성하면 즉시 배부하여야 한다. 특히 E/O를 배부하기 전에 반드시 부서장의 결재를 받고 관련 부서 책임자에게 E/O가 정확히 배부되었다는 Sign을 받아 문제가 되지 않도록 한다.

5) 연회장 배열방법

연회행사에 있어서 의자 및 테이블의 배열은 장소와 분위기에 알맞게 해야 하며, 특히 연회장의 공간을 최대한 활용한다. 연회의 성격에 따라서 의자와 테이블의 배치가 달라지므로 어떻게 하는 것이 가장 적합하며 효율적인가를 서비스 담당자는 판단하여야 한다.

(1) 회의 시 의자 배열

❶ 극장식 배치(Theater Style)

위치가 극장식으로 배열될 경우 의자와 의자 사이를 공간이라 부르며, 의자의 앞줄과 뒷줄 사이를 간격이라 한다. 연설자의 Table 위치가 정해지면 의자의 첫 번째 줄은 앞에서 2m 정도의 간격을 유지하고, 400명 이상의 홀 좌석배치는 통로 복도가 1.5m 넓이의 간격을 유지하도록 하며, 소연회일 경우는 복도 폭이 1.5m가 되도록 한다. 의자의 배치를 똑바로 하기 위해서는 긴 줄을 이용하여 가로, 세로를 잘 맞춘다.

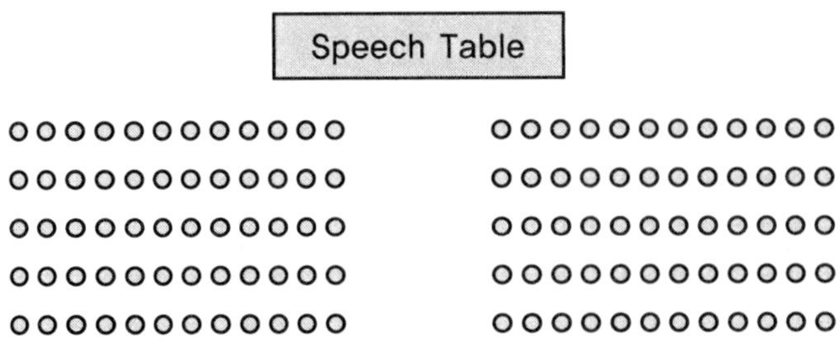

❷ 강당식 반월형 배치(Auditorium, Semicular, Center Aisle)

무대의 Table은 일반 배열과 동일하나 의자를 배열하는데 있어서는 무대에서 최소 3.5m 간격으로 배열하며, 중앙복도는 1.9m 간격을 유지하여 놓고 의자를 양쪽에 한 개 씩 놓아서 간격을 조절하여야 한다. 이러한 의자 배열은 큰 공간을 차지하기에 많은 인원을 수용하는 데 어려움이 따른다.

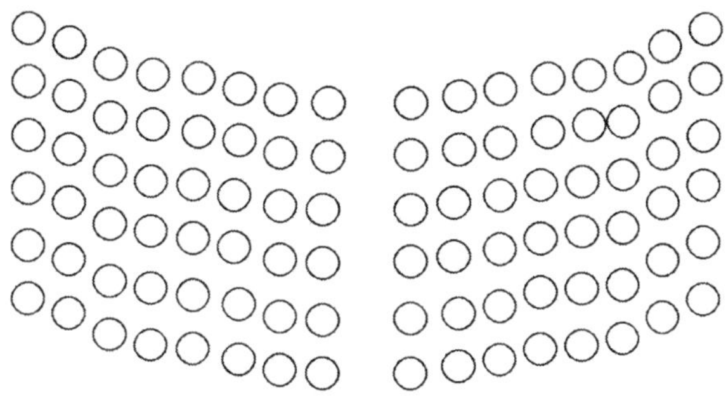

❸ 강당식 굴절형 배치(Auditorium, Semicular with Center Block and Curved Wings)

강당식 반월형 배치와 같으나 옆면을 굴절시킨다. 맨 앞 가운데 테이블은 나란히 배열하여 홀 내의 의자 8~9개로 배열하며, 양측 복도는 1.2m간격을 유지토록 한다.

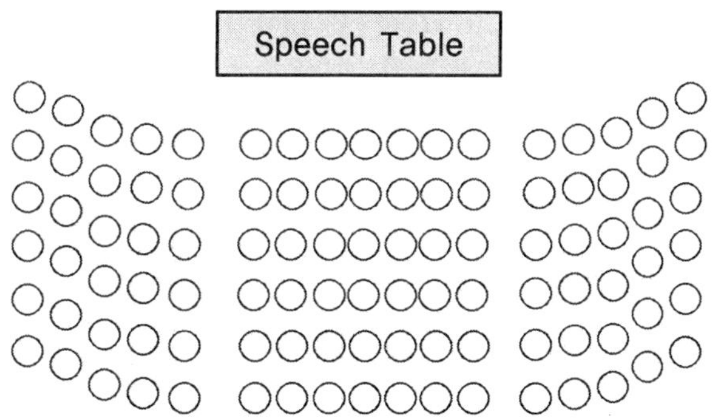

❹ 강당식 V형 배치(Auditorium V Shape)

첫 번째 2개의 의자는 무대 테이블 가장자리에서 3.5m 간격을 유지하여 의자를 일직선으로 배열하고 앞 의자는 30도 각도로 배열하여야 한다. V자형의 강당식 회의 진행은 극히 드문 편이나, 주최 측의 요청에 따라 배열한다.

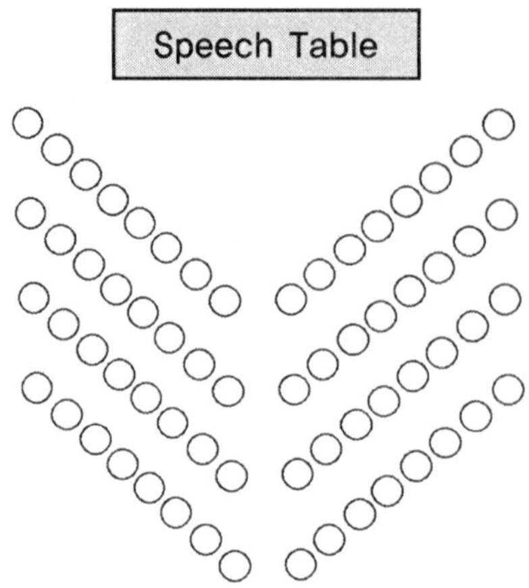

(2) 회의 시 테이블 배열

❶ 원형 테이블(Round Table Shape)

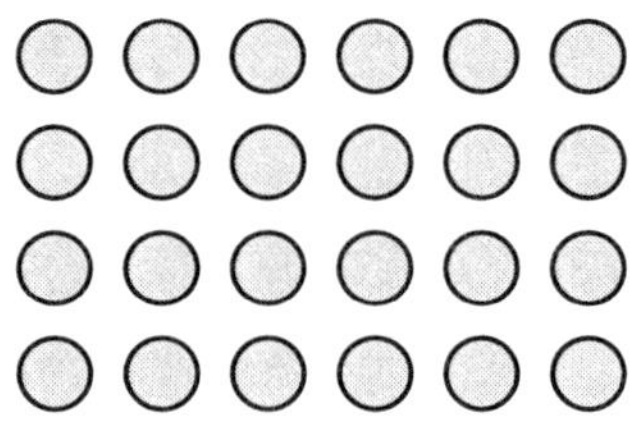

많은 인원을 수용하여 식사와 함께 제공하는 디너쇼나 패션쇼 등의 테이블을 배치할 때 많이 쓰이며, 테이블과 테이블 간격은 3.3m 정도, 의자와 의자사이의 간격은 90cm 정도로 하고, 양쪽 통로는 60cm의 공간을 유지하도록 한다. 테이블은 무대를 중심으로 중앙 부분을 고정한 뒤 앞줄부터 맞추면서 배열하면 되며 앞줄의 중앙부분이 보이도록 지그재그식으로 맞춘다. 원형 테이블은 2~14인용까지 있다.

❷ U형 배열(U-shape)

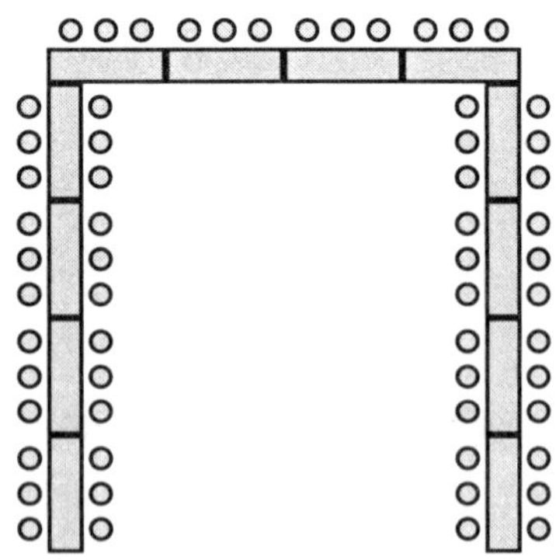

U형에서는 일반적으로 60×30의 직사각형 테이블을 사용하는데 테이블 전체 길이는 연회행사 인원수에 따라 다르고, 일반적으로 의자와 의자사이에는 50~60cm의 공간을 유지하며 식사의 성격에 따라서 더 넓은 공간을 필요로 할 경우도 있다. 테이블 클로스는 양쪽이 균형 있게 내려와야 하며, 헤드 테이블 앞쪽에는 드랩스를 쳐서 다리가 보이지 않게 하여야 한다.

❸ E형 배열(E-shape)

U형과 똑같은 배열 방법을 취하나, E형은 많은 인원이 식사를 할 때 이용되며 테이블 안쪽의 의자와 뒷면 의자의 사이는 다니기에 편하도록 120cm 정도의 간격을 유지하여야 한다.

❹ T형 배열(T-shape)

이 형은 많은 손님이 Head Table에 앉을 때 유용하다. Head Table을 중심으로 T형으로 길게 배열할 수 있으며 상황에 따라서 테이블의 폭을 2배로 늘릴 수 있다. T형 배치도 V형 배치와 마찬가지로 Head Table 앞부분에는 드랩스를 쳐서 다리를 가리도록 한다.

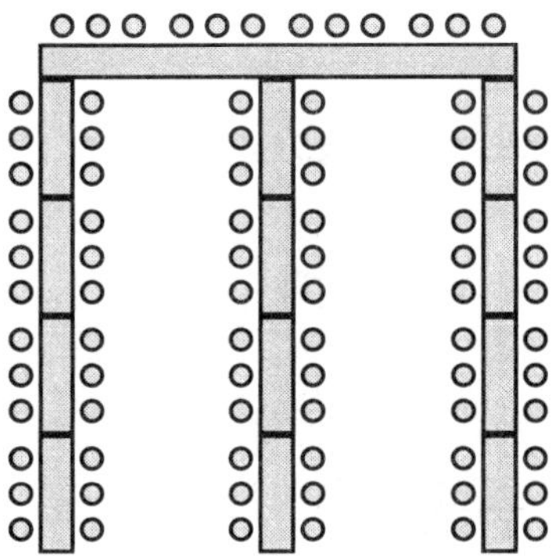

■E형 배열

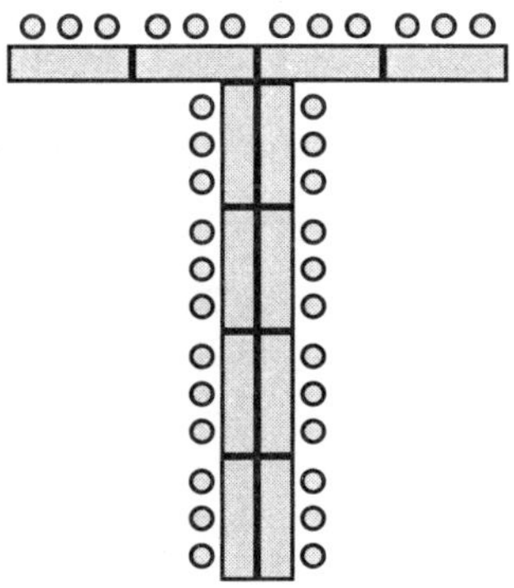

■T형 배열

❺ I형 배열(Oblong-shape)

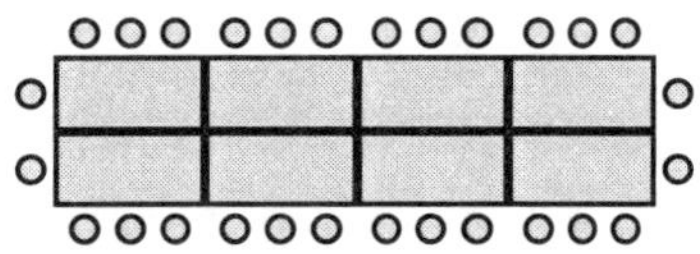

예상되는 참석자 수에 따라 테이블을 배열하며, 60×30, 72×30 테이블을 2개 붙여서 배치하는데 의자와 의자의 간격은 60cm의 공간을 유지하도록 하며, 특히 고객의 다리가 테이블 다리에 걸리지 않게 유의한다.

❻ Oval형 배열(Oval Shape)

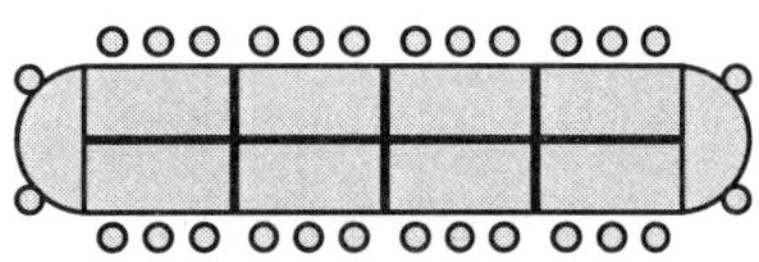

I형 테이블 모형과 비슷하게 배열하나, Oval형은 양쪽에 Half Round를 붙여 사용한다.

❼ 공백 사각형 배열(Hollow Square)

U형 테이블 모형과 비슷하게 배열하나 테이블 사각이 밀폐되기 때문에 좌석은 외부 쪽에만 배열하여야 한다.

❽ 말굽 좌석형 배열(Horse Shoe)

U형과 같이 배치하여 양쪽 귀퉁이 테이블 끝부분에 반월형 테이블(Serpentine)을 배열한다. 좌석은 외부 쪽에서만 배열하며 안쪽으로 드랩스를 쳐주어야 한다. 굴절되는 부분을 처리하는데 약간의 어려움이 있으므로 테이블 클로스를 잘 종하여야 한다.

❾ 공백식 다원형 배열(Hollow Circular)

이 테이블은 Horse Shoe형과 같게 배치하며, 끝부분만 2개의 Serpentine으로 덧붙여 양쪽을 밀폐시킨다.

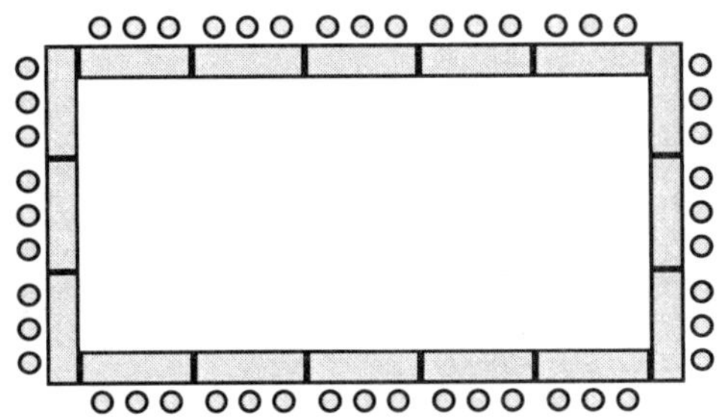

■공백 사각형 배열

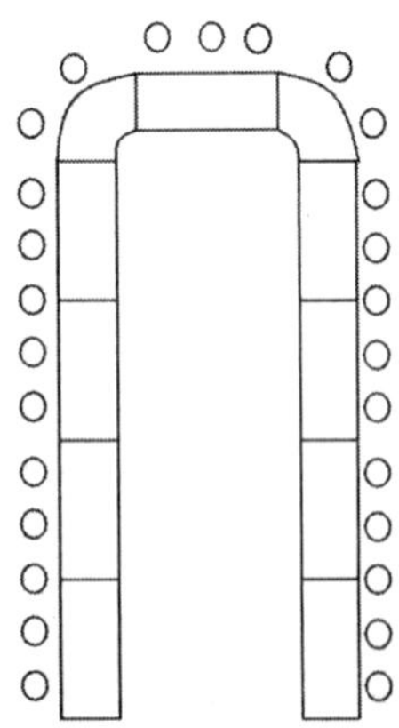

■말굽자석형 배열

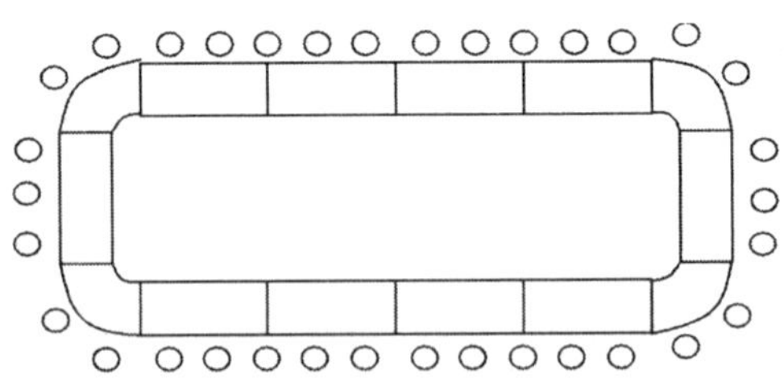

■공백식 타원형 배열

(3) 기타 회의형 배열

❶ 학교 교실형 배열(School Style)

테이블형에 따라서 다소 다르나 일반적으로 18×72 테이블을 2개씩 붙여서 배치하며, 무대와 앞 테이블의 간격은 1m 정도 떨어지게 설치하고, 중앙 복도의 간격은 1.5m, 또 테이블과 테이블의 간격은 150cm, 의자와 의자 사이의 간격은 40cm 정도로 둔다. 보통 1개의 테이블에 3개의 의자를 배치하도록 한다.

❷ 학교 교실 개조 V형 배열(School Style Perpendicular)

연회장의 크기에 따라서 많은 사람이 한꺼번에 회의 및 식사를 할 수 있게 배열하는 방법이다.

무대를 향하여 테이블을 수직으로 길게 배열하여야 하며, 테이블을 설치할 때는 무대에서 2m 간격으로 떨어지게 배치하도록 하고 중간 통로의 넓이는 130cm, 의자의 간격은 40cm 정도로 한다. 또한 테이블과 무대를 중심으로 간격이 잘 맞도록 하여야 하며, 중앙 테이블을 중심으로 배열해 나가는 방법이다.

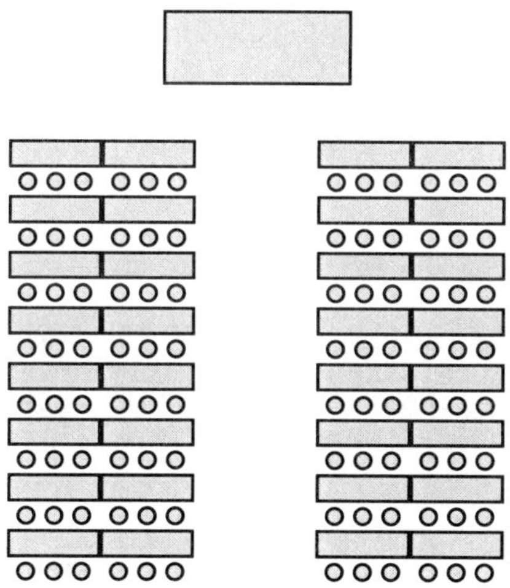

■학교 교실형 배열

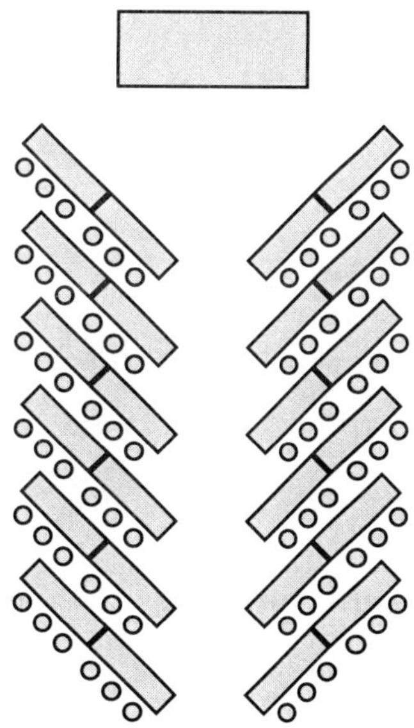

■학교 교실 개조 V형 배열

❸ Buffet 및 Cocktail Reception Table 배열

타원형(Circular), 목걸이형(Necklace), 양머리형(Lamb's Head), 들뿔소형(Bison's Horns), 멍에형(Yoke), 심장형(Heart)과 같은 형이 있으나 무엇보다도 연회장에 가장 잘 맞는 이상적인 형태를 사용하는 것이 제일 좋은 방법이다.

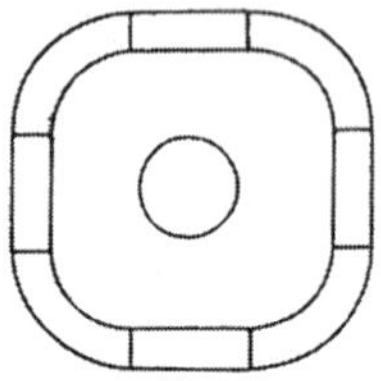

■타원형

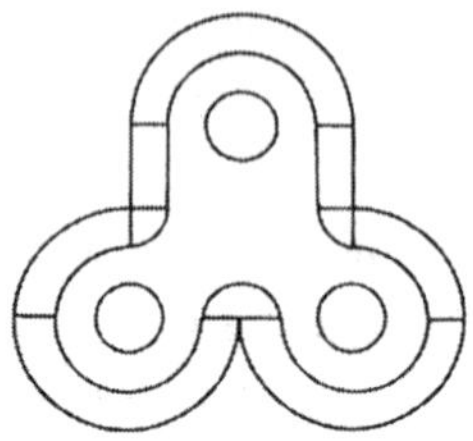

■양머리형

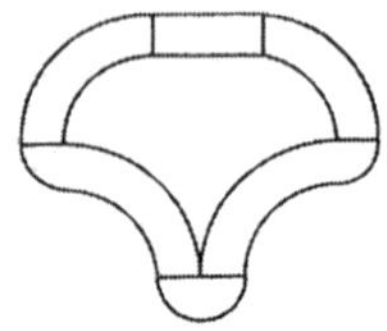

■멍에형

목걸이형

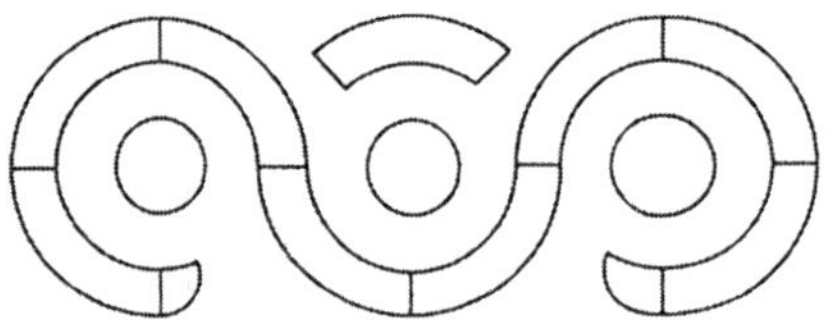

■들소뿔형

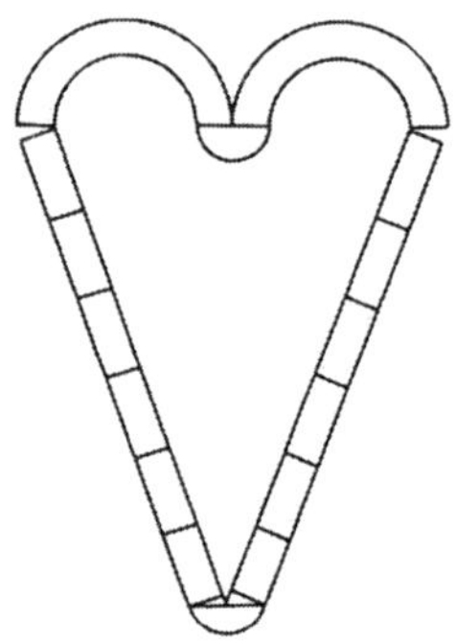

■심장형

6) 연회진행 순서

Event Order가 현장에 도착하면 연회담당 지배인은 서비스 진행계획, 인원 확보계획을 수립하여 행사가 성공적으로 이루어질 수 있도록 반드시 아래와 같은 상황을 점검하여 사전 대비한다.

(1) 서비스 인원 확보

서비스 방법에 따라 다소 차이는 있으나 모든 업무에 숙련된 웨이터가 접객할 수 있는 인원은 보통 10~15명 정도이며 ,정식(Formal Party)인 경우에는 4~8명이다.

서비스인원의 지원 의뢰방법을 살펴보면 다음과 같다.

❶ 행사 최소 3일 전에 당일 필요한 서비스 인원과 총매출액을 산출한다.

- Nomal Party : 고객15명 당 서비스 1명
- Formal Party : 고객 4~8명 당 서비스 1명(중국식, 한식, 일식 포함)

❷ 산출근거를 연회예약 사무실로 발송

연회예약 사무실에서 업무협조전을 작성하여 담당 부서장 결재를 받는다.

❸ 인사과에 업무협조전 발송

담당 부서장 결재 후 인사과나 담당자에게 발송한다.

(2) Service 진행계획

사전에 알맞은 배역과 서비스 진행계획을 완전히 숙지시킴으로써 연출자와 연기자가 훌륭한 작품을 일사 분란하게 처리할 수 있도록 하는 것이다. 현장에서 접수한 Event Order & Layout을 세부적으로 분류하여 점검하고, 문제되는 사항은 연회예약과와 상의하여 내용을 정확히 파악하여 서비스 진행계획을 수립한다.

❶ 일시 ❷ 주최자와 초청받는 손님

❸ 연회 성격 ❹ 참석 인원수

❺ 일인당 단가(예산) ❻ 장소 및 장식

❼ 테이블 세팅 ❽ 서비스 방법

❾ 기타 특별 요구사항

(무대장치, Signboard, 특수조명 및 음향)

❿ 지불방법

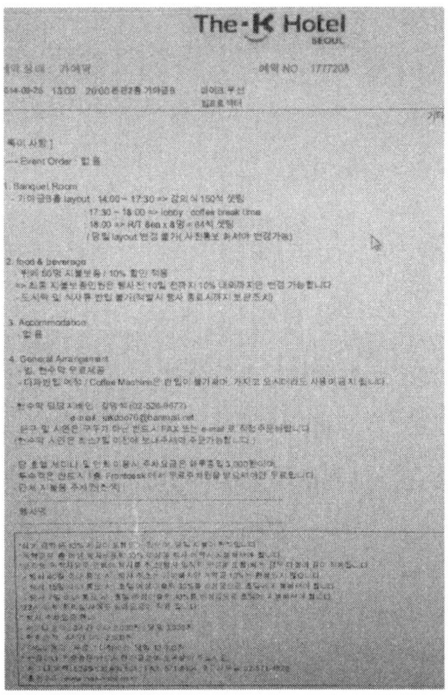
The-K Hotel
SEOUL

(3) Service 준비

Event Order를 기본으로 하여 지배인은 연회가 시작되기 전에 연회의 성격, 메뉴 내용, 테이블 배열, 진행순서 등을 종사원에게 설명해 주고 서브가 일관성이 있도록 교육을 한다.

❶ 연회장의 청소(Carpet, 가구, 비품)

❷ 비품의 파손 확인

❸ Linen류의 점검

❹ Table-setting의 점검(Menu와 일치하게)

❺ Decoration, Ice Carving과 그에 따른 장식

❻ 실내온도, 조명, 음향 관계

❼ 음악(piano, electron) ❽ 안내판

❾ Flower장식 ❿ 좌석배치도

⓫ Menu set-up ⓬ 접수 테이블

⓭ Place Card ⓮ Name Card

(4) Attend Service

연회가 시작되기 20분 전에 종업원은 각자 맡은 Area에서 대기 자세를 취하며, 지배인, 캡틴은 연회장 입구에서 고객영접을 기다린다. 연회장에 입장하는 고객에서 착석 보조 등 모든 제반적인 서비스를 할 수 있도록 마음의 자세를 취한다.

(5) Table Service

연회의 Menu는 식당처럼 일품요리(a la Carte)를 서브하는 것이 아니라 동일한 요리(Set Menu)를 서브하기 때문에 연회 책임자는 특히 서비스 연출에 운영의 묘를 살려야 한다. 또한 연회장의 전반적인 업무의 흐름을 보아 진행사항 등에 관해서도 주방과의 긴밀한 협조가 이루어질 수 있도록 한다.

(6) 연회 중 Service

❶ 늦게 도착한 고객의 영접을 위한 서비스를 한다.

❷ 예정시간보다 먼저 퇴장하는 고객을 위한 서비스를 한다.

❸ Speech Service를 한다.

❹ 전화 서비스를 한다.

❺ 공조 상태 및 음향, 조명관계를 확인한다.

❻ 귀중품 도난사고 등 사건 예방에 관한 서비스를 한다.

(7) 연회 종료 후 Service

❶ 연회장 출구에 정렬하여 고객을 환송한다.

❷ 주최자 측으로부터 요리 및 서비스에 대한 의견을 청취한다.

❸ 파티에 반입된 각종 물품 유무를 확인한다.

❹ 고객의 분실물을 점검한다.

(8) 회계

Event Order를 참고하여 Bill을 작성하고, 추가 발생한 식음료를 확인하여 최종 Bill을 완성시킨다.

Cashier에 의하여 완성된 Bill을 고객에게 제시하고, 현금 또는 신용카드. 후불 등으로 분류하여 최종 Bill을 Cashier에게 통보한다. 후불일 경우에는 주최자의 연락처, 회사명을 정확하게 파악하여 Cashier를 경유, 후불 담당계로 통보한다.

(9) 최종 작업

❶ 입구에 설치한 접수 테이블, 전화기 제거 및 철거를 한다.

❷ Red Carpet, Ice Carving을 철거한다.

❸ Cloak Room의 보관증 유무 확인을 한다.

❹ 각종 집기류, 장비 등 관리 상태를 점검한다.

❺ 내일 업무에 대비한 서비스맨 스케줄 및 E/O점검을 한다.

❻ 화재 예방, 쓰레기 처리 등 최종 점검을 한다.

7) 연회행사 체크 리스트(사례)

(1) 행사내용 점검

❶ 목적

❷ 주최 : 의전담당 확인, Bill처리, 관계자 확인

❸ 장소 : 칵테일 장소, 만찬 장소, 대기실, 기자실, 수행원실

❹ 일시 : 연, 월, 일, 시간(도착시간, 종료시간)

❺ 연회종류 : 칵테일, 만찬, 회의, 기자회견

❻ 참석인원 : 인원수, 참석 대상자, VIP명단 파악

❼ 가격 : 식음료(Food & Beverage), 대실료(Room Rental Charge)

❽ 기타 : 주최 측의 연회경험 유무, 리셉션(Reception)에 위치하는 명단

(2) 행사 일정 점검

❶ 고객 입장시간(VIP 도착시간) : Line에 서는 시간, Line이 해체되는 시간

❷ 행사기간 및 종료 시간 : 칵테일 시작시간, VIP 입장시간, 만찬의 장소 입장시간, 행사 종료 시간

(3) Service인원 및 외부 출입자 명단 점검

❶ Service인원 및 외부인원 비표 점검 : 현장, 주방, Bar, 시설, 간부, 꽃집, 음악식, 음향실

❷ 비표 인수 기간 : 인수장소, 인계자, 인수자, 인수시간

(4) Cocktail 및 만찬 시 행사장 준비점검

❶ Cocktail장의 테이블 형태 및 공간 처리 점검

- 테이블 모양이 연회장과 잘 어울리는가?
- 공간면적보다 협소하지 않은가?
- Bar 위치가 적절한가?
- 인원수에 맞는 Bar가 설치되었는가?
- Plant Box 위치가 적절한가?
- 음악 및 Entertainment 장소는 설정 되었는가?

❷ 장비, 비품, 집기 등의 점검

- Table의 다리는 안전한가?
- Table의 높낮이는 알맞은가?
- 병풍위치와 조화는 잘 이루고 있는가?
- 병풍이 파손된 부분은 없는가?

- 무대작동은 원활한가?
- 연단준비는 되어 있는가?
- Entertainment는 정위치에 있는가?
- 스크린 작동 및 설비는 되어 있는가?
- 야다이(Yadai) 설치는 적정한가?
- 소파, 의자, 탁자의 설비는 되었는가?
- 전화대의 전화기는 부착되어 있는가?
- 퇴색되거나 노후되지 않았는가?
- 명일행사를 대비한 린넨류는 확보되어 있는가?
- VIP 전용 린넨은 준비되었는가(Skirt, Race, Skirt)?

❸ Glass류 점검

- Crystal 사용여부는 확인했는가?
- 인원수에 맞는 Glass가 준비되었는가?
- 규격이 일치되었는가?
- 파손된 글라스는 없는가?
- 오물, 손자국이 묻지 않았는가?
- 모양이 일치되었는가?

❹ 소모품 및 기타 준비물

- Side Table은 인원수에 맞게 준비되었는가?
- 재떨이는 준비되었는가?
- Toothpick, Arm Towel, Dust Pan, Cocktail Pick 등은 준비되었는가?
- Cigar 및 Cutter는 준비되었는가?
- Table Sauce는 준비되었는가?
- Number 및 Stand는 준비되었는가?
- Number 및 Stand 파손 및 도금은 벗겨지지 않았는가?
- Sign-Board는 준비되었는가?
- 양초 및 촛대는 준비되었는가?

❺ VIP용 준비물

- VIP용 전용음료는 준비되었는가?
- 물수건 및 Glass는 준비되었는가?
- Crystal Glass는 준비되었는가?
- Tray는 준비되었는가?
- 메모지, 볼펜 등의 케이스는 준비되었는가?
- 담배 및 담배케이스는 준비되었는가?
- 비누, 수건, 향수, 화장품 세트는 준비되었는가?

❻ 청소상태 및 시설물 점검

- 카펫은 양호하며 청결한가?
- 실밥이 늘어져 있지 않은가?
- 껌, 오물 등이 붙어 있지 않은가?
- Table 및 의자는 청결한가?
- 벽지가 파손되거나 얼룩져 있지는 않는가?
- 벽지에 압핀이나 테이프, 못 등이 붙어 있지 않는가?
- Side Table 및 Wagon은 청결한가?
- 벽의 전기콘센트 및 플러그 커버 상태가 완전한가?
- 음향기기 접속 코드 뚜껑이 닫혀 있는가?
- 공조판 칸막이 사이 먼지제거는 하였는가?
- 천장공기 흡수판 커버 주위는 청결한가?
- 천장 사이드 형광등 램프는 끊어지지 않았는가?
- 갑판고리는 균형을 이루고 있는가?
- 전화기는 청결하게 손질되어 있는가?
- 전화대 위 메모지 및 필기준비는 되어 있는가?
- Plant Box는 청결한가?
- Plant Box내부에 오물은 들어 있지 않는가?
- Stand 재떨이는 광택이 나는가?
- 각종 Lamp는 끊어지지 않았는가?

(5) 연회장의 준비사항

❶ Lobby 점검

- Cloak 설치 운영담당은 되어 있는가?
- 많은 고객이 입, 퇴장 시 다른 장소의 Cloak 준비는 되어 있는가?
- 옷걸이, 번호판은 충분히 준비되었는가?
- 고객 수에 맞는 적정인원은 배치하였는가?
- 안내원은 적시 적소에 잘 배치되었는가?
- 특별 Information Desk는 설치되었는가?
- 에스컬레이터의 작동여부 및 시간 전 가동 Check는 했는가?
- VIP 담당 꽃달아 줄 사람은 선정되었는가?
- VIP 출입구에 카펫은 깔려져 있는가?
- 축하용 화환이 위치는 조화를 이루는가?
- 안내 테이블 위에 준비물은 완벽한가(방명록, 사인펜, 붓, 벼루, 먹, 명함꽂이 등)?
- 연회 종료 후 VIP 안내원은 지정되었는가?
- 입구의 안내판은 정위치에 설치되었는가?
- 안내판 활자는 정확하게 기재되어 있는가?
- 안내판에 파손된 부분은 없는가?
- 로비, 기둥 Lamp는 꺼져 있지 않는가?
- Signboard 전구 및 유리는 파손되어 있지 않는가?
- 고객의 인출몰은 잘 보관되어 있는가?
- 통로 뒤 장비는 정리정돈되어 있는가?
- 로비에서 부당판매 및 수상한 사람은 없는가?

❷ 기자회견실 및 대기실 점검

- 인원수에 맞는 테이블은 배열되었는가?
- VIP용 카펫은 깔려 있는가?
- Head Table의 인원수는 확인되었는가?
- VIP용 의자는 결정되었는가?

- 일반 고객용 의자는 결정되었는가?
- Meeting용 및 응접용 Table 사용여부는 결정되었는가?
- 조명설치 위치 및 기자 지정 촬영장소는 결정되었는가?
- Microphone 위치 및 수량은 결정되었는가?
- 음향기기 설치 여부는 사전 협의되어 있는가(TV, 영사기, 스크린, 녹음기, 스피커)?
- 통역실 설치 여부는 사전 협의되어 있는가?
- 연단의 위치 및 Microphone 등은 사전 협의되어 있는가?
- 흑판 및 안내판은 준비되어 있는가?
- 분위기에 어울리는 병풍은 선택되어 있는가?
- 국기확인 및 위치 선전은 되어 있는가?
- Flag stand 재떨이는 지정된 장소에 준비되어 있는가?
- Stand 재떨이는 지정된 장소에 준비되어 있는가?
- 샹들리에의 안전성은 점검되었는가?
- 음료 서브 시간 및 순서는 확인하였는가?
- VIP서브 담당자 및 시간계획은 되어 있는가?
- VIP용 용접세트는 준비되었는가(담배세트, 메모지, 휴지통)?
- 꽃의 위치 및 세팅 여부는 사전협의 되었는가?
- Back Side 소음방지 담당자는 설정되어 있는가?
- 기타 Plant Box 및 분위기에 맞는 레크리에이션은 구상하고 있는가?

(6) Cocktail장 및 만찬장 Service점검

❶ 만찬장 일반 점검

- 리허설(Rehearsal) 계획은 수립되었는가?
- 신원조치 필자에 대한 외부지원 요청은 했는가?
- Back Side 인원배정은 적절하게 했는가?
- 최소 1일전 리허설 장소, 시간은 설정되어 있는가?
- 여행연습에 대비한 자료는 완벽한가?

❷ 근무자 배치도 점검

- Main Table 서브 담당은 선정되었는가?
- Table당 서브 인원은 충분히 배치되어 있는가?
- 칵테일 근무자 및 만찬장 근무자 구분은 되어 있는가?
- Back Side 준비요원은 배정되어 있는가?
- 의전 및 관계자 테이블 서브 담당은 지정되어 있는가?
- VIP 명단 사전입수 인원배정은 잘 되어 있는가?

❸ Table 배치도 점검

- 인원수에 맞는 Table은 잘 배열되어 있는가?
- 공간에 비해 서브 범위는 좁지 않는가?
- VIP 의자는 선정되었는가?
- Under Cloth를 펴고 준비했는가?
- Table의 높낮이가 알맞은가?
- 통역관 위치 및 의자는 선정되어 있는가?
- Table 안전성은 확인되었는가?
- Main Table 옆 계단은 준비되었는가?
- Side Table 준비는 완벽한가?

❹ 칵테일장 서비스 점검

- 장소와 인원수에 알맞은 Mna Power가 배정되어 있는가?
- 출입구가 혼잡하지 않게 Table이 배열되었는가?
- 장소와 어울리게 Table배열이 되었는가?
- 꽃은 Table과 어울리게 되어 있는가?
- 고객의 입, 퇴장 시간은 사전 파악되어 있는가?
- 요리 진열시간은 사전에 주방과 협의되었는가?
- Ice Carving Set-Up은 주방과 협의되었는가?
- 실내온도는 쾌적한가?

- Reception Line에 서는 사람은 누구인지 사전 파악되어 있는가?
- Reception Line의 해체되는 시간은 언제인가?
- Reception Line의 서비스 담당자는 선정되어 있는가?
- Reception Line의 물수건 및 음료준비는 되어 있는가?
- 연회장의 구석구석은 정돈이 되어 있는가?
- 주문받은 음료는 정확히 서브되고 있는가?
- Hors d' oeuvre Service는 원활히 되고 있는가?
- 주최 측과의 관련된 음료는 준비되어 있는가?
- Break Down은 실시되고 있는가?
- Bring In 경우 공병처리는 잘되고 있는가?
- Gold Bar 사용여부는 사전 협의 되었는가?
- 원가 의식을 갖고 서비스에 임하고 있는가?
- Bill 관계는 주최 측과 사전 협의되었는가?
- Cocktail Table의 Setting은 완벽한가(접시, 꽂꽂이, Fork, Napkin, Ashtray)?
- Chafing Dish의 물은 준비되어 있는가?
- 요리에 맞는 기물이 세팅되어 있는가?
- 특별요리의 기물은 준비되어 있는가?

❺ 만찬장 서비스 점검

- Host, Guest가 누구인지 사전파악 되었는가?
- 참석자는 누구인지 파악되었는가?
- 메뉴 및 요리 설명은 충분히 되었는가?
- 음료 및 Wine Serving 방법은 설명되었는가?
- Main Service담당자는 선정되었는가?
- Main Service담당자의 보조 서비스 요원은 선정되었는가?
- Cocktail 후 만찬장 입장시간은 암기되었는가?
- Main Dish Service 후 Speech 여부는 확인되었는가?

- 건배 후 추가 Champagne Service 교육은 되어 있는가?
- Speech 시 마이크 담당은 선정되어 있는가?
- Wine 부족여부는 사전 점검되어 있는가?
- 메뉴에 의한 세팅은 최종 점검되었는가?
- Candle 사용여부 및 광택은 점검되었는가?
- Champagne Cooler는 준비되어 있는가?
- 서비스에 필요한 Silver, China Ware의 사전 파악이 되어 있는가?
- Back Side준비는 완벽하게 되었는가?
- 주방과의 고객 수 체크는 원활한가?
- 꽃장식은 테이블과 어울리는가?
- 서비스의 기본은 수기되어 있는가?
- 입퇴장 순서에 대한 교육은 되어 있는가?
- 대기의 자세에 대한 교육은 되어 있는가?
- 걷는 자세에 대한 교육은 되어 있는가?
- Service Tray Handling에 대한 교육은 되어 있는가?
- 접시 치우는 방법과 서비스 방법에 대한 교육은 되어 있는가?
- 성냥 사용법에 대한 교육은 되어 있는가?
- Sauce Passing, Coffee, Tea Serve에 대한 교육은 되어 있는가?
- 과일 서비스에 대한 교육은 되어 있는가?
- Water Service에 대한 교육은 되어 있는가?
- Arm Towel을 취급하는 자세의 교육은 되어 있는가?
- Hall 내에서 사담은 하고 있지 않은가?
- Complaint 및 Comment는 반드시 보고하도록 교육이 되어 있는가?
- 고객에게 차별없는 서비스 교육은 되어 있는가?
- 남녀노소 차별없는 서비스 교육은 되어 있는가?
- Back Side에서 소음이 나지 않도록 사전교육이 되어 있는가?

❻ 접객원의 유의사항

- 예복의 다림질은 잘 되어 있는가?
- Y셔츠 세탁은 깨끗이 되어 있는가?
- 구두는 깨끗이 닦고 양말은 자주 갈아 신는가?
- 메모지, 볼펜, 성냥, 빗 등을 지참하였는가?
- 머리, 손톱은 청결한가?
- 머리, 얼굴에 손을 대는 행위는 없는가?
- 귀, 코구멍을 후비는 행위는 없는가?
- 다리를 떠는 행위, 손가락을 만지작거리는 행위는 없는가?
- 동료의 실수를 빨리 협조할 수 있는 교육은 되어 있는가?
- 정중하고 신속하게 철할 수 있는 교육은 되어 있는가?
- Host를 주시하여 지휘자에게 주목하는 교육은 되어 있는가?
- 재채기, 기침, 딸꾹질 등을 고객 앞에서 하지 않도록 교육은 되어 있는가?

❼ 만찬장 및 칵테일장의 기타 준비 점검

- 간판, 현수막은 사전파악이 되어 있는가?
- 무대장치는 전일 준비 여부를 확인하였는가?
- 조정 및 Control Box Table 담당자는 선정되었는가?
- 무대 외의 다른 Stage 사용은 없는가?
- Trio 및 Band의 자리는 지정되어 있는가? 악보대는 준비되어 있는가?
- 악사들의 대기실은 준비되어 있는가?
- 악사들의 식사 장소 및 지불관계는 사전협의 되었는가?
- 외부인원이 무질서한 행동은 하고 있지 않은가?
- 소화기 및 안전점검은 관계부서에 연락하였는가?
- 응급에 대비한 의무실, 구급차 등은 사전 협의 되었는가?
- Ice Carving의 크기 및 용량은 사전파악 되었는가?
- 정규인원외 외부 인원이 출입되고 있는가?
- VIP 회장실 및 세면도구는 사전 전검되었는가?

(7) 관련부서와의 협조사항

❶ 음향실

마이크, 조명, 스피커, 음향기기 접속코드, 스크린, 녹음, 영사기, 동시통역기기, 환등기, 통역실 지원 상황, 아이스 카빙 조명기

❷ 전기실

배선, 샹들리에 점검, 전원공급, 조명(형광등, 전구 교체), 연결코드, 분수대 점검, 콘센트 점검

❸ 설비실

Stage 작동 점검, 연회장 온도 및 통풍조절, 간판고리, 천장 공기 흡수관

❹ 목공실

추천함 제작수리, 의자, 테이블 수리 및 보수, 집기, 비품의 수리 및 보수 제단, 제작 및 보수, 피죤박스 제작

❺ 영선

카펫 세탁, 연회장 내의 페인트칠, 공조판 천장 세탁, Plant Box 정비교체, 통역실 설치 및 내부시설 보완, 화장실 청소, 벽지, 출입문 수리, 보수, 계단 카펫 세탁, 실내의 주변 청소 및 정리정도, 병풍 고정고리 설치

❻ 통신

- 전화기 설치 및 VIP 직통선 개설
- 배선확인 및 외부전화 통제

❼ 연회예약

- 정확한 Function Sheet 및 도면 첨부
- 간판, 현수막 설치기간 및 장소
- 안내판, Sign Board 설치 장소 및 부착여부
- Entertainment 시 연주 여부 확인

- 꽃, 바구니 등 점검
- 좌석배열도, Name Card
- 명찰 회수함, 사인펜 등 준비
- 스케줄 및 진행시간 및 부대시설
- 리허설의 충분한 시간 및 공간을 1일전 확보
- 특수무대 장치 및 부대시설
- 고객의 보관물의 인계
- 비품 인수장소, 인계자, 마그네트 설치장소 통보
- 신원조회자 명단 통보
- 연회장내 추가 설치물 통보

❽ 리넨(Linen)

- Cloth 및 Napkin 확보
- VIP 탁상보
- 국기(Stand of Table)

❾ 주방

- 요리운반 시간
- Chafing Dish배열 및 파손여부
- 기물의 세척 및 광택
- 아이스 카빙의 용량 및 Logo확인

❿ 안전관리

- 소화기 및 소화전 점검
- 의무 출입자 통재
- 주차장 확보

⓫ 총 무

- 응급환자 대기실 및 간호사 배치
- 구급차 및 지정병원 선정
- 긴급 구매 시 지원부서 대기

⓬ 영업사무실

- 인원지원
- 지원시간 엄수

(8) 리허설 계획수립

❶ 행사전일 장소확인, 시간확보

❷ 행사개요 설정

❸ 행사 스케줄 설명

❹ 근무자 배치

❺ Table 배치

❻ 메뉴 및 요리해설

❼ 서비스 진행순서

❽ 서비스의 기본 및 주의사항

❾ 종업원 유의사항

❿ 최종점검

부록

식음료 용어해설

Aged Wine의 숙성 정도 또는 육류를 일정 기간 저장하면서 숙성시키는 것

A la(아라) ~식을 곁들인, ~을 넣은

A la Carte(알라카트) 일품요리

A la Broche(알라브로쉐) 꼬챙이에 꿰어 만드는 요리

A la King(알라킹) 버섯, 피망을 넣고 버터로 볶아 크림소스를 곁들여 만든 요리

A la Mode(알라모드) 돼지고기 또는 베이컨으로 감아서 Brasing한 쇠고기 요리

American Service 음식을 접시에 담아 신속히 Service하는 형태

Aperitif 식사 전에 식욕을 촉진시키기 위한 음료

Appetizer 식욕촉진제, 전체

Arm Chair 팔걸이가 있는 의자

Aromatic 향기로운 방향성의

Aspic(아스픽) 고기즙을 넣고 젤리로 요리에 빛깔을 내기 위하여 또는 다른 식품을 혼합하는 기본으로 사용한다.

Antipasto(안띠파스또) 다랑어, 버섯, 피망 등을 곁들여 만든 요리

Apple Strudel 계란, 버터, 설탕과 시나몬 파우더를 재료로 구운 후식

Au Jus(오쥬) 자연식품 그대로의 즙이나 고기진국을 가미하여 나는 소스의 기본이 되는 것

Au Naturel(오나뜨렐) 날 것 그대로의 요리

Anchovey(안쵸비) 청어족에 속한 작은 생선(멸치젓)

Au Gratin(오 그라땅) White Sauce, 빵가루, 치즈로 만들어진 요리를 오븐에 서 갈색이 되게 구운 요리

Au Berrre(오 뵈르) 버터로 조미한 것

Au Four(오 푸르) 오븐에 넣다

Au Lait(오레) 밀크를 넣는 것

Au Maigre(오 메르로) 육식을 삼가는 금육일의 채식 요리

Barbecue 육류를 통째로 불에 직접 닿게 하여 익히는 방법

Bill of Fare 메뉴

Bake 건열로 조리한 것(Oven)

Baked Alaska Meringue로 덮어 케이크나 아이스크림을 Brandy같은 알코올을 뿌려 불을 붙여 갈색이 되면 즉석에서 고객에게 서브하는 것

Boiling 비등점 이상으로 끓이는 방법

Bouillaise 여러 가지 종류의 생선류를 원료로 하여 만든 Chowder의 하나

Bouillabals(뷔야베스) 조개류와 해삼 등에 White Wine을 넣는 프랑스 생선 Soup

Broiling 불이 직접 닿게 하여 익히는 방법

Breading 계란과 밀크 혼합물에 음식물을 담그고 나서 마른 빵 부스러기에 넣는다.

Braising 소량의 액체 속에서 뚜껑없는 용기 속에서 서서히 요리, 고기국물, 물, 우유, 크림 등이 그 액체로 쓰이게 된다.

Blending 두 개 이상의 재료를 Mixing하는 것

Bearnaise(베아루네즈) Tarragon을 풍미를 갖게 한 네덜란드 Sauce

Bechamel(베샤멜) 닭 또는 송아지 고기로 만든 즙과 볶은 밀가루 Roux로 만든 우유 또는 크림을 만든 흰소스

Bisque(비스끄) 게, 새우 등으로 만든 진한 크림 Soup

Bouillon(뷔용) 고기와 야채 및 약미로서 만든 고기즙

Bouquet Garni(부께 가르니) Stock을 끓일 때 넣는 야채 다발

Brunoise(브르노와즈) 야채, 육류 등을 3~4mm 정도로 네모꼴 주사위 모양으로 자르는 것

Bin card 물품의 출입상황을 기록하는 카드

Brandt snifter 입구가 좁고 밑 부분이 넓은 튤립 모양의 Cognac glass

Bouquet 좋은 Wine이 풍기는 향미

Brunch Breakfast Lunch의 합성어로 아침과 점심을 겸하는 식사

Breath Wine을 open한 후 Wine이 공기와 접촉하여 Sensitivity를 없앰

Brut 매우 dry한 맛

Brochette(브로쉐) 꼬챙이에 꽂아서 음식을 굽는 것

Bisque 조개류, 갑각류를 재료로 만든 Soup

Cake a la Mode 각종 Cake에 아이스크림을 위에 얹은 후식

Canape 요리물을 얹어서 만든 조그마한 풍미의 음식

Caramelizing 뜨겁게 열을 가해 설탕을 많이 넣은 음식물을 갈색으로 변하게 될 때까지 열을 가해 특유의 향내가 나오게 한다.

Carry Over Cooking 뜸들이기

Carafe 도자기 또는 유리로 만든 병 모양의 용기

Casserole(까스롤) 도기나 금속으로 만든 내열성이 강한 용기로서 불에 직접 닿는 음식을 만들거나 담을 때 사용

Caster Set 테이블에 놓는 소금과 후추 Set

Champignon(샹피뇽) 프랑스산 버섯으로 충분히 끓인 날짐승 고기 요리에 곁들여서 제공한다.

Chef's Salad 야채를 잘게 썰어서 소 혀 또는 햄, 치즈, 닭고기를 곁들여 French dressing으로 무친 것

Crepe 널찍하게 부친 Pan cake 와 같은 것

Crepe Suzette 얇게 구워진 Pan Cake로 영양분이 있고 맛 좋은 Syrup Sauce와 서브되는 것을 둘둘 말아서 만든 것

Crozuette 잘게 다져 요리한 음식물을 혼합한 것

Chop(챠프) 양 또는 송아지의 등고기를 잘게 썰은 것

Chop Suey(찹수이) 간장으로 맛을 낸 육류와 삶은 야채의 중국요리

Chowder(챠우더) 미국식 수프로 주사위 꼴로 자른 감자, Sauce한 양파, 베이컨 또는 소금에 조린 돼지고기를 넣은 진한 Soup

Cole Slaw(코올슬로) 잘게 썰은 양배추 Salad

Colbert Sauce Matre d' Hôtel 버터에 진한 고기즙과 잘게 썰은 타라곤을 넣은 것

Coupe(구프) Coupe Glass에 주사위 모양으로 자른 과일을 담고 Whipped Cream을 얹어 제공되는 빙과의 일종

Cream Sauce 크림 또는 진한 우유를 첨가한 흰 소스

Croissant(끄로와상) 초생달 모양의 빵 또는 과자

Crouton(끄로똥) 토스트 또는 튀긴 빵

Custard(카스타드) 계란, 우유, 설탕을 혼합하여 바닐라로 풍미를 낸 것

Chateaubrind 두터운 허리살 안심 Steak

Consomme(콘소메) 육수 또는 맑은 고기국물로 만든 Soup

Curry 조미료로서 가공 사용되는 양념을 많이 한 노란 가루 제품

Cutlet Broil이나 Fry하기 위해 돼지, 쇠고기, 양고기 등을 다리 부분의 살에서 얇게 저며 내 고기 조각에 밀가루, 계란, 빵가루를 묻혀 만든 요리

Chopping 칼이나 예리한 도구로 음식물을 잘게 하는 것

Creaming 음식을 부드럽고 크림이 되게 함

Crisping 습기를 제거하기 위하여 크래커나 시리얼 같은 음식에 열을 가하는 것

Chit Tray 고객에게 잔돈을 드릴 때 사용하는 작은 쟁반

Candy 설탕을 입혀 달콤하게 하는 방법

Chaser 독한 술을 마신 후 마시거나 또는 희석시켜 마시기 위해 Base에 곁들여 제공하는 물(탄산수, 청량음료)

Chafing Dish 열을 가해 음식이 식지 않도록 해서 연회 또는 뷔페식당에서 뜨거운 음식을 담아 제공하는 용기

Cellar 포도주 저장창고

Cutlery 식사용 갈붙이 기구(Knife, Fork, Spoon)

China Ware 각종 도자기 그릇의 총칭

Condiment 음식을 조리할 때 쓰이는 각종 양념류의 총칭

Confis 야채를 옆으로 뉘어서 가지런히 놓는 방법

Copper 구리로 만든 냄비의 종류

Cordial 단맛과 향미를 더한 알코올성 용기

Crumb Sweeper 테이블의 빵부스러기 등을 치우기 위한 도구

Continental Breakfast 유럽식 아침식사(Juice+Toast+Coffee)

Crustacean 갑각류(게, 가재, 새우)

Carbonated Sparkling wine을 비롯한 탄산음료

Cave Cellar의 동의어

Claret 프랑스 보르도 지방산의 최상급 Red Wine

Cloak Room 휴대품이나 외투 등을 보관하는 장소(Check Room)

Candleabrum 스튜 냄비

Chef de Rang Captain

Commis de Rang Waiter

Cereal 아침식사용의 Cornflakes, Oatmeal 등의 곡물 가공품

Diced(다이스) 6~12mm 정도로 주사위 네모꼴로 자르는 방법

Demitasse 크림이나 설탕을 넣지 않은 채 서브되는 강한 Black Coffee의 조그만 컵(1/2)

Drawn Butter Melted Butter를 말한다.

Dripping Roasting Meat에서 떨어지게 기름이나 주스를 말한다.

Decanter 액체류를 담은 그릇을 기울여 윗물을 다른 용기에 옮기는 것

Dumpling 밀가루나 삶은 계란에 기름이나 양념을 배합하고 끓는 물에서 만들어내는 요리

Dish Dolly 접시를 쌓아 운반할 수 있도록 만든 Cart

Distilled 양조과정 중 증류를 말한다.

Dressing 샐러드에 맛을 내기 위해 여러 가지 양념을 가미하여 만든 독특한 맛을 가진 Sauce

Drapes 테이블의 가장자리를 장식하는 주름진 천

Deuce Table 2인용의 작은 테이블

D.O.M "Deo Optimo Maximo"의 약어로 Benedictin의 별칭으로 "최선 최대의 신에게 드린다."라는 라틴어

Decanting Wine의 찌꺼기를 거르거나 다른 용기에 옮겨 담는 것

Delicatessen 통조림 또는 조제식품 판매점을 말한다.

Demi Sec Medium Dry Wine

Dom Perignon Champagne의 양조술을 최초로 발견한 사람

Doily 접시 또는 테이블 위에 깔아서 모양을 내거나 그 위에 놓인 물체가 움직이지 않도록 하는 방침

Doux Sweet

Entree 식사 코스에서 중심이 되는 주 요리

Eclair(에크라) Curstard나 Whippin Cream이나 얼음으로 가득 채운 조그마한 장방형의 밀가루 반죽으로 구운 과자

Essance(에상스) 육류 또는 야채의 즙을 다시 진하게 조려낸 것

Entertainer 식당이나 Bar에서 음악연주를 하는 연주자 및 가수

English Muffin 영국식 아침식사용 빵

Espresso 커피 분말에 증기를 통하게 하여 만드는 진한 Coffee

Filet(피렛) 뼈를 가려낸 고기 살점

Fonds(퐁) 야채와 육류를 조려낸 즙

Filet Mignon(필라메뇽) Beef의 연한 허릿살 부분에 있는 안심

Foie(프와) 간

French Dressing Salad 기름에 식초 또는 레몬을 2:1의 비율로 혼합한 것

Fromage(프리마쥬) Cheese

Fry 기름으로 튀겨내는 것

Fumet(퓨메) 조려낸 생선 즙

Fermentation 양조과정 중 발효를 말한다.

Fileting 주로 생선의 뼈나 껍질을 추려내는 작업

Flaming(Flambee) French Service 중 음식의 맛을 내고 고객에게 보이기 위해 고객의 Table 앞에서 특정한 술로 불꽃을 만들어 요리하는 것

Fair Fastival을 뜻한다.

Flat Ware Table에서 사용하는 은기물의 총칭

Fortification Port Wine나 Red Wine의 알코올 주정을 높이기 위해 주정(Spirit)을 첨가시킴

Frappe 아주 차갑다는 뜻, Liqueur의 경우 가루얼음과 함께 Service한다. 술의 비중을 이용하여 한 가지 술에 다른 술을 직접 혼합하지 않고 위에 붓거나 칵테일에 아이스크림을 얹을 때 쓰이는 말

Garniture(갸니띄르) 곁들어 나오는 것

Gratin(그라땅) 영어의 Baked, Browned의 뜻이다.

Gravy(그레이비) 고기즙(=Jus)

Grand Cru Wine 등급의 종류 중 오래 숙성시켜 질을 보증하는 것

Grill 석쇠에 각종 음식물을 올려 익히는 조리방법

Gueridon French Service 시 고객의 Table 앞에 미리 위치시켜 음식을 올려놓고 요리하는 Service용 Cart

Goblet 굽(Stemmed)이 달린 Glass류

Glass Rack 각종 Glass류를 종류별로 꽂을 수 있도록 철사망 또는 플라스틱으로 만든 용기

Game 엽조류

Hors D'oeuvre 식용 촉진제로 만든 요리

Hollow Ware 속이 오목한 형태의 각종 서비스용 은기물류

Herb 식용(약용) 향료의 총칭

Hollandaise 계란 노른자, 버터, 레몬주스로 만든 노란 색깔의 소스

Haddock 대구의 일종

Hart 수사슴

Herring 청어

Jug 주둥이가 넓고 손잡이가 있는 항아리, 주전자

Julienne(줄리안느) 야채 또는 육류를 성냥개비와 같이 가늘고 길게 썬 것

Jar 주둥이가 넓은 병

Jigger Cocktail 등을 만들 때 사용하는 기구

Larger Beer 저온 살균 처리한 맥주

Liquor 알코올성 음료의 총칭

Liqueur 식물의 잎, 뿌리, 열매껍질 등 약초에 향료와 당분을 가미한 혼성주

Ladle 국자

Linen Table cloth, Napkin, Drapes 등 천으로 된 모든 것의 총칭

Lay out 배열되어 놓여 있는 상태

La Newberg 계란 노른자, 크림, 와인 등으로 만든 소스

Maitre d'Hôtel 1. 식당의 책임자

2. 버터, 레몬주스, 파슬리를 주재료로 만든 소스

Medaillon(메다이용) 큰 메달형으로 만든 Cake

Melba(멜바) 아이스크림 위에 복숭아 반쪽을 올려놓고 큐라소로 풍미를 낸 후식

Milanaise(밀라네즈) 토마토 소스와 알망드 소스 또는 베샤멜 소스를 재료로 한 요리

Minestrone(미네스트론) 이탈리아식의 진한 야채 Soup

Mousse(무스) 계란, 크림을 혼합하여 Glass에 넣어 냉제한 후식

Mousseline(무스리느) 계란 흰자위와 크림을 틀에 넣어 굳힌 육류요리

Muddler 칵테일 시 저을 수 있도록 만든 막대

Mug 금속 또는 도지가로 만든 손잡이가 있는 원형 컵

Mustard 겨자

Miscellaneous 영업상 필요한 각종 소모품류의 총칭

Meuniere(뮈니에르) 밀가루를 묻힌 다음 Pan Fry한 것

Mis-en-place 영업장을 열기 전 고객을 맞이할 모든 준비를 하는 것

Molton Table에 깔아 소리를 없애는 깔개(Green Cloth)

Mutton 어린 양고기

Name Card 연회 행사 시 참석자의 이름, 직함을 적어 테이블 위에 비치하는 것

No Show 예약을 해 놓고 나타나지 않는 고객

Oblong 장방형(직사각형)

On the Rock 얼음에 술을 넣어 마시는 것

Oval 타원형

Over Easy 계란요리의 Fried 방법으로 양면을 익힌 것

Pan Broiling 뜨거운 Pan 위에 뚜껑을 덮지 않은 채 하는 요리로서 기름은 제거되고 다른 액체는 추가되지 않는다.

Pate 고기류를 아주 잘게 다진 형태

Parpait 계란 노른자, 흰자위에 설탕을 넣어 달게 하여 거품과 크림을 섞어서 만든 냉과

Par Boiling 물에 끓여 부분적으로 요리하고 다른 방법에 의해 완전히 요리하는 방법

Pickle 야채를 식초, 소금물에 절이는 것

Petits Fours(페티푸) 작은 Cake

Pocher(포세) 비등점보다 낮게 끓여 오르지 않을 ㅈ어도의 온도로 삶는 것

Poaching 끓는 물에 잠기게 하여 익히는 방법

Portion 1인분의 양

Poultry 가금류(=Poulet)

Port wine 포르투갈산 Wine으로 강화주이다.

Raspberry 산딸기

Roast 조리방법의 하나로 간접불로 익히는 것

Recommend 주문을 받을 때 고객에게 음식을 추천하는 것

Recipe 음식이나 음료를 만들 때 필요한 재료의 양을 정한 것

Receipt 고객에게 드리는 영수증

Relish 음료에 곁들이는 작은 모양의 야채

Rechaud 음식을 데우는 기구

Rim 가장자리

Rib 갈비

Russian Service Platter에 음식을 미리 테이블에 놓여진 고객용 접시에 나누어 서비스하는 형태

Roux 밀가루와 버터를 넣고 볶은 것

Saute(소테) 고기를 열이 강한 불에다 급히 익혀서 그 조직의 표면을 수축시켜 내부의 영양분이 밖에 흘러나오지 않도록 하는 조리법

Salmon Board 훈제된 연어를 Slice하거나 Slice해서 올려놓는 연어 모양의 도마위생

Sanitation 위생

Saucer Bowl이나 컵 등을 받치는 접시

Service Sequence 서비스 순서

Sec Champagne에 사용되는 용어로 "Dry"

Scallop 패류껍질이나 팬에 요리를 담아 빵가루나 버터를 뿌려 조리하는 것

Simmering 섭씨 85℃의 액체 속에서 거품이 일어났다가 표면 바로 밑에서 꺼짐(살짝 데치는 조리법)

Skewering 육류나 가금류를 기다란 판에 다른 부재료를 곁들어 꽂아 주는 것

Sharlotte 젤라틴을 쓴 디저트

Sommelier 와인을 전문적으로 취급, 판매하는 사람

Square Table 정사각형의 Table

Squeezer 과일 등의 즙을 짤 수 있도록 만들어진 가구

Show Plate 테이블의 미관을 아름답게 하기 위하여 놓아두는 접시

Shaker 칵테일을 만드는 기구

Sparkling 발포성 음료

Skewer(스쿠어) 바비큐 또는 로스트에 사용하는 장식용 꼬챙이

Souffle(수플레) 계란 흰자를 무쳐서 삶아내는 것

Stew 85℃ 정도의 온도로 삶아내는 것

Station Service에 편리하도록 나눈 하나의 서비스 지역 또는 가구

Strainer 거르는 기구

Stemmed glass 손으로 잡을 수 있는 굽이 있는 Glass

Stock 육류나 생선을 부재료, 야채 등을 넣고 삶아낸 국물

Steaming 수증기로 음식을 익히는 요리

Steward 영업장에서 사용하는 각종 기물류를 보관 관리하고 기물의 세척을 담당하는 부서

Stacking Chair 여러 개를 포개서 쌓을 수 있도록 만든 의자

Stirring 음식물을 원형으로 빙빙 돌려 혼합 Mix하는 것

Stuffing 계란, 가금류, 생선 등의 내부에 다른 부재료를 넣어 조리하는 것

Smoking 톱밥 등을 태워 더운 열기나 연기를 쬐어 요리하는 방법

Supper 저녁식사로 Dinner보다 간단한 식사

Tasse(타세) 찻잔

Table d'hôte 정식

Table wine 식사 중에 마시는 Wine

Tannin 탄닌산, 음료에 함유된 엷은 맛

Table Service 일정한 장소에 식탁과 의자를 비치하고 고객의 주문에 의해 접객원이 서비스하는 것

tartar Sauce 마요네즈에다 옥파, 피클, Chives 등을 다져 혼합하여 만든 쇠고기로 생선요리에 사용한다.

Tenderloin 육류의 안심고기

Tongs 집게

tournedos(뜨루느드) 안심의 끝부분

Toastint 음식표면이 갈색으로 변할 때까지 열을 가하는 것

Tumbler 굽이 달리지 않는 Glass

Tureen 뚜껑이 있는 주발

Trimming 자투리 고기를 잘라냄

Truffle 향신료를 사용하는 흑균

Trocken Dry

Vin Wine

Veal 송아지 고기

Vegetarian 채식을 하는 사람

Vintage Chart 와인의 생산연도를 알기 쉽게 표시해서 포도를 수확한 연도를 표시

Vichysoisse 진한 감자. Soup Chives를 쳐서 뜨겁게 또는 차게 하여 서브한다.

Vich(비시) 삶아서 버터로 무쳐 파슬리를 뿌린 야채(당근)

Underliner 받침접시

Utensil 주방 또는 Bar에서 사용되는 각종 기물류

Wine Steward Wine 전문으로 담당해서 서비스를 하는 사람

Wagon 서비스용 Cart

Waiter Knife Wine Open할 때 사용하는 작은 주머니칼

Waffle 밀가루, 우유, 계란 등을 섞어 구운 Cake의 일종

Young Wine 1~2년 저장하여 5년 이내에 마시는 와인

■참고문헌

1. 국내문헌

고객 접점 서비스 핸드북, 호텔현대, 1994.

관광호텔 서비스 매뉴얼 한국관광협회, 1991.

박성부, 이정실 호텔식음료 관리론, 기문사, 1997.

식당업무 지침, 호텔신라, 1978.

식음료 직무교재, Hotel Lotte, 1995.

음료 업무교재, 대생기업, 1985.

월간식당, 1987, 11월호

_______, 1987, 12월호

_______, 1988, 1월호

_______, 1988, 2월호

_______, 1988, 6월호

_______, 1987, 7월호

장원기, International Table Manner, 맥문화사, 1996.

F & B 실습교육과정(서비스 부문), 호텔 신라 서비스 교육센터, 1990.

Buffet Restaurant Manual, Sheraton Walker Hill, 1997.

Celadon Restaurant Manual, Sheraton, Walker Hill, 1997.

Food & Beverage, Hotel Inter-Continental Seoul.

_______________, Manual, Hotel Riviera chonju, 1997.

_______________, Service Manual, 웨스틴조선관광호텔, 1990.

_______________, Service Manual, Hotel Kim' s Club, 1997.

Manual Hotel Shilla, 1997.

2. 외국문헌

Avery Arthur C, A, Modern Guide to Food Service Equipment, CbI Publishing Company, Inc, 1985.

Birchfield John C. Food Service Operations Manual, Van Nostrand Reinhold Company, 1979.

Derek Taylor, How to Sell Banquots, Van Nostrand Reinhold, 1981.

Edith and Hal Weiss, Catering Hand Book, Hayden Book Company, Inc, 1971.

Kreck Loather A. Menus: Analysis & Planning, CAI Publishing Company, Inc., 1984.

Lattin Gerald W. The Lodgin and Food Service Industry, The Educational Institute, 1985.

Lipinski Robert A. and A. Kathleen Lipinski, Alcoholic Beverage, Van Nostrand Reinhold, 1989.

Lundberg Donald E. The Hotel and Restaurant, Business, CBI Publishin Company, Inc, 1979.

Ninemeier Jack D. Principles of Food and Beverage Operations, The Educational Institute, 1984.

Stokes John W. How to Manage a Restaurant, Wm, C, Brown Company Publishers, 1982

■저자소개

■박 재 성

[학력]

- 경기대학교 일반대학원 호텔경영학과 졸업(박사)
- 경기대학교 일반대학원 호텔경영학과 졸업(석사)

■임 병 설

경기대학교 대학원에서 호텔경영학 전공으로 경영학 석사학위를 받았다. 남서울와싱턴호텔(現 리츠칼튼호텔) 객실부 프런트에서 근무하였고, 현재는 The-K Hotel 객실부장으로 근무하고 있다. 신구대학교 관광영어통역과에서 강사를 역임하였으며, 또한 동서울대학 관광정보처리학부에서 겸임교수로 재직하였으며, 주요 논문으로는 “호텔종사원의 성격유형에 따른 직무만족도에 관한 연구” 등이 있다.

■원 융 희

- 세종대학교 대학원 경영학과(경영학박사)
- 경희대학교 경영대학원 관광경영학과(경영학석사)
- 경기대학교 관광대학 관광경영학과 졸업(경영학사)
- 서울프라자호텔 근무
- 서울힐튼호텔 근무
- 우송정보대학 관광경영과 조교수역임
- 전) 용인대학교 관광경영학과 교수(정년퇴임)

[저서]

술 진정한 동반자인가 악마인가, 문화마케팅, 서비스 에티켓, 서비스 리더의 법칙, 서비스, 호텔경영, 식음료, 실버산업, 병원경영학 등 많은 저술을 하였으며 대표논문으로는 호텔종사원의 직무만족과 서비스 제공수준 및 성과에 관한 연구 외 다수가 있다.

호텔 식음료 이론과 실무

2016년 1월 20일 초 판 인쇄
2016년 1월 31일 초 판 발행

저 자 박재성 · 임병설 · 원융희
발행인 한 인 환
발행처 도서출판 **기 문 사**
등 록 1978. 8. 9. NO. 6-0637
주 소 서울시 동대문구 안암로 50-1(용두동) 홍신빌딩 3층
전 화 02) 2265-7214/922-8662~8663
팩 스 02) 922-8772

homepage : www.kimoonsa.co.kr
e-mail : book@kimoonsa.co.kr

ISBN : 978-89-7723-706-3 93590

저자와의 협의하에 인지생략

정가 : 19,000원